Breve Historia de la Conquista del Oeste

BREVE HISTORIA DE LA CONQUISTA DEL OESTE

Gregorio Doval

nowtilus

Colección: Breve Historia
www.brevehistoria.com

Título: Breve Historia de la Conquista del Oeste
Autor: © Gregorio Doval

Doña Juana I de Castilla 44, 3° C, 28027 Madrid
www.nowtilus.com

Editor: Santos Rodríguez
Coordinador editorial: José Luis Torres Vitolas

Diseño y realización de cubiertas: Carlos Peydró
Diseño del interior de la colección: JLTV
Maquetación: Claudia Rueda Ceppi

ISBN-13: 978-84-9763-571-4
Fecha de edición: Enero 2009

Printed in Spain
Imprime: Estugraf Impresores S.L.
Depósito legal: M-55019-2008

ÍNDICE

Capítulo 3:

Capítulo 4:

Capítulo 5:

1

UN NUEVO PAÍS A EXPLORAR Y EXPLOTAR

El Oeste, el lugar donde un hombre puede mirar hasta más lejos y no ver otra cosa que no sea tierra y cielo.

Will James (1892-1942), artista y escritor de origen canadiense.

EL NACIMIENTO DE UNA NACIÓN

A comienzos del siglo XVIII, los asentamientos europeos de habla inglesa se extendían sobre la costa norteamericana del Atlántico, desde el sur del actual estado de Maine hasta Carolina del Sur. Aunque la mayoría de ellos se situaban a menos de 80 kilómetros de la costa, unos pocos se internaban algo más en la tierra siguiendo el curso de los ríos. De ese modo, casi toda la costa atlántica estaba habitada cada vez por más densas comunidades de granjeros y agricultores de origen europeo, fundamentalmente anglosajón, agrupadas en trece circunscripciones, conocidas como las "Trece Colonias de Nueva Inglaterra", cuyos límites por tierra firme llegaban hasta las estribaciones de los montes Apalaches, con algún puesto avanzado que alcanzaba la margen izquierda del inmenso río Mississippi.

A diferencia de las francesas y holandesas, que siguieron mirando siempre hacia Europa, estas colonias inglesas volcaron pronto su interés en aquel nuevo continente a cuya orilla oriental vivían. Por lo común, pusieron en práctica una política sistemática de colonización extensiva, ávidas de ganar más y más territorio para el cultivo y la explotación de la tierra, práctica que requería la implantación del derecho de propiedad europeo en el nuevo continente. Reforzando este modelo expansivo colonial, desde el momento de su independencia (1783), los Estados Unidos experimentaron un proceso de expansión demográfica, territorial y económica que, junto con la consolidación de su sistema democrático, puso las bases de la gran potencia mundial en que pronto se convertirían.

Ya desde mediados del siglo XVIII, la llegada de emigrantes del Viejo Continente se hizo más intensa. Grandes contingentes de irlandeses, alemanes y escandinavos pobres engrosaron el aluvión de recién llegados a aquel Nuevo Mundo, una tierra de oportunidades, un escenario idóneo para intentar partir de cero. Aquellos contingentes emprendían el difícil y peligroso viaje a América por muchas razones: algunos en pos de aventuras; otros, porque codiciaban riquezas; muchos más huyendo de la opresión o buscando la libertad de practicar su religión, y la gran mayoría, para escapar de la pobreza... Pero, más allá de sus razones particulares, en todos bullía el impulso por encontrar un nuevo espacio vital. Muy pocos de ellos habían podido aspirar en la vieja Europa a ser propietarios de tierras. Pero en América la tierra parecía estar disponible en abundancia para todo aquel que quisiera tomarla y aceptara los riesgos que ello suponía.

Esa inmensa marea de personas sin nada que perder y con todo por ganar fue superpoblando aquellas prósperas colonias y pronto se sintió atraída por los cantos de sirena de un virgen y prometedor Oeste a explorar, colonizar, explotar y casi inventar. Muchos dirigieron pronto su mirada inquieta y ansiosa hacia él y comenzaron a presionar demográficamente sobre lo que se dio en llamar la "Frontera".

Pero la expansión hacia el Oeste que nos va a ocupar en este libro no fue un proceso fácil ni uniforme. Diversas barreras geográficas, sociales y políticas frenaron en repetidas ocasiones el, por otra parte, indetenible movimiento hacia el Oeste.

En la segunda mitad del siglo XVIII, los fértiles valles fluviales de Nueva Inglaterra (la región que hoy conforman Massachussets, Maine, Connecticut, Rhode Island, New Hampshire y Vermont), así como el valle del río Mohawk en el estado de Nueva York, quedaron colonizados. Varias oleadas de colonizadores fundaron allí granjas y haciendas tras desbrozar el bosque primigenio. Este era tan vasto y sobrecogedor que cada sitio que se llegaba a despejar se consideraba una victoria más en el proceso de "domesticación de la selva".

No obstante, después de talar los árboles y retirar los matorrales, los colonizadores se encontraban a veces con suelos rocosos o pobres en nutrientes. Muchas zonas de la Nueva Inglaterra interior y algunas regiones de Nueva York, New Jersey y Penssilvania tienen suelos demasiado superficiales; los inviernos son crudos y la temporada de cultivo, corta. En tales condiciones, la agricultura resultó difícil y desalentadora para los pioneros. Tras años de esfuerzo, algunos malvendieron sus granjas o las abandonaron y emigraron hacia el Oeste en busca de tierras más fértiles.

Más al sur, en lo que hoy son los estados de Delaware, Maryland, Virginia, Carolina del Norte y del Sur y Georgia, el suelo era, por lo general, más rico pues, salvo en algunas áreas costeras pantanosas, se compone de arcilla amarilla rojiza. En los albores de la época colonial, este suelo era muy fértil. La prolongada temporada de cultivo, la lluvia abundante, el clima cálido y la tierra relativamente plana hicieron que la región costera del sur fuera ideal para establecer en ella ciertos cultivos de gran salida comercial (en esa época, principalmente tabaco, arroz, caña de azúcar, maíz y algodón). Desde mediados del siglo XVII, se vio claro que esos cultivos serían más económicos y rentables explotados mediante el trabajo de esclavos en grandes fincas, haciendas o plantaciones. Así que muchas granjas pequeñas se fueron concentrando en manos de grandes terratenientes.

Pero, con el tiempo, aquel fértil suelo se fue empobreciendo debido al cultivo intensivo de plantas, como el tabaco y el algodón, que lo fueron agotando. Además, las frecuentes e intensas lluvias de la región erosionaron los campos recién despejados y roturados. En muchos lugares, esto condujo a la reducción del rendimiento por hectárea. Con frecuencia, los dueños de fincas resolvían el problema expandiendo sus propiedades mediante la compra y el uso de más tierra. De esa forma, poco a poco, las grandes fincas se fueron propagando hacia el Oeste. Los antiguos propietarios de estas tierras conquistadas por las haciendas, aislados por falta de caminos y canales de acceso a los mercados de la costa y resentidos por el predominio político de los grandes hacendados de la región de las marismas, se pusieron también en movimiento hacia el Oeste en busca de nueva tierra fértil.

Hacia 1760, aquellas oleadas colonizadoras encontraron su primer obstáculo orográfico importante: la cordillera de los Apalaches, que se extiende del noreste al suroeste, casi en paralelo al litoral atlántico. Cuando llegaron a sus faldas, los colonos descubrieron además que la mayoría de los ríos que les hubieran permitido penetrar en el territorio eran impracticables debido a sus rápidos y sus saltos. La expansión quedó momentáneamente interrumpida.

Sin embargo, en 1775, el explorador Daniel Boone (1734-1820), al frente de una partida de taladores, abrió una nueva senda, la Wilderness Road, a través de la boscosa brecha del desfiladero Cumberland, un pasaje natural de los Apalaches. Ese camino, que a partir de 1795 pudo ser transitado por carretas, permitió que los colonos, con sus mulas, caballos y reses, se fueran filtrando para poblar las fértiles tierras de lo que ahora son los estados de Kentucky y Tennessee.

En el plano político, en 1776, las Trece Colonias norteamericanas de Gran Bretaña declararon unilateralmente su independencia. Entre esa fecha y 1783, los nuevos Estados Unidos de América salieron triunfadoras de la consecuente Guerra de Independencia, que concluyó con el Tratado de París (o de Versalles) de 1783, en el que se estableció la frontera occidental de la nueva nación en el río Mississippi, que fluye desde la frontera canadiense hasta el Golfo de México, en el puerto de Nueva Orleans. La paz trajo consigo el primer gran éxodo hacia el Oeste para ocupar los nuevos territorios situados entre los montes Apalaches y el gran río. Hacia 1800, los valles fluviales del Mississippi y del Ohio ya se estaban convirtiendo en una gran región fronteriza.

Pero las comunicaciones con los nuevos asentamientos eran muy deficientes. Los caminos eran escasos y muy alejados entre sí; además, generalmente se hallaban en pésimo estado. Hasta cierto punto, los ríos hacían las veces de vías de comunicación, pero las cascadas y los rápidos limitaban su utilidad. Al internarse en el país, el aislamiento de los asentamientos aumentaba. En busca de tierra fértil, algunos colonos pasaban de largo grandes extensiones consideradas incultivables. En consecuencia, cada pequeño asentamiento podía estar a decenas de kilómetros del resto. Era factible que una familia tuviera que viajar un día completo para visitar a otra. Esta pauta de asentamiento creó comunidades fronterizas que tenían que depender exclusivamente de sus propios recursos. Casi todo lo que usaban tenía que ser fabricado por ellos mismos. En ese contexto se fue fraguando un espíritu fronterizo caracterizado por la reciedumbre, la independencia y autonomía, el interés por lo demás y, paradójicamente, la desconfianza hacia los extraños.

El 4 de julio de 1776, las Trece Colonias británicas de Norteamérica proclamaron unilateralmente su independencia del Reino Unido de Gran Bretaña. Así nacieron los Estados Unidos de Norteamérica.

EL HECHIZO DE LA FRONTERA Y EL ESPÍRITU PIONERO

A finales del siglo XVIII, los estadounidenses comenzaron su avance hacia el Oeste geográfico más allá de su frontera vertical, que en principio corría desde el estado de New Hampshire hasta el de Georgia. El progresivo avance se fue canalizando, principalmente, a través de cuatro rutas que se internaban hacia los territorios ribereños al Mississippi. La primera, la más septentrional, apuntaba a las vías fluviales de los Grandes Lagos del norte. La segunda, partiendo de Virginia, invadía unos parajes a los que posteriormente se bautizaría como Indiana. La tercera buscaba el verdor de Kentucky, siguiendo las huellas pioneras de Daniel Boone. Finalmente, la más meridional era la que transitaba por el estado de Tennessee.

Atraídos por las tierras más ricas halladas hasta entonces en el país, los pioneros se lanzaron hacia los montes Apalaches y más allá. La afluencia de colonos de todos los estados costeros siguió su marcha hacia los fértiles valles fluviales, los bosques de maderas duras y las ondulantes praderas del interior. Con ello se dio un nuevo impulso a la Frontera, que comenzó a presionar sobre las semidesconocidas tierras de más allá del Mississippi, por entonces en manos extranjeras. Hacia 1775 ya había decenas de miles de pobladores en los más remotos bastiones dispersos a lo largo de las vías fluviales. Separados por cadenas montañosas y a cientos de kilómetros de los centros de la autoridad política, establecidos en las prósperas ciudades de la Costa Este, los pioneros fueron formando sus propios autogobiernos. En 1790, la población inmigrante de esa región rebasaba ampliamente los 120.000 habitantes y seguía creciendo a un gran ritmo.

La fórmula para incluir formalmente estas nuevas áreas fronterizas en la incipiente nación fue determinada por la llamada Ordenanza del Noroeste de 1787, que fijó un sistema limitado de autogobierno. Al principio, cada nuevo territorio formaría un solo distrito bajo el mando de un gobernador y la administración de jueces designados por el Congreso federal. Cuando ese territorio alcanzara una población de 5.000 varones libres y en edad de votar, se le daría derecho a poseer una legislatura autónoma con dos cámaras, la más baja de elección propia. Además, tendría facultades para enviar al Congreso federal un delegado sin derecho de voto. Se calculaba de antemano que, así, aparecerían con el tiempo de tres a cinco estados y que, en cuanto cualquiera de ellos alcanzara los 60.000 habitantes libres con derecho a voto, sería admitido en la Unión en plano de igualdad con los estados originales.

Pero mucho antes de que las leyes hicieran posible el establecimiento de granjas, y a menudo incluso antes de que los Estados Unidos se convirtieran en sus propietarios, los primeros colonos comenzaron a llegar a los nuevos territorios. Eran de la clase de hombres que vivían siempre al límite de la civilización, algunos incluso cambiaban de sitio solo con que el sonido del hacha de un vecino nuevo indicase que la región se estaba poblando "demasiado". Llevaban la aventura en su sangre. Algunos empezaron en Georgia y no pararían hasta que, al final de sus vidas, llegaran a California. Desde su punto de vista, la vida mejoraría siempre más allá del horizonte.

Porque ese era siempre el objetivo. El de ellos y el de todos los que les precedieron y les siguieron. Allí y en cualquier frontera en movimiento. Desde los indios que cruzaron inicialmente el puente de hielo del estrecho de Bering hasta el último inmigrante europeo o asiático llegado a América, todos, fuera cual fuese su procedencia y su razón concreta para ir, compartían un mismo propósito: mejorar su vida.

Dejando a un lado a aventureros y cazadores, los primeros colonos fueron familias que llegaron por tierra en carromatos, a caballo o incluso caminando. Quizá fueron los más valerosos de todos, porque su meta no se centraba en el límite de la frontera civilizada conocida sino en los extremos más lejanos del subcontinente. Con mayor o menor reflexión previa, cogieron sus arados y sus ruecas, sus hijos y sus pollos, sus biblias y sus rifles, ataron una vaca en la parte posterior de sus carretas, pusieron unos cuantos esquejes de árboles frutales dentro de ellos y salieron hacia las nuevas tierras. Los que tenían un oficio llevaron sus herramientas contando con ejercerlo donde fuera.

Los primeros en hacer el viaje fueron nativos blancos que dejaban atrás tierras y granjas que en muchos casos pasarían a manos de nuevos inmigrantes europeos. De hecho, algunos de ellos se convertirían casi en viajeros profesionales. Todos aquellos primeros "hombres de frontera" compartían el espíritu pionero, la llamada de la oportunidad y la curiosidad ilimitada. Se trasladaban primero cuando eran jóvenes, después

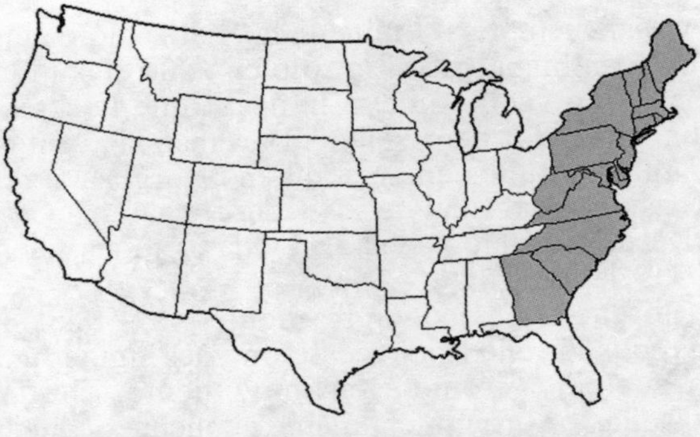

En el mapa, las Trece Colonias británicas de Norteamérica que formaron inicialmente los Estados Unidos: New Hampshire, Massachussets, Rhode Island, Conneticut, Nueva York, Nueva Jersey, Pensilvania, Delaware, Maryland, Virginia, Carolina del Norte, Carolina del Sur y Georgia.

otra vez cuando el aumento de la familia sobrepasaba la productividad del suelo. Algunos volvían a hacerlo en la madurez, dejando sus terrenos a sus hijos ya crecidos o buscando tierras nuevas y más extensas que albergaran a varias familias emparentadas. Eran hombres como el naturalista georgiano Gideon Lincecum (1793-1874), que se trasladaría más de una docena de veces empezando en Carolina del Norte y que nunca se quedaría fijo en un mismo sitio más de dos años, yendo siempre más hacia el Oeste, para terminar al fin en Texas en la década de 1840.

Tras ellos llegaron también muchas familias humildes que no perdían nada al dejar sus antiguas casas y que, a pesar de su pobreza y su analfabetismo, esperaban que de alguna forma les fueran mejor las cosas cuanto más al Oeste. Junto con ellos se trasladó una pequeña legión de hombres jóvenes solteros que querían hacerse un sitio antes de cargarse con una familia.

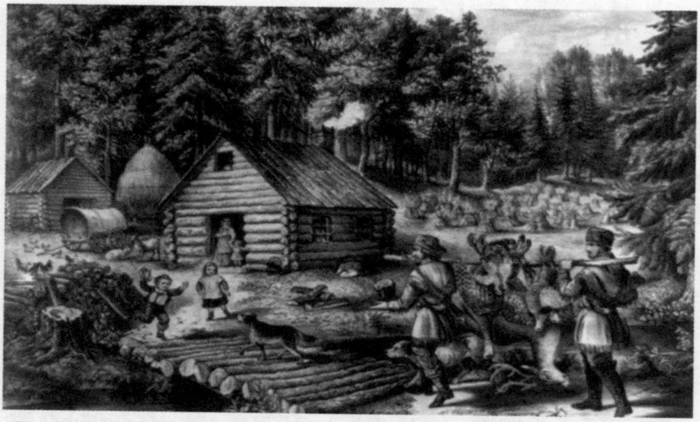

Hacia 1800, los valles fluviales del Misisipi y del Ohio ya se estaban convirtiendo en una gran región fronteriza, en la que cada vez más se iban diseminando los colonos, en aquella primera fase, pioneros totalmente autodependientes.

Generalmente, todos ellos se trasladaron por su cuenta y riesgo; pero enseguida, de una manera informal, comenzaron a agruparse en caravanas de inmigrantes. En algunos casos, ciertas comunidades del Este salieron en masa y crearon colonias uniformes en las nuevas tierras.

Fuera lo que fuese lo que los motivaba, estos primeros colonizadores acometieron aquella empresa con la mayor osadía y determinación. Su ilusión última era establecerse y construir primero casas y después comunidades. Sobre todo, iban con la voluntad de arriesgar todo en aquella empresa en tierras lejanas, ya que para la mayoría de ellos no había camino de vuelta y nada por lo que volver. Así, el Oeste significaba, además de una oportunidad, un compromiso.

El recorrido era arduo: había que superar montañas, vadear ríos, afrontar todo tipo de penalidades y superar el hambre, el frío y los ataques de los nativos y de las fieras. Pero la ilusión de la Tierra Prometida se imponía a cualquier posible desfallecimiento. Luchan-

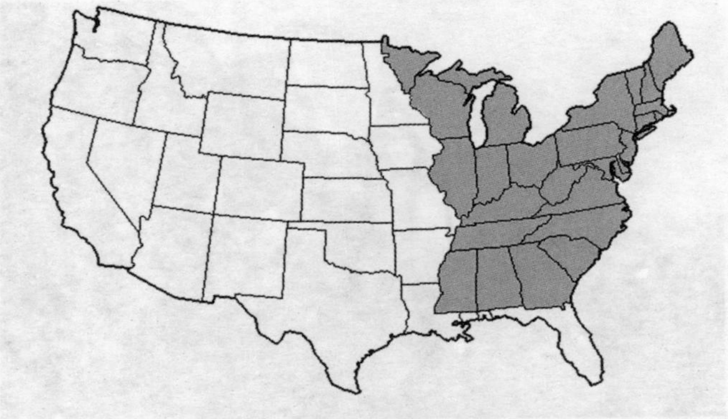

Los pioneros fueron colonizando poco a poco las nuevas regiones bajo dominio estadounidense comprendidas entre los Apalaches y la Louisiana. Para 1790, los nuevos territorios rebasaban ampliamente los 120.000 habitantes y seguían creciendo a gran ritmo.

do contra lo inhóspito de la tierra y contra los indígenas, presa de la nostalgia del exiliado, el colono se vinculó con la fe del converso a la tierra, buscando en ella la razón de su éxodo e incluso de su existencia. Muchos de aquellos colonos, o sus padres, habían dejado una Europa en la que la división entre señores y siervos persistía y sabían que, por primera vez, unas tierras feraces iban a ser trabajadas y poseídas por hombres y mujeres que no reconocían a nadie como superior en la escala social.

Sobre la marcha, aprendieron a sobrevivir en los lindes entre lo civilizado y lo salvaje; aprendieron de los indios qué plantas cultivar y qué animales cazar; la experimentación les enseñó las técnicas necesarias para subsistir y a preparar las tierras cultivables para plantar maíz antes de sembrar trigo y cebada. También sacaron rendimiento a su equipaje de conocimientos previos: los de origen escandinavo aportaron la técnica necesaria para construir sólidas viviendas con troncos de árboles que les protegían del duro clima y de los

Dejando a un lado a aventureros y cazadores, los primeros colonos fueron familias que llegaron por tierra en carromatos, a caballo o incluso caminando, como la de este cuadro, titulado *La familia Grayson*, de William S. Jewett (1850).

animales salvajes; los alemanes enseñaron a construir enormes graneros y establos donde resguardar igualmente a los animales domésticos...

En el plazo de una o dos generaciones, estas gentes, adaptadas sobresalientemente al medio, estaban ya preparadas para proseguir el avance y trasladar la frontera un paso más hacia el Oeste.

De ese modo, pese a que, en la larga corriente de la colonización norteamericana, el número de personas que vivían en la Frontera siempre fuera minúsculo en comparación con el de los habitantes de las regiones colonizadas que iban quedando al Este, el espíritu fronterizo se fue fortaleciendo, haciéndose reconocible e influyendo enormemente en el desarrollo de todo el país. Los políticos comenzaron a elogiar la vida fronteriza; el folclore y la cultura populares dedicaron canciones y relatos a alabar su estilo de vida y sus logros. Fueron irguiéndose, idealizadas, las figuras de un nutrido grupo de héroes fronterizos; sobre todo la del ya mencionado Daniel Boone.

Luchando contra lo inhóspito de la tierra y contra los indígenas, preso de la nostalgia del exiliado, el pionero se vinculó con la fe del converso a la tierra, buscando en ella la razón de su éxodo e incluso de su existencia. En el grabado, colonos en el territorio de Ohio.

DANIEL BOONE, EL PIONERO POR EXCELENCIA

Daniel Boone nació el 2 de noviembre de 1734, en Birdsboro, Penssilvania, donde pasó sus primeros años. Sexto hijo de 11 de una familia de colonos cuáqueros emigrados de Inglaterra en 1713, aunque sabía leer y escribir, apenas fue a la escuela. Si estaba destinado a convertirse en un genuino hombre de frontera, en un explorador de espacios desconocidos por el hombre blanco, su infancia fue la perfecta preparación.

Recibió su primer arma en 1747 y pronto comenzó a dar muestras de sus habilidades cinegéticas, muy cantadas luego, con grandes exageraciones, por la tradición popular estadounidense. La leyenda cuenta, por ejemplo, que estaba cierto día cazando en los bosques con unos amigos cuando apareció un puma; todos los niños salieron corriendo menos él, que permaneció impasible, apuntó con su carabina —diseñada más para cazar ardillas que felinos— y mató al

Sin duda, el más destacado de todos los pioneros estadounidenses de esta primera época fue Daniel Boone (1734-1820).

peligroso animal de un certero disparo en el corazón en el mismo instante en que saltaba hacia él.

La buena consideración de la familia Boone en la comunidad cambió por completo cuando, ese mismo año, otro de los hijos, Israel, se casó con una muchacha no cuáquera. El padre mantuvo su consentimiento aún cuando la comunidad le pidió que se volviera atrás. Ante la presión social, la familia optó por dejar Penssilvania en 1750 y establecerse en el valle del río Yadkin, en lo que hoy es el condado de Davie, Carolina del Norte.

A los veinte años, Daniel sirvió en el ejército colonial británico durante la guerra franco-india (1754-1763) por el control de las tierras de más allá de los montes Apalaches. A los veintidós, en 1755, fue conductor de carretas en la expedición del general Braddock que intentó desalojar del Territorio de Ohio a los franceses y que acabó desastrosamente en la batalla de Monongahela. Allí conoció a John Finley, un cazador que había recorrido las ricas tierras del oeste de Kentucky y que le contó historias que imbuyeron en el muchacho muchos sueños. Pero Daniel aún no estaba preparado para perseguir sus sueños exploradores, así que, de momento, regresó a la granja familiar y, en agosto de aquel mismo año, se casó con Rebecca Bryan, con quien tendría 10 hijos.

En 1759, Yadkin fue asaltado por los indios cheroquis y muchas familias, incluyendo la suya, se mudaron al condado de Culpepper, en Virginia. Tres años después, Daniel regresó a Carolina del Norte, al mismo valle Yadkin y enseguida se alistó en la milicia de aquel territorio. Finalizada la guerra, trabajó largo tiempo como cazador profesional. Pero, hacia 1765, la población había crecido mucho en el valle, por lo que la caza comenzó a escasear. Ello significó que Boone vio drásticamente reducidos sus ingresos y comenzó a contraer deudas, que finalmente le obligaron a vender

En mayo de 1769, Daniel Boone se unió a una expedición de caza liderada por su viejo amigo John Finley, que recorrería durante dos años territorios occidentales de Kentucky. Encontraron un paraíso del cazador repleto de infinitos prados, idóneos para el asentamiento de colonos. Boone se juró a sí mismo que algún día se instalaría allí con su familia.

sus tierras para pagar a los acreedores y a preparar su marcha a otro lugar con más futuro, en este caso Florida, convertida en territorio británico tras el final de la guerra, donde compró tierra en la colonia de Pensacola. Sin embargo, a su vuelta a Virginia en busca de su familia, su esposa se negó a ir a vivir a Florida. A cambio, los Boone se trasladaron a un área más remota del mismo valle Yadkin, y Daniel comenzó a adentrarse a cazar en territorios más al oeste, en las montañas Blue Ridge de Tennessee.

En mayo de 1769, se unió a una expedición de caza liderada por su viejo amigo John Finley que recorrería durante dos años territorios occidentales de Kentucky. Encontraron un paraíso del cazador repleto de búfalos, ciervos, pavos salvajes e infinitos prados, idóneos para fundar una granja de colonos. Boone se juró a sí mismo que algún día se instalaría allí con su familia.

En diciembre, fue apresado junto a sus compañeros por los indios shawnis, que se quedaron con todas sus pieles y les conminaron a abandonar aquellas tierras y no regresar. Sin embargo, él siguió cazando y explorando Kentucky y Tennessee. En sus andanzas, a pesar de la amenaza de los indios, para quienes aquellas tierras eran un coto de caza tradicional, descubrió y dio a conocer la llamada Wilderness Road, un camino difícil pero transitable que cruzaba los Apalaches a través del desfiladero Cumberland. En su salida occidental, fundó el asentamiento de Fort Boonesborough, una de las primeras colonias anglófonas allende los Apalaches. Antes de finalizar el siglo XVIII, más de 200.000 personas se adentrarían en Kentucky por la ruta abierta por él.

En 1773, intentó establecerse permanentemente en Kentucky, pero, puesto en camino, un ataque de los indios acabó con la muerte de su hijo mayor, James, lo que le hizo regresar. Al verano siguiente, se presentó voluntario para recorrer Kentucky y notificar a los topógrafos que allí trabajaban el inicio de una nueva campaña de hostilidades indias. Cubrió casi 1.300 kilómetros en dos meses para convencer a todos los que aún permanecían en la región de que la abandonasen. A su regreso, destacó en la victoriosa defensa de las colonias del río Clinch, siendo ascendido a capitán de la milicia por aclamación popular.

En 1775, trabajó como agente de la Transylvania Company, que trataba de establecer una nueva colonia en el territorio de Kentucky. Junto con su familia y 30 colonos más, Boone comenzó a despejar la Wilderness Road y fijó su residencia en Boonesborough. Iniciada la Guerra de la Independencia estadounidense, el asentamiento sufrió ataques de los indios, que vieron en el conflicto una oportunidad para recuperar terrenos perdidos. A finales de la primavera de 1776, solo poco más de 200 colonos permanecían en Kentucky. En julio, una de sus hijas, Jemima, y otras dos adolescentes fueron capturadas por una partida de shawnis, que las llevaron al norte, a sus poblados de Ohio. Boone y un grupo de hombres de Boonesborough les persiguieron y finalmente dieron con ellos dos días después. Prepararon una emboscada, rescataron a las chicas y se deshicieron de sus captores. El incidente se convertiría en la hazaña más famosa de la vida de Boone, en la que se basaría el escritor James Fenimore Cooper para escribir su famosa novela *El último de los mohicanos* (1826).

En abril de 1777, otra partida de shawnis atacó Boonesborough y Boone resultó herido en el tobillo. Mientras se recuperaba, los indios continuaron con su asedio. Al comenzar a escasear seriamente las provisiones, en enero de 1778, Boone condujo una partida de 30 hombres hasta los yacimientos de sal del río Licking. En febrero, cuando Boone cazaba para aprovisionar a la expedición, fue capturado por los shawnis. Cinco meses después, en julio de 1778, logró escapar de sus captores, cubriendo a caballo y a pie en cinco días los 250 kilómetros que le separaban de su ciudad para prevenir a sus vecinos de que los indios se aprestaban al asalto final. Mientras tanto, al creerlo muerto, su esposa había regresado con sus hijos a Carolina del Norte. Sus conciudadanos le recibieron con alguna desconfianza, creyendo que se había vendido a los indios, pero él demostró su lealtad dirigiendo la defensa de la ciudad, que resistió victoriosamente un asedio de diez días. Finalizado este, pese a todo, Boone fue sometido a una corte marcial, que le halló inocente.

En el otoño de 1779, tras traer a su familia de vuelta, comenzó a trabajar localizando tierras donde asentarse a los colonos que se lo solicitaban. Los títulos de propiedad concedidos por la Transylvania habían sido invalidados al crear oficialmente las autoridades de Virginia el condado de Kentucky, por lo que los colonos necesitaban presentar de nuevo sus

En julio de 1776, una de las hijas de Daniel Boone, Jemima, y otras dos adolescentes fueron capturadas por una partida de indios shawnis *[arriba]*. Boone y un grupo de colonos les persiguieron y dieron con ellos dos días después. Prepararon una emboscada, rescataron a las chicas y se deshicieron de sus captores *[abajo]*. El incidente daría base al escritor James F. Cooper para escribir su famosa novela *El último de los mohicanos* (1826).

reclamaciones. En 1780, reunió unos 20.000 dólares en efectivo de varios colonos y viajó a Williamsburg para comprar los certificados de propiedad. Mientras dormía en un albergue, se los robaron. Algunos de los colonos se lo perdonaron, pero otros insistieron en que reparase personalmente él el dinero perdido, lo que Boone aceptó, aunque le llevaría años poder hacerlo.

Mientras tanto, la Guerra de Independencia norteamericana proseguía. Boone se unió a la invasión del condado de Ohio encabezada por el general George R. Clark, participando en la batalla de Piqua en agosto de 1780. En octubre, mientras cazaba con su hermano Ned, los shawnis mataron a este. Creyendo que el muerto era Daniel, los indios decapitaron el cadáver y se llevaron la cabeza como trofeo.

En noviembre de aquel mismo año, Boone fue nombrado teniente de la milicia del condado de Fayette y, en abril de 1781, representante en la Asamblea General de Virginia. De viaje a Richmond para ocupar su escaño, tropas británicas le capturaron cerca de Charlottesville, dejándole en libertad condicional días después. Boone regresó pronto a Kentucky y, en agosto de 1782, siendo ya *sheriff* del condado de Fayette, participó en la batalla de Blue Licks, en la que su hijo Israel resultó muerto.

En 1784, Boone se convirtió en toda una celebridad nacional cuando, coincidiendo con su quincuagésimo cumpleaños, el historiador John Filson publicó su obra *The Discovery, Settlement and present State of Kentucky,* que incluía una viva crónica de sus aventuras.

En 1786, finalizada la guerra, Boone se reinstaló en Maysville, Kentucky, y al año siguiente fue elegido representante del condado de Bourbon en la asamblea estatal de Virginia. A la vez que regentaba una cantina, trabajó como explorador, tratante de caballos y especulador en tierras, inicialmente con buenos resultados económicos. Pero, pese a que la guerra había acabado, las hostilidades fronterizas con los indios del norte del río Ohio pronto resurgieron. En septiembre de 1786, Boone tomó parte en una expedición militar dirigida por Benjamin Logan y, de vuelta a Maysville, ayudó a negociar una tregua y un intercambio de prisioneros.

Por la época, comenzó a sufrir de nuevo graves problemas económicos a causa de las fuertes deudas de sus negocios de especulador inmobiliario y, en 1788, se marchó río Ohio arriba a Point Pleasant, hoy Virginia Occidental, donde residiría hasta 1798. Frustrado por los problemas legales derivados de sus reclamaciones de tierras en Kentucky, en 1799, Boone se trasladó a Saint Louis, hoy en Missouri pero por entonces aún parte de la Louisiana española. Allí, el gobernador español le nombró síndico y comandante militar del distrito de Femme Osage, empleos en los que sirvió hasta 1804, cuando Missouri pasó a formar parte de los Estados Unidos. Pero, dado que los derechos inmobiliarios obtenidos por Boone del gobernador español habían sido en gran parte verbales, una vez más vio cómo no se le reconocían oficialmente. Tras múltiples pleitos, solo lo conseguiría en 1814, un año después de la muerte de su esposa Rebecca. Inmediatamente, Boone vendió la mayor parte de sus nuevas propiedades para poder saldar por fin sus antiguas deudas de Kentucky. Pasó sus últimos años en Missouri, a menudo en compañía de sus hijos y nietos, y murió el 26 de septiembre de 1820, tras corta enfermedad.

A pesar de ser mal conocida su biografía real, Boone sigue siendo una de las mayores figuras simbólicas de la historia de Estados Unidos. Ya fue una leyenda en vida, pero su fama se acrecentó tras su muerte, al ser constante protagonista de numero-

A lo largo de los años, Daniel Boone condujo a muchos grupos de colonos a través del laberinto del desfiladero Cumberland, con destino a las fértiles y ricas tierras de Kentucky. (Óleo de George C. Bingham, 1851-52.)

sas obras de ficción. Sus aventuras, reales y legendarias, tuvieron mucha influencia en la creación del arquetipo del héroe del Oeste. En la cultura popular norteamericana, es recordado como el pionero por excelencia, aunque la mitología a menudo ha oscurecido los detalles auténticos, no menos interesantes, de su vida. Como él mismo afirmó en 1813, "lo único que he querido y he reclamado siempre es un lugar donde un hombre pueda hacer cosquillas a la tierra con una azada y ella le sonría con una pródiga cosecha; donde pueda cazar y vivir sin dificultades". Pero esa modesta ambición dio lugar a una vida llena de aventuras que pronto hizo de él un icono cultural. Lo cierto es que, en términos históricos, Daniel Boone contribuyó, tal vez como ningún otro, a la inminente Conquista del Oeste. Halló y abrió el camino para que sus compatriotas extendiesen su afán colonizar hasta la ribera oriental del Mississippi, justo hasta la frontera de tierras en posesión de potencias extranjeras. Algo que cambiaría enseguida.

LA COMPRA DE LOUISIANA

Por algún tiempo, el caudaloso río Mississippi y el vasto y casi inexplorado territorio de Louisiana, en manos extranjeras, interrumpieron la expansión norteamericana hacia el Oeste.

En 1682, Robert Cavelier de la Salle había descubierto para Francia un territorio al que llamó "Louisiana" en honor de su rey, Luis XIV. Un siglo más tarde, a consecuencia del Tratado de Fontainebleau firmado en 1762 con España, la orilla derecha del Mississippi volvería a dominio español, junto con la ciudad de Nueva Orleans. Pero, tras la victoria de Marengo (14 de junio de 1800), Napoleón forzó al rey español Carlos IV a devolver a Francia la Louisiana a cambio de los ducados italianos de Toscana y Parma. El tratado franco-español, que se concluyó en secreto, preveía que Francia podría diferir la toma de posesión efectiva, cautela muy necesaria mientras siguiese en guerra con Gran Bretaña, pues parecía muy posible que esta, dada su superioridad naval, pudiese apoderarse por las armas de la Nueva Orleans devuelta a Francia.

En cualquier caso, las tres potencias coloniales europeas habían olvidado que los estadounidenses se oponían a este *cambio de propietario,* al igual que todos olvidaron que estas tierras ya tenían ocupantes nativos. El acceso al puerto de Nueva Orleans, cercano a la desembocadura del gran río, era vital para el embarque de los productos estadounidenses provenientes de los valles de los ríos Ohio y Mississippi.

Poco después de que Thomas Jefferson (1743-1826) asumiera la presidencia de los Estados Unidos en 1801, la decisión española de devolver a Napoleón el Territorio de Louisiana llenó a los estadounidenses, recientemente constituidos en nación independiente, de inquietud e indignación. Hasta entonces, parecían demasiado absortos en el empeño de colonizar la tierra que se extendía al este del Mississippi como para poner mucho interés, excepto en lo que hacía al comercio de pieles, en el Oeste. Pero Jefferson temió que Francia, una potente fuerza militar bajo el liderazgo de Napoleón, interfiriese en el comercio estadounidense desde Nueva Orleans. Los planes franceses de mantener un enorme imperio colonial colindante a los Estados Unidos amenazaban seriamente el desarrollo futuro de este país. Dispuesto a intervenir, Jefferson afirmó que, si Francia tomaba posesión de Louisiana, "en ese justo instante haremos causa común con la flota y la nación británicas".

En 1802, se produjeron dos hechos concretos que Jefferson consideró muy negativos para los intereses estadounidenses: por una parte, el envío de tropas francesas a Nueva Orleans y a la isla de Santo Domingo para reprimir sendas sublevaciones, y, por otra, la supresión del derecho de depósito, privilegio acordado tiempo atrás por los comerciantes estadounidenses para depositar mercancías en Nueva Orleans hasta su trasbordo. Jefferson envió a James Monroe a París para colaborar con el ministro plenipotenciario en Francia, Robert R. Livingston, en el intento de buscar una solución al conflicto mediante una de las cuatro posibilidades siguientes: comprar las Florida oriental y occidental y Nueva Orleans; adquirir solo este último puerto; comprar territorio ribereño al río Mississippi para construir un nuevo puerto estadounidense, o adquirir a perpetuidad los derechos de navegación y almacenamiento.

Las negociaciones previas entre Livingston y el ministro francés de Asuntos Exteriores, Talleyrand, fracasaron, pero, casi simultáneamente, Napoleón perdió todo interés en conservar Louisiana al ser expulsadas sus tropas de Haití por una revuelta de esclavos. Sabiendo que era inminente otra guerra con

El presidente Thomas Jefferson (1743-1826) fue el gran impulsor de la primera fase de expansión estadounidense.

Gran Bretaña, decidió vender Louisiana a Estados Unidos para llenar sus arcas nacionales y para, sin capacidad militar con que imponer su dominio en aquellas lejanas y vírgenes tierras, poner al menos ese territorio fuera del alcance de los británicos. En su hipótesis, el objetivo era "dar a Inglaterra un rival marítimo que, tarde o temprano, rebajará su orgullo". Además, Bonaparte sabía que, a largo plazo, los Estados Unidos no aceptarían que su expansión hacia el Oeste se viera bloqueada por una colonia francesa que se extendiese desde los Grandes Lagos al golfo de México.

Napoleón, decidido a sacar el mejor provecho de tan complicada situación, dio nuevas instrucciones a Talleyrand y, el 11 de abril de 1803, este sorprendió a los negociadores estadounidenses con un único e innegociable ofrecimiento: la compra de la totalidad de Louisiana. Aunque esta operación rebasaba sus competencias, los embajadores estadounidenses aceptaron.

La oferta de Napoleón puso al presidente estadounidense, Jefferson, en un brete: estaba claro que la compra de la Louisiana, un territorio más vasto que los propios Estados Unidos de entonces, debía reforzar la identidad política del país y hacer posible el nacimiento de una gran nación. Pero la Constitución no confería facultades explícitas para la compra de territorios. Al principio, Jefferson quiso proponer una enmienda, pero una demora entrañaba el riesgo de que Napoleón cambiara de opinión. Advertido de que la facultad de comprar territorios estaba implícita en el poder de concertar tratados, Jefferson se decidió.

Sin embargo, aunque a todas luces aquel acuerdo suponía una verdadera ganga, la Compra fue recibida en Estados Unidos con cierto desdén, especialmente por la oposición. La nación ya tenía bastantes problemas tratando de colonizar los estados y territorios aún salvajes de su frontera actual: Kentucky, Tennessee,

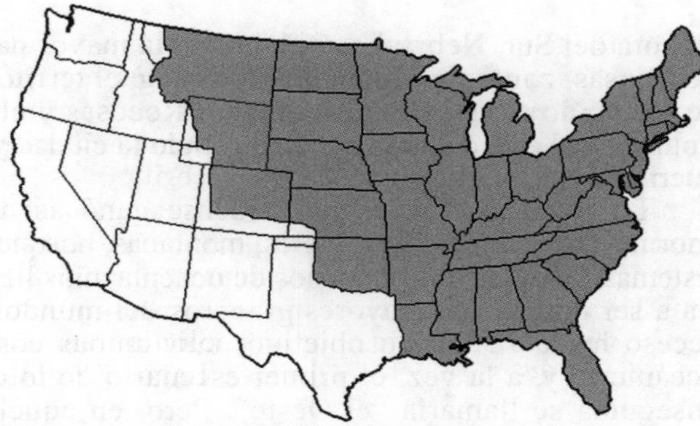

Tras la Compra de Luisiana (1803), los Estados Unidos duplicaron, de la noche a la mañana, su extensión territorial y se hicieron con un territorio ignoto, pero muy prometedor, que, como primer objetivo, había de ser explorado.

Mississippi. Gastar 15 millones de buenos dólares en quién sabe qué tipo de páramo inútil, gritó uno de los adversarios de Jefferson, era "la más salvaje quimera de un cerebro trastornado".

El contrato de venta así como los tratados y convenios anexos fueron presentados el 30 de abril de 1803, pero la firma definitiva no llegó hasta el 9 de mayo, en razón a los retrasos en la traducción del texto. El precio acordado finalmente fue de 15 millones de dólares, de los cuales 11.250.000 suponían el pago a Francia de los derechos de cesión de los territorios. Los restantes 3.750.000 dólares fueron utilizados por el Gobierno estadounidense para satisfacer las reclamaciones de sus ciudadanos contra Francia. El territorio vendido representaba alrededor de 2.100.000 km^2, lo que significaba que se había adquirido a algo más de un dólar el metro cuadrado un territorio en su mayor parte inexplorado, que comprendía los actuales estados de Arkansas, Missouri, Iowa, la zona de Minesota al este del río Mississippi, Dakota del Norte,

Dakota del Sur, Nebraska, Oklahoma, la mayor parte de Kansas, zonas de Montana, Wyoming, el territorio de Colorado al este de las montañas Rocosas y el de Louisiana al este del gran río, incluyendo la ciudad y el puerto de Nueva Orleans.

La joven nación estadounidense ganó así una enorme extensión de ricos valles, montañas, bosques y sistemas fluviales que en menos de ochenta años llegaría a ser uno de los mayores graneros del mundo; el acceso hacia su último objetivo: unir ambas costas oceánicas, y, a la vez, el primer escenario de lo que enseguida se llamaría "el Oeste". Pero, en aquellos momentos, todavía no sabía realmente qué había comprado.

La epopeya de Lewis y Clark

Nunca en la historia una nación había adquirido tan repentinamente una extensión de territorio tan vasta. De la noche a la mañana, Estados Unidos duplicó su tamaño, lo que suponía a la vez una oportunidad y un reto. Por una parte, toda aquella tierra esperaba ser explotada, pero, por otra, nadie sabía exactamente qué había allí. No existían mapas ni estudios, solo relatos desperdigados de los pocos hombres blancos que se habían atrevido a entrar en el territorio.

Por su implicación personal en la compra, al presidente Jefferson le urgía conocer cuanto antes la verdadera extensión de sus nuevas tierras, su aspecto y sus riquezas potenciales. El presidente y la joven nación, ansiosa de capitalizar su nueva adquisición, necesitaban saber más sobre lo que habían comprado. En consecuencia, al tiempo que los tramperos se iban abriendo camino en la vastedad de la naturaleza, ajenos a cualquier preocupación cartográfica, catastral y mucho menos política o geoestratégica, el presidente

Jefferson, un ferviente partidario de la expansión de su país hacia el Oeste, impulsó la exploración científica de los nuevos territorios. A ese fin, argumentando las importantes ganancias económicas que les podría aportar, había conseguido ya, aun antes de la compra, que el Congreso aportara fondos (algo escasos: 2.500 dólares) para realizar una expedición que explorara los territorios que iban desde el oeste del río Mississippi hasta la costa del océano Pacífico.

Una vez conseguida la financiación, Jefferson designó para llevar a cabo tal misión al capitán Meriwether Lewis (1774-1809), un virginiano estudioso en posesión de múltiples saberes y amante de la aventura, que, por lo demás, era su vecino, su amigo personal y su secretario privado. Lewis, a su vez, escogió como adjunto al mando a un antiguo compañero de estudios, el teniente William Clark (1770-1838), a quien se le daban bien el dibujo y la astronomía y que, en los meses siguientes, ampliaría sus conocimientos con los de construcción de canoas y refugios, habilidades muy valiosas para no perecer en el laberinto de aquella tierra virgen. Juntos hicieron uno de los viajes más épicos de todos los tiempos enfrentados a obstáculos realmente desalentadores. No pudo haber una forma más gloriosa de abrir el nuevo capítulo de la historia americana: la Marcha hacia el Oeste.

El encargo que recibieron se concretó en tres grandes objetivos: hacer un estudio sobre la flora y la fauna y evaluar la riqueza derivada del comercio de las pieles; contactar con las tribus indias, sondear su actitud respecto a los blancos y evaluarlas como eventuales clientes, y, finalmente, refrendar la hasta entonces asentada hipótesis de que existía un gran río que corría de Este a Oeste hacia el océano Pacífico y que serviría como gran ruta transcontinental navegable hasta la Costa Oeste. Además, debían preparar mapas para los

Los militares Meriwether Lewis (1774-1809) y William Clark (1770-1838) recibieron del presidente Jefferson el encargo de explorar el recién adquirido territorio de la Luisiana y de buscar la mejor ruta posible, deseablemente fluvial, que condujese a la costa del Pacífico.

colonizadores y exploradores que les siguieran. Era un encargo exageradamente ambicioso.

Lewis y Clark reunieron a 34 expedicionarios (cuatro sargentos, 24 soldados rasos, cinco civiles y, como nota de color, un negro de Virginia llamado York, esclavo personal de Clark), y pasaron el otoño y el invierno de 1803-1804 equipándolos y entrenándolos cerca de Saint Louis, en un campamento instalado en el río Wood.

La expedición —conocida históricamente como "Cuerpo del Descubrimiento"— se puso en marcha el 14 de mayo de 1804, a bordo de un barco y dos piraguas. Remontaron el río Missouri, encontrando ocasionalmente a algún trampero y pagando tributos a las tribus que vivían a orillas del río para que les dejaran pasar sin problemas. Muy pronto descubrieron las grandes manadas de bisontes, además de numerosos antílopes, ciervos y otra mucha variedad de fauna. El 20 de agosto, la expedición sufrió la que a la postre sería su única baja: el sargento Charles Floyd falleció,

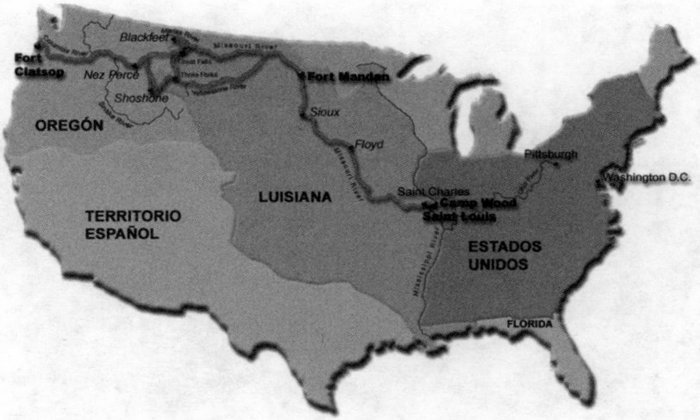

El mapa muestra la ruta seguida
por la expedición pionera de Lewis y Clark.

aparentemente a causa de una apendicitis aguda. En octubre, alcanzaron un poblado de la tribu mandan en territorio del actual Dakota del Norte. Ante su actitud amistosa, decidieron invernar entre ellos.

Lewis y Clark comprendieron enseguida que, para el éxito de su misión, deberían contar con la buena voluntad de las tribus indígenas. Los mandan les proporcionaron alimentos, protección y algunos datos precisos para proseguir camino. Además, los expedicionarios tomaron contacto con el trampero francocanadiense Toussaint Charbonneau, casado con una india de unos dieciséis años llamada Sacagawea, de la tribu de los soshonis, que dio a luz a un hijo ese mismo invierno. Conocedora del terreno, Sacagawea guiaría a los expedicionarios por la parte más dificultosa y abrupta del recorrido, por pasos casi infranqueables y alturas vertiginosas. Acarreando a su hijo recién nacido mientras ascendían por traicioneros senderos de montaña y mientras intentaban mantenerse a flote sobre rugientes rápidos a bordo de frágiles canoas,

Conocedora del terreno, la india shoshoni Sacagawea guió a Lewis y Clark a través de la parte más dificultosa y abrupta del recorrido, por pasos casi infranqueables y alturas vertiginosas.

Sacagawea guiaría a Lewis y Clark por el laberinto de las montañas Rocosas y a lo largo del curso del río Columbia en dirección al Pacífico. Su objetivo personal era volver a encontrar a su tribu, de la que había sido raptada a los diez años. Además, les sirvió de intérprete, rescató su equipo cuando un bote volcó, obtuvo caballos de los indios locales y se ganó por sí misma un lugar en la historia y en la leyenda. Lewis y Clark, aunque agradecidos, solo la recordaron en sus diarios como "la mujer india", porque no eran capaces de deletrear su nombre. Sobre ella anotó Clark: "Creemos que reconcilia a todos los indios acerca de nuestras intenciones amistosas... Una mujer en una partida de hombres proporciona un toque de paz".

El 7 de abril de 1805, los miembros de la expedición dejaron a los mandan y se repartieron a bordo de dos piraguas y seis canoas. Sin salir de Dakota, siguieron remontando el Missouri hacia el Oeste y, gracias a la ayuda de Sacagawea, llegaron a las montañas Rocosas ese verano, tras alcanzar a finales de abril la

¿Qué fue de Sacagawea?

Sacagawea había nacido en la tribu de los shoshonis pero fue raptada por los hidatsas siendo aún muy pequeña. Pasado el tiempo, el trampero franco-canadiense Toussaint Charbonneau la compró como esposa a cambio de algunos artículos, aunque, de acuerdo a otras versiones de la historia, puede que como ganancia en una partida de cartas. El caso es que Sacagawea se convirtió en su esposa durante el invierno de 1803-1804, junto a otra india de nombre desconocido, de acuerdo a la costumbre india que aconsejaba la poligamia. El 11 de febrero de 1805, Sacagawea dio a luz a un hijo del trampero, al que llamaron Jean Baptiste.

Poco se sabe acerca de su vida una vez finalizada su colaboración con la expedición. Sólo que su marido volvió a su lugar habitual de residencia, el poblado mandan, el 16 de agosto de 1806. También se sabe que una de las esposas indias de Charbonneau murió allí en 1812, pero la historia no aclara con seguridad si se trataba de Sacagawea o de la otra mujer. Por otra parte, se cuenta con el dato fidedigno de que muchos años después vivía en la reserva de los shoshonis una mujer llamada Sacagawea que hablaba francés con fluidez y que conocía detalles muy concretos acerca de la expedición de Lewis y Clark. Dicha india, de la que se ignora si era la misma persona, si se trataba de la otra mujer del trampero o si no tenía nada que ver, murió en 1884.

desembocadura del río Yellowstone. El 13 de junio, atravesaron los rápidos del río y, el 15 de agosto, cruzaron a caballo la Divisoria Continental de las Aguas (línea imaginaria que separa el nacimiento de los ríos que desembocan en el océano Atlántico de los que lo hacen en el Pacífico). Para entonces, la expedición ya había recorrido casi 2.000 kilómetros.

Dos días después, 17 de agosto, fueron capturados por indios shoshonis, pero la suerte quiso que se tratara de la tribu natal de Sacagawea, en la que su hermano se había convertido en jefe. Los indios no solo les trataron bien, sino que les proporcionaron todo tipo de asistencia y provisiones para franquear las montañas Rocosas. También les ayudaron los nez percés, que les mostraron cómo cruzar las montañas por el Paso Lolo.

Ya en la otra vertiente de las Rocosas (en el actual estado de Idaho), recorrieron durante septiembre el valle Bitterroot, acuciados por el frío, la lluvia, el hambre y el cansancio. El 10 de octubre, descubrieron el río Snake, que siguieron, para cruzar después la cordillera de las Cascadas por las corrientes del río Clearwater, llegar a las fuentes del Columbia el 7 de noviembre y alcanzar finalmente el océano Pacífico a finales de ese mismo mes.

En su viaje, la expedición se cruzó con tribus amistosas como los chinooks y los nez percés, que veían con curiosidad la presencia de los blancos y más todavía la del esclavo York, al que bautizaron como "el blanco de piel negra". Lewis aprovechó los contactos para mencionar la existencia de "un gran padre blanco que vivía en Washington" y cuyo deseo era vivir en paz con las tribus. Pero, durante el largo viaje, las penalidades no escasearon. Tampoco los peligros. Hubo escaramuzas con indios hostiles y luchas con fieras salvajes. Los osos se convirtieron en una pesadilla hasta el punto de que Lewis llegó a escribir: "Prefiero luchar con dos indios a hacerlo con un oso". El agotamiento debido a las alturas franqueadas, la alimentación —tuvieron que recurrir a comer coyote asado— y el frío inclemente fueron pruebas tan duras como el tener que vadear ríos como el Snake y el Clearwater, sorteando rápidos en balsas improvisadas.

Pero, al llegar a la Costa Oeste, su viaje no había acabado: tenían que volver. Los integrantes de la expedición se repusieron durante el invierno en la costa del Pacífico, en el actual Oregón, donde construyeron un fuerte al que llamaron Clatsop. Allí hubieron de soportar lluvias torrenciales y pasar hambre porque la caza escaseaba. En espera del buen tiempo, escribieron sus diarios, trazaron mapas de los territorios recorridos, clasificaron las muestras de flora y catalogaron los especímenes animales recogidos a lo largo de su periplo. Finalmente, iniciaron el viaje de vuelta el 23 de marzo de 1806, a bordo de cinco canoas indígenas, para llegar sin mayores contratiempos a la Divisoria Continental el 3 de julio. A partir de aquí, decidieron dividir el grupo en dos partidas para cubrir y trazar mapas de más territorio. Lewis exploraría el río Marias, mientras que Clark haría lo mismo con el Yellowstone, hasta alcanzar ambos el Missouri y bajar juntos hasta Saint Louis para completar viaje.

Al atravesar el grupo de Lewis el territorio de la tribu de los pies negros, éstos se mostraron hostiles. Un indio intentó apoderarse de un fusil y en la refriega consiguiente resultaron muertos dos indígenas. La partida hubo de escapar apresuradamente recorriendo 150 kilómetros en un solo día, antes de poder volver a acampar. Desde aquel momento, los pies negros consideraron a los blancos como enemigos mortales.

Clark, mientras tanto, había entrado en el territorio de los crows, conocidos como ladrones de caballos. Fieles a esa fama, durante la noche, la mitad de los caballos de Clark desaparecieron, pero sin que se hubiera llegado a ver ni a un solo indio.

Al llegar al Pacífico, los integrantes de la expedición se repusieron durante el invierno en un enclave del actual estado de Oregón, donde construyeron un fuerte al que llamaron Clatsop.

Finalmente, Lewis y Clark se reunieron de nuevo en la confluencia de los ríos Yellowstone y Missouri el 11 de agosto de 1806. En su rápido camino de vuelta por el Missouri, uno de los miembros del grupo, el soldado mestizo de sangre francesa e india omaha Pierre Cruzatte, ciego de un ojo y con merma de visión en el otro, disparó accidentalmente a Lewis durante una cacería, hiriéndole en el muslo.

Sin más contratiempos, en septiembre de 1806, aparecieron en Saint Louis unos hombres barbudos y demacrados, tocados con bonetes de nutria, vestidos con trajes de gamuza y calzando mocasines, que parecían venidos de otra civilización. Era la expedición de Lewis, que todo el mundo daba por perdida. En sus dos años, cuatro meses y diez días de viaje habían recorrido 12.370 kilómetros de regiones inexploradas, lo que reportaría valiosísimos datos sobre la geografía de los lugares visitados, sobre las características de las tribus y sobre las riquezas que encerraba el continente virgen que acababan de atravesar. Volvían cargados de muestras, sus diarios rebosaban información y solo habían perdido un hombre que murió por enfermedad y otro, John Colter, sobre el que luego volveremos, que abandonó la expedición, licenciado antes de tiempo, poco antes del final.

Los diarios de Lewis y Clark dedican mucho espacio a observaciones precisas y pintorescas de gran valor científico. Contemplaron por primera vez bisontes en Dakota del Sur al observar asombrados desde una colina una manada de unas 20.000 cabezas. En otra ocasión tuvieron que esperar una hora a que una manada terminara de cruzar un río. Cerca de Tarbox Hollow vieron por primera vez a un perrito de las praderas, al que llamaron "ardilla ladradora". Un ejemplar fue enviado desde Fort Mandan a Washington, donde vivió tras un viaje de 6.500 kilómetros que duró cuatro meses. En Dakota del Norte mataron un oso pardo, animal de cuya ferocidad habían oído hablar a los indios. Para salvar las Grandes Cataratas, construyeron carros cuyas ruedas eran secciones transversales de los enormes chopos de Virginia.

Durante la travesía de las Rocosas, los alimentos escaseaban y obtuvieron de los indios nez percés salmón seco y raíces cocidas de la planta autóctona camas o paico, que, por cierto, les hicieron enfermar gravemente. Sus dibujos topográficos mostraron cómo se podía alcanzar el distante océano Pacífico, y sus informes acerca de la riqueza de castores que abundaban en los ríos del Oeste pusieron en marcha una oleada de tramperos que explorarían enseguida estas inmensas áreas y abrirían los primeros y vitales senderos que permitirían la colonización del Oeste.

En definitiva, la expedición había sido un completo y total éxito, había demostrado que la Compra de Louisiana no había sido, ni mucho menos, un despilfarro y abrió oficialmente la Conquista del Oeste.

La expedición de Lewis y Clark fue un completo y total éxito, al demostrar que la Compra de Luisiana no había sido, ni mucho menos, un despilfarro y al abrir oficialmente la Conquista del Oeste.

UN NUEVO PAÍS, EL DOBLE DE GRANDE

Cuando Thomas Jefferson tomó posesión como tercer presidente de los Estados Unidos en marzo de 1801, la nación contenía 5.308.483 personas, una quinta parte de las cuales eran esclavos negros. Aunque las fronteras se habían extendido desde el Atlántico al Mississippi, y desde los Grandes Lagos hasta casi el Golfo de México, solo un área relativamente pequeña estaba ocupada. Dos tercios de la población vivían dentro de los 80 kilómetros de litoral atlántico y solo cuatro rutas cruzaban los Apalaches.

Junto a esa realidad, lo cierto es que, al añadir a su territorio la zona del continente situada más allá del Mississippi, su potencial era, si no ilimitado, sí ciertamente vasto. Sin embargo, no estaba claro aún si el país podría hacerse cargo de tan enormes dominios, y mucho menos añadir más tierras occidentales.

Menos del 10% de los estadounidenses, unas 500.000 personas, vivían al oeste de los Apalaches, pero eso no era óbice para que estuvieran dispuestos a emanciparse y formar otra nación independiente que hallaría su salida a los mercados internacionales ya no a través de las montañas hacia el litoral atlántico, sino por medio de los ríos Ohio y Mississippi hasta el golfo de México.

Este riesgo de secesión fue muy real en aquella nueva nación que apenas había cumplido la mayoría de edad simbólica de los dieciocho años. Además, no parecía muy posible que un solo estado pudiese gobernar un continente entero. Las distancias eran demasiado grandes y en aquel mundo nada se movía más deprisa que la velocidad de un caballo, ni siquiera las noticias o las ideas. Tampoco los productos mercantiles ni, por supuesto, las personas. Nada se había desplazado nunca más rápido de ese límite y, por lo que sabían los contemporáneos de Jefferson, nada podría hacerlo nunca.

Al otro lado de las montañas, hacia el Oeste, no había carreteras; solo, en el mejor de los casos, sendas. Para que las personas o el correo se desplazarse desde Mississippi al litoral atlántico se tardaban seis semanas y nada más pesado que una carta tardaba menos de dos meses. Los objetos voluminosos (fanegas de grano, toneles de whisky o barriles de pólvora, por ejemplo) solo se podían transportar en carretas tiradas por caballos, bueyes o mulas, cuya capacidad de carga era muy limitada, y eso en los sitios donde había caminos transitables.

Por eso, los ríos dominaban el pensamiento de Jefferson acerca del dominio y la explotación de Norteamérica. En el futuro inmediato, el presidente estaba decidido a potenciar el papel del puerto de Nueva Orleans y a impedir que Louisiana se desligase de los Estados Unidos. Pero, antes de eso incluso, buscaría una ruta fluvial a través del inexplorado Oeste que ocupaba dos tercios del subcontinente.

Ya se sabía que esa extensión era muy vasta, de unos 3.200 kilómetros desde el río Mississippi hasta la desembocadura del Columbia. Se sabía que contenía una gran riqueza en pieles. Y se presumía que contendría inmensas cantidades de carbón, sal, hierro, oro y plata, así como que (erróneamente) el suelo y la pluviosidad serían similares a las de Kentucky, Ohio y Tennessee, es decir, idóneos para la agricultura.

Pero lo que no se sabía o lo que se suponía de forma equivocada era mucho más importante que lo que se sabía. Aunque Jefferson tenía a su disposición la mayor biblioteca del mundo en materias geográfica, cartográfica, naturalística y etnográfica sobre la tierra incógnita del Oeste del Mississippi, cuando asumió la presidencia en 1801 creía cosas como que las montañas Azules de Virginia debían ser las más altas del continente; que el mamut, el perezoso gigante y otras criaturas prehistóricas se podrían encontrar en el alto Mississippi, un área donde habría volcanes todavía en erupción; que una montaña de sal gema se alzaba en algún lugar de las Grandes Llanuras; que todos los grandes ríos del oeste (Missouri, Columbia, Colorado y Grande) manaban de una misma meseta y fluían en diversas direcciones hacia los mares del hemisferio, o que existía sin duda una conexión fluvial que, tras cruzar las grandes montañas occidentales a través de un puerto de montaña de poco altitud, permitiría navegar hasta el Pacífico...

A comienzos del siglo XIX, la recién adquirida Louisiana estaba, a ojos de los blancos, vacante. Habían aspirado a colonizarla y explotarla los británicos desde Canadá, los españoles desde Texas, California y Florida, los franceses desde Nueva Orleans, los rusos desde el noroeste y ahora, título de propiedad en mano, los estadounidenses desde el este. Pero, por supuesto, la tierra estaba más o menos ocupada por los habitantes autóctonos que estaban decididos a no dejar arrebatár-

Con independencia de planes y estrategias, al acceder a la presidencia de los Estados Unidos, Jefferson estaba convencido de que su país llegaría a ser en el futuro una nación que se extendería de costa a costa. Su convencimiento y el apoyo de otros líderes fue configurando el fuerte sentimiento nacionalista que impulsaría la Conquista del Oeste.

sela. Para los blancos, se asumía que la dominación de los indios llevaría más o menos tiempo y sería más o menos costosa en dinero y en sangre, pero, sin duda, ocurriría tarde o temprano.

Con independencia de planes y estrategias, al acceder a la presidencia de los Estados Unidos, Jefferson estaba convencido de que su país llegaría a ser en el futuro una nación que se extendería de costa a costa. Él era el más convencido de eso. De una forma u otra, la Louisiana, como el resto de Norteamérica, sería parte de los Estados Unidos. Tarde o temprano, a cualquier coste.

Pero no todos lo veían así. Como se leyó en un periódico de la época: "Hemos dado dinero, del que tenemos poco, por tierra, de la que tenemos tanta". A su parecer, Jefferson ponía a su país al borde de la bancarrota por el capricho de comprar un desierto. Había que demostrar que, como parecía desprenderse de los informes de Lewis y Clark, ese pretendido desierto escondía muchos tesoros. Pero, de momento, no era esa la opinión dominante.

UN MAR DE HIERBA

15 millones de dólares fue, según opiniones, el despilfarro o la bagatela pagados por el inmenso Territorio de Louisiana, del que los franceses se desembarazaron en la creencia de que solo constaba de desiertos, páramos y llanuras resecas: una tierra inexplorada y llena de peligros por la que solo se aventuraban tramperos solitarios, casi suicidas en su desafío a lo desconocido.

Por lo que se sabía —o, más bien, intuía—, al oeste del Mississippi empezaba un territorio de fuertes contrastes, donde las extensísimas praderas eran como un mar de hierba en el que surgían, como islotes, bosques regados por ríos en cuyos márgenes abundaba la fauna (castores, mapaches, marmotas, nutrias...) tan buscada por los tramperos. El clima de los desiertos y páramos era rudamente continental: la estación cálida suponía una espantosa sequía y, en ella, a los días tórridos sucedían las heladas nocturnas. En la estación fría, el territorio era, en términos generales, totalmente inhóspito. Ante estas referencias proporcionadas por los primeros exploradores, el entusiasmo por las tierras vírgenes precisó de la fe del presidente Jefferson para crecer.

El viaje épico de Lewis y Clark fue solo, pues, el comienzo de la exploración del nuevo Oeste y cada explorador posterior fortaleció las pistas dejadas por los que llegaron antes y abrió otras nuevas para los que irían después.

De hecho, cuando en 1806 Lewis y Clark volvieron a Saint Louis con el cargamento de información y especímenes que habían recogido, el teniente Zebulon Montgomery Pike (1779-1813), a instancias también del visionario presidente Jefferson, ya dirigía desde el año anterior una segunda expedición militar a Minesota, y, en 1807, iniciaría un nuevo viaje, más épico si cabe, a través de las Grandes Llanuras hasta Colorado y las montañas Rocosas y corriente arriba del río Arkansas. A su retorno, en un alarde de imaginación, Pike comparó las regiones recorridas a los "desiertos de arena africanos", concepto más influido, sin duda, por sus lecturas que por sus vivencias.

Algo similar reflejó en sus informes el mayor Stephen Long (1784-1864), ingeniero militar que en 1819 emprendió un periplo en busca de las fuentes de los ríos Arkansas, Platte y Rojo. Incapaz de hallar la vía de agua prevista y anhelada por muchos que navegando hubiera podido conducirle hacia el Oeste, hubo de vagar durante meses por las Grandes Llanuras centrales hasta que, desanimado, regresó a Missouri. En el informe de su viaje consta: "Esta inmensa parte del país es impropia para los cultivos y, por consiguiente, inhabitable para poblaciones que precisen de la agricultura para subsistir".

La leyenda de las tierras estériles del que Long llamó "Gran Desierto Americano" subsistiría en parte hasta 1860, consiguiendo que la inmensa mayoría de los colonizadores que iban al Oeste las vieran como un simple lugar de paso en su camino hacia las tierras más atractivas de la costa del Pacífico.

Estas descripciones se basaban principalmente en la relativa falta de madera y de aguas superficiales de aquellas vastas extensiones. No obstante, las imágenes de grandes dunas de arena concitadas bajo el término "desierto" contrastaban con los muchos informes existentes sobre vastas manadas de bisontes.

Hacia 1803, aquella era, en efecto, una región de tierra plana o suavemente ondulada, cubierta de hierba alta y prácticamente carente de árboles, arbustos o rocas descubiertas. La población de aquellas vastas planicies era relativamente escasa. Varias tribus indígenas (principalmente siux, pawnis, comanches y cheyenes) cazaban en la región, principalmente búfalos,

En 1807, el teniente Zebulon M. Pike (1779-1813), a instancias también del visionario presidente Jefferson inició una nueva exploración por las Grandes Llanuras hasta Colorado y las montañas Rocosas y corriente arriba del río Arkansas. A su retorno, comparó aquellas regiones a los «desiertos de arena africanos», concepto más influido, sin duda, por sus lecturas que por sus vivencias.

pero, a diferencia de los indígenas del Este, el Sur y el Lejano Oeste, no vivían en asentamientos permanentes ni practicaban la agricultura, sino que se desplazaban siguiendo el periplo anual de las manadas.

Nada se alteraría en aquellos aparentes páramos hasta después de que se descubriera el gran acuífero Ogallala, uno de los más grandes del mundo, y sus inmensos depósitos subterráneos de agua fósil pudieran utilizarse para la irrigación de extensas áreas de Texas, Kansas, Colorado, Oklahoma, Nuevo México y Nebraska, y de que, por otra parte, los ferrocarriles permitiesen que los productos agropecuarios pudieran transportarse a los mercados distantes, así como que la madera se pudiera importar. Mientras tanto, las Grandes Llanuras siguieron siendo poco atractivas para la colonización masiva, especialmente comparadas con las tierras fértiles, los grandes ríos y los puertos marítimos de los territorios de Oregón (sin dueño oficial, indios aparte) y de California (en manos primero de los españoles y, a partir de 1821, de los mexicanos independizados).

Esa descripción de una Costa Oeste rica y un centro desértico se vio corroborada por la larga saga de intrépidos pioneros que fueron descubriendo y explorando el Oeste, como David Thompson (1770-1857), explorador y geógrafo inglés cuya dedicación al comercio de pieles le llevó a ser el primero que navegó por el río Columbia en su totalidad. Al final de su vida había recorrido más de 80.000 kilómetros por tierras enteramente desconocidas y dejó cartas geográficas que abarcaban 5.000.000 km^2 del Oeste.

Por su parte, Marmaduke Willamette fue el primero en recorrer en toda su integridad la luego tan importante Senda de Oregón, desde Independence, Missouri, hasta Fort Vancouver; en total, 3.200 kilómetros.

El trampero y tratante de pieles canadiense Peter Skene Ogden (1794-1854) fue el primer blanco que, siguiendo el río Humboldt, reconoció la totalidad del territorio de Utah, además de buena parte de los actuales estados de Oregón, Washington, Idaho, Wyoming, Nevada y California.

Por aquellas mismas fechas, otro trampero, Joseph Rutherford Walker (1798-1876), más conocido como Joe o Capitán Walker, uno de los más afamados y respetados en su tiempo, siempre en busca de nuevas piezas que cobrar, navegó por el río Humboldt, llegó hasta Sierra Nevada, recorrió California, Nuevo México, Colorado, Arizona y Utah, siendo el primer blanco que vio el Gran Cañón del Colorado, las grandes ruinas de la civilización hopi y el valle Yosemite. A su vuelta, informó de la existencia de unos árboles increíblemente gigantescos, las secuoyas, que con el tiempo serían distintivo del paisaje californiano.

Pero todas aquellas exploraciones eran parciales y seguían sin completar una visión general precisa. Sin duda, era necesaria una más completa exploración, pero, de momento, el Gobierno estadounidense, a causa del estallido en 1812 de la segunda guerra contra Gran Bretaña, interrumpió hasta 1820.

Además de este parón, aquella guerra colonial tuvo, por lo que aquí nos interesa, otras dos grandes consecuencias: creó un fuerte sentimiento de unidad y orgullo nacionales, y acabó con el peso determinante que los acontecimientos europeos tenían en la vida política estadounidense. Estados Unidos dejó de mirar hacia el Este y giró su mirada hacia el Oeste. A pesar del enfrentamiento contra la primera potencia mundial de la época, la joven nación consiguió sobrevivir, lo que favoreció su desarrollo nacional. En la década posterior, los poderes del gobierno federal fueron ampliados gracias a diversas resoluciones del Tribunal Supremo que limitaban diferentes poderes legislativos y ejecutivos de los estados.

15 millones de dólares fue, según opiniones, el despilfarro o la bagatela pagados por el inmenso Territorio de Luisiana, del que los franceses se desembarazaron en la creencia de que sólo constaba de desiertos, páramos y llanuras resecas: un «mar de hierba», una tierra inexplorada y llena de peligros por la que sólo se aventuraban tramperos solitarios, casi suicidas en su desafío a lo desconocido.

Coincidentemente, el territorio nacional se amplió al ceder España la actual Florida a consecuencia del Tratado de Onis-Adams (1819), que resolvía una prolongada disputa entre ambos países.

En política exterior, el fuerte espíritu nacional quedaría patente poco después con la formulación de la llamada "Doctrina Monroe" (1823), que, resumida en la célebre proclama del presidente James Monroe (1758-1831) "América para los americanos", manifestaba la determinación estadounidense de evitar nuevos procesos colonizadores europeos en todo el continente, lo que implicaba apoyar a las repúblicas sudamericanas en la lucha por su independencia de España.

Este periodo de fuerte unidad nacional, a veces conocido como "Época de las buenas intenciones", fue el preludio de otra fase de enfrentamientos entre distintos sectores del país por cuestiones económicas, sociales y políticas que se prolongaría durante cuatro décadas y desembocaría en la Guerra de Secesión.

El naciente y fuerte espíritu nacional estadounidense quedaría patente con la formulación de la llamada “Doctrina Monroe” (1823), que, resumida en la célebre proclama del presidente James Monroe (1758-1831) “América para los americanos”, manifestaba la determinación estadounidense de evitar nuevos procesos colonizadores europeos en el continente.

Pero, de momento, ni la guerra contra Gran Bretaña ni estas cuestiones políticas afectaron a los tramperos o a los tratantes de pieles, quienes, atraídos por los grandes beneficios de este negocio, siguieron infiltrándose por buena parte de los nuevos territorios aún no colonizados. Comenzó entonces la época de los llamados "hombres de la Frontera", una estirpe especial, a la que dedicamos el siguiente capítulo.

2

EL COMERCIO DE PIELES

Esta es una historia de tramperos.
Gente que buscaba castores y encontró gloria.

Río de sangre, Howard Hawks (1952).

LOS HOMBRES DE LAS MONTAÑAS

Ante el vasto y prometedor territorio abierto que se extendía a Occidente, los norteamericanos emprendedores empezaron a sondear las riquezas de su nueva tierra. La más obvia era la fauna, pues proporcionaba unas pieles de gran calidad que satisfacían a un buen precio los gustos de la gente que vivía en el acomodado Este y en la lejana Europa. Por ello, a pesar del parón en el afán explorador y colonizador del Gobierno, hubo numerosos individuos oportunistas que continuaron adentrándose en los nuevos territorios, no tanto en busca de información como de beneficios. Cuando se vio lo que estos individuos traían consigo de vuelta, muchos otros hombres audaces subieron a las montañas a buscar pieles, mientras los empresarios fundaban compañías para organizar su comercio. A su manera, todos ellos, desde los solitarios montañeses hasta los *voyageurs* franco-canadienses, que solían viajar en grupo por los ríos, desempeñaron un gran papel en la exploración y explotación del Oeste. Cada año volvían, además de con su preciada mercancía, con más y más información, extendiendo y profundizando el conocimiento de las regiones inexploradas más occidentales.

Pronto se comprendió que el ciervo, el oso, el bisonte, el zorro, el puma y otros ofrecían con sus pieles no solo comida y calor, sino también beneficios. Pero ante todo estaba el castor, el industrioso animal que dominaba su entorno casi tan bien como el hombre, pero cuya misma maestría lo hacía tan fácil de cazar.

LAS TRAMPAS PARA CASTOR

Los hombres de las montañas utilizaban una gran variedad de trampas para castor. Éstas eran cebadas con un poco de follaje y castóreo (sustancia almizclada segregada por ciertas glándulas de los propios castores). Las trampas se colocaban bajo la superficie del agua y se dejaban ahí unas veinticuatro horas. Cuando el castor caía en la trampa, moría ahogado (aunque algunos lograban zafarse royéndose el pie aprisionado). El día siguiente, el montañés revisaba sus trampas, sacaba los castores muertos del agua y les despellejaba. A continuación extendía la piel sobre un bastidor de ramitas para secarla.

Por cada piel de castor adulto se pagaban alrededor de 6 dólares. La recompensa era alta y un buen trampero ganaba unos 2.000 dólares por temporada, mientras que un artesano experimentado no pasaba de 500 al año.

Las pieles se convirtieron así en un artículo de gran importancia económica e incluso de gran trascendencia política para el desarrollo de los Estados Unidos. El castor especialmente pasó a ser un factor

Se utilizaban una gran variedad de trampas para castor. Estas, cebadas con un poco de follaje y castóreo, se colocaban bajo el agua y se dejaban ahí unas veinticuatro horas. Cuando el castor caía en la trampa, moría ahogado.

estratégico y muchas batallas se libraron y muchos tratados se firmaron para determinar quién tendría el control de acceso a las principales zonas tramperas. Por así decirlo, el futuro de Norteamérica dependió tanto de los mosquetes y las bayonetas como de las trampas para castores y de quienes las colocaban.

Los más individualistas de todos los norteamericanos del momento ejercieron su comercio solitario en los escondrijos neblinosos de los cañones profundos a través de los que discurrían las aguas, de corrientes crecidas, en dirección a las llanuras resecas. Eran los hombres de las montañas y tramperos solitarios que querían ver por sí mismos qué era lo que les esperaba al otro lado de la siguiente colina.

Llegaron y se fueron en un abrir y cerrar de ojos al poblarse las tierras que exploraban y desaparecer los castores que cazaban, pero los que los conocieron no olvidaron jamás su colorida vestimenta, su habla característica y su impacto en la colonización del país. Su

Fue aquella una época de “hombres de las montañas” y tramperos solitarios que querían ver por sí mismos qué era lo que les esperaba al otro lado de la siguiente colina. En el grabado, uno de los más famosos: John Grizzley Adams.

estela y su legado resurgirían una y otra vez en el futuro, en el Salvaje Oeste.

Estables en su refugio de las montañas o animados por un afán exploratorio, los tramperos arrostraban una vida a prueba de los extremos climáticos, de la amenaza de los indios y de la asechanza de las fieras. Las condiciones de vida, si el oso o el puma la respetaban, se reducían al refugio de una elemental choza, que cubría a duras penas las más básicas exigencias de subsistencia. Envueltos en pieles, desaliñados y barbudos, alimentándose de las piezas que cobraban, olvidados y huraños, solo les guiaban dos propósitos: hacerse con esas pieles, en las que veían la compensación a tanta penalidad, y vivir en libertad. Ellos fueron los primeros en contactar con las tribus indígenas, practicando el trueque y, en muchos casos, agenciándose una compañera india con que mitigar su soledad.

El estereotipo de hombre de las montañas se ha descrito como vestido con trajes de gamuza y con un gorro de piel de mapache, luciendo poblada barba y llevando un rifle Hawken y un cuchillo Bowie, "un cuchillo —como decía la publicidad de entonces—, para arrancar cabelleras". Se les ha descrito como hombres honestos y honrados que seguían su propio código caballeresco; solitarios deseosos de ayudar a sus congéneres, que habían hallado su hogar en la naturaleza salvaje.

Ahora bien, aunque hay bastante de verdad en esa imagen idealizada, lo cierto es que muchos eran rudos y groseros y permanecerían asilvestrados de por vida. La mayor parte de los tramperos viajaban y trabajaban para las compañías peleteras y sus ropas combinaban los gorros y las pellizas de lana con prácticos y duraderos pantalones y camisas de cuero de estilo indio. A menudo calzaban mocasines, pero lo más común eran unas pesadas botas. Los caballos o mulas eran también esenciales; un caballo de montura para cada hombre y otro, al menos, para llevar las provisiones, las trampas, las pieles y un equipo básico, en el que no faltaban armas, chifles o cuernos de pólvora y una bolsa de balines, cuchillos y hachuelas, más cantimplora, utensilios para cocinar y provisiones de tabaco, café, sal y carne ahumada. Con excepción de esto, se alimentaban al modo indio, aprovechando lo que ofrecía el lugar. Carne roja fresca, aves y pescado se podían conseguir con facilidad; plantas, frutas y bayas, también. Pero los alimentos que requieren tiempo de preparación, como raíces, carne seca, los obtenían solo por medio del trueque con las tribus indígenas. Por lo demás, en momentos de crisis o de mal tiempo, no era raro que recurriesen a consumir sus propios caballos o mulas.

La compensación a tanta austeridad llegaba en la cita anual, el gran mercado o *rendezvous* de los puestos comerciales avanzados de la Frontera, donde subastaban sus pieles de castor, gamo o marta. Una vida sencilla y dura, plena de peligros, que les obligaba a protagonizar lo que hoy parecen aventuras imposibles. A ese modelo se ajustó, por ejemplo, John Colter.

JOHN COLTER, UNA VIDA Y UNA MUERTE EXAGERADAS

Uno de esos intrépidos pioneros de vida aventurera fue John Colter (1773?-1813), integrante de la expedición de Lewis y Clark, que abandonó poco antes de terminar, precisamente para ir a trampear a las montañas Rocosas, en lo que es hoy Colorado y Wyoming. Mientras exploraba por su cuenta estos territorios, Colter tuvo el privilegio de ser el descubridor de un paraje destinado a la celebridad. La primera noticia sobre el lugar se la habían dado los indios crows, que le indicaron que aquélla era una tierra poblada por fantasmas y espíritus malignos, lo que fue suficiente para excitar su osadía. Colter, desoyendo todo consejo, entró en un paraje que le sobrecogió: de la tierra brotaban chorros de agua hirviendo que alcanzaban 50 metros de altura; de cráteres como calderas emanaban géiseres y fumarolas sulfurosas... Había descubierto lo que después sería el Parque Nacional de Yellowstone, pero que durante mucho tiempo, a partir de la narración hecha por el explorador, fue designado como “El infierno de Colter”.

Pero los máximos peligros que corrió Colter no provendrían de la sobrecogedora naturaleza, sino de los indígenas. Cuando comenzó a trampear, no hacía mucho que el capitán Lewis había matado a dos pies negros que intentaban robarles los caballos y las armas y, desde ese momento, la tribu odiaba al hombre blanco y no dudaba en matar sin piedad a todos los que se cruzaban en su camino. Colter lo sabía, pero pese a ello, se internó en su territorio, junto a otro cazador llamado Potts, en busca de los abundantes castores. Los dos hombres sabían el gran riesgo que corrían y también cómo se las gastaban los indios, así que optaron por poner las trampas de noche, recogerlas al alba y esconderse durante el día.

Una mañana temprano se deslizaban suavemente en su canoa por un arroyo revisando sus trampas cuando oyeron pisadas en la orilla. Colter dijo mientras dejaba de remar: “¡Indios!”. “¡Búfalos!”, le corrigió Potts, que siguió remando. Unos segundos después, se vieron rodeados por docenas de pies negros. Puesto que no podían escapar, giraron la canoa hacia la orilla.

Nada más pisarla, un indio le quitó el rifle a Potts, pero Colter, que era un hombre muy fuerte, se lo arrebató y se lo devolvió a su compañero. Inmediatamente, este disparó y mató a un indio. Una lluvia de mortales flechas cayó sobre él.

A Colter le obligaron a desnudarse mientras discutían entre ellos cómo le iban a matar. Al final, el jefe decidió y le preguntó sí sabía correr. Con las pocas palabras que Colter sabía de su lengua, le contestó que era muy mal corredor, aunque uno de los más veloces de los cazadores. Los indios le llevaron a un claro del bosque y le dijeron que corriera si quería salvar su vida. Sin pensárselo mucho, Colter salió corriendo, con los indios lanzando tras él sus temibles gritos de guerra. Corrió todo lo rápido que pudo por una llanura en dirección al río Jefferson, que estaba a casi 10 kilómetros de distancia. La llanura estaba cubierta de cactus y, a cada zancada, sus pies desnudos se iban llenando de púas. A pesar de ello, corría más rápido que nunca, perseguido por decenas de indios.

Había recorrido casi la mitad de la llanura cuando miró hacia atrás y vio que había dejado a gran distancia a todos los pies negros menos a uno que, armado con una lanza, no estaba a más de 75 metros de él. A Colter se le abrió una ligera esperanza de poder salvar la vida. Siguió corriendo al límite de sus fuerzas hasta estar más o menos a kilómetro y medio del río, pero, al girar la cabeza, vio que el indio con lanza se le había aproximado. Colter le dejó acercarse algo más y, de repente, paró en seco, se dio la vuelta y se dispuso a pelear. El indio, sorprendido, intentó detenerse, pero estaba tan exhausto que cayó al suelo y rompió la lanza. Colter se apresuró a hacerse con la punta rota y se la clavó. Inmediatamente, reanudó su carrera hacia el río, mientras los demás indios llegaban a la altura de su compañero y arreciaban sus gritos de guerra.

Sin perder un instante, el trampero llegó a la orilla y se tiró al agua. Un poco más abajo, al borde de un pequeño islote, vio una pila de troncos. Sin pensárselo, se zambulló y, con dificultad, sacó la cabeza del agua por entre el montón de troncos, permaneciendo todo lo oculto que pudo. A los pocos segundos llegaron a su altura los indios, que seguían gritando como posesos. Rebuscaron en las orillas, caminaron sobre la cabeza de Colter, removiendo y mirando detenida-

Colter dejó que su perseguidor se acercara algo más y, de repente, paró en seco, se dio la vuelta y se dispuso a pelear. El indio, sorprendido, intentó detenerse, pero estaba tan exhausto que cayó al suelo y rompió la lanza. Colter se apresuró a hacerse con la punta rota y se la clavó. Inmediatamente, reanudó su carrera hacia el río, mientras los demás indios llegaban a la altura de su compañero y arreciaban sus gritos de guerra.

mente entre los troncos. Finalmente, convencidos de que no estaba allí, continuaron la búsqueda río abajo.

Hasta que se hizo de noche y no pasó mucho tiempo sin que se les oyera, Colter no se atrevió a salir de su escondrijo. Bajó nadando por la orilla del río un largo trecho y luego se alejó de la ribera. Estaba solo en el bosque, en mitad del territorio de indios hostiles, desnudo, desarmado y con sus pies destrozados por los cactus, a unos 400 kilómetros del puesto comercial más cercano. Pero estaba vivo, no tenía miedo y se sentía fuerte. Once días después llegó al puesto comercial de Yellowstone, requemado por el sol y muerto de hambre, pero sano y salvo.

Pese a todo, Colter siguió trampeando por la zona hasta que sus continuos encontronazos con los pies negros le llevaron a trasladarse a New Haven, Missouri, y comprar una granja con sus ahorros. Sin embargo, su tranquila vida de granjero no duró mucho. Al estallar la guerra con Gran Bretaña en 1812, Colter se alistó y, al poco, murió, pero no a mano de los soldados británicos ni de los muchos indios que encontró en sus viajes, sino de ictericia.

Tras su muerte, sus restos fueron enviados a su esposa, Sallie, que le aguardaba en Missouri. Esta, sin embargo, no fue capaz de darle un entierro apropiado. Dejándole de cuerpo presente en la cabaña, se fue a casa de un hermano. Increíblemente, el cuerpo de John Colter yació allí los siguientes ciento catorce años. En 1926, al ir a derribar la semiderruida cabaña, se encontraron fortuitamente sus huesos, así como una bolsa de piel con su nombre. Finalmente, sus restos fueron enterrados definitivamente en lo alto de un risco de New Haven desde el que, muy apropiadamente, se domina el río Missouri.

LOS CIEN DE ASHLEY

En la primavera de 1822 empezó una de las épocas más noveladas y románticas de la historia del Oeste cuando los dos primeros barcos de tramperos buscadores de pieles navegaron aguas arriba del Missouri hacia las montañas lejanas.

Todo comenzó cuando el general William Henry Ashley (1778-1838) y el mayor Andrew Henry (1775-1832) decidieron introducirse en el comercio de pieles a gran escala y fundaron en Saint Louis, Missouri, la Rocky Mountain Fur Company. Su primera iniciativa fue promover y organizar una gran expedición a las montañas Rocosas. Para seleccionar a los jóvenes que formarían su fuerza de trabajo, publicaron un anuncio en varios periódicos de Saint Louis en el que se leía: "A todos los jóvenes emprendedores. El que suscribe desea contactar con una centena de hombres que quieran subir por el río Missouri hasta su fuente para darles empleo durante uno, dos o tres años...".

Entre los cien muchachos seleccionados (Los Cien de Ashley) se hallaba buena parte de los personajes que protagonizarían después las legendarias hazañas de los hombres de la montaña que ensalzaría la mitología estadounidense. Una nómina de jóvenes soñadores y animosos que poblaría la primera época de la Conquista del Oeste y en la que figuraban, entre otros, Jedediah Smith, los cuatro hermanos Sublette, Jim Beckwourth, Thomas Fitzpatrick, Mike Fink, John Fitgerald, Hugh Glass, Old Bill Williams, Joseph Meek, David E. Jackson, Robert Newell, George W. Ebbert, Kit Carson y Jim Bridger.

El plan del mayor Henry se fraguó en respuesta a la ley publicada en julio de 1822 que prohibía la venta de alcohol a los indios. Hasta entonces, el comercio se había basado en que los indios consiguiesen las pieles sobre el terreno y luego las vendiesen en los puestos comerciales a cambio, preferentemente, de licores que, además de ser un producto de intercambio, también contribuían, en opinión de muchos, a hacerles más dóciles y menos exigentes en cuanto a precios. El plan de Henry hizo innecesarios los tramperos indios y los puestos comerciales: él entrenó a aquellos jóvenes, después los dejó trampear en pequeños equipos, para reunirlos y recogerles sus cosechas de pieles en esporádicas reuniones comerciales, conocidas en la época con la palabra francesa *rendezvous* ("citas"), convocadas en cualquier lugar conveniente.

La Rocky Mountain Fur Company se convirtió pronto en la gran rival de la Hudson's Bay Company y de la American Fur Company de John Jacob Astor, hasta entonces las dos grandes dominadoras del mercado. En 1826, el general Ashley vendió su negocio a un grupo de tramperos, entre los que estaban Jedediah Smith y William Sublette, reservándose, eso sí, una comisión sobre los beneficios.

Cuando ese centenar de jóvenes bien escogidos, convertidos ya en hombres duros y curtidos, reaparecieron por primera vez en julio de 1825 en las estribaciones de las montañas Uinta, cargados con más de 90 fardos de pieles de castor, empezó la gran época de los hombres de las montañas, la gran era de los tramperos.

LA ERA DE LOS TRAMPEROS

Aproximadamente unos 3.000 tramperos de la misma estirpe que Colter y que los Cien de Ashley vagaron por las montañas de toda Norteamérica entre 1820 y 1840, el periodo culminante de la demanda de pieles de castor. En su continuo ir y venir, estos hombres inquietos llenaron espacios en blanco en el mapa del Oeste desde la frontera canadiense hasta el territorio de Nuevo México. Se llevaron bien con los indios cuando pudieron, casándose y viviendo en una tribu, en parte, para tener compañía y, en parte, para sobrevivir. Aunque algunos trabajaban por cuenta propia, la mayor parte lo hacía para las compañías peleteras. Los hombres formaban grupos más o menos numerosos, cazaban y trampeaban por brigadas, que se distribuían en solitario o por parejas, y siempre mantenían informado de sus movimientos al jefe de su partida. Este, que ejercía como mando supremo para todos los asuntos, era conocido como *boosway,* palabra derivada de la francesa *bourgeois* ("burgués").

Se enfrentaban todos los días con numerosos peligros y con la posibilidad de una muerte repentina. Una pierna rota, un caballo perdido o la flecha de un indio dejaban a un hombre a merced de los elementos y los animales. Solo sobrevivían los más duros.

Hombres como Hugh Glass (1780-1833), que fue capaz de arrastrarse por el suelo durante dos meses en los que recorrió casi 175 kilómetros hasta encontrar

El estereotipo de hombre de las montañas lo describe como vestido con traje de gamuza y gorro de piel de mapache, luciendo poblada barba y llevando un rifle Hawken y un cuchillo Bowie, —como decía la publicidad de entonces—, "para arrancar cabelleras". Se les ha descrito como hombres honestos con su propio código caballeresco; hombres solitarios deseosos de ayudar a sus congéneres, que habían hallado su hogar en la naturaleza salvaje.

Durante unas décadas, Europa y, en general, todo Occidente, vivió un gran auge de la prendas de abrigo fabricadas con pieles y, especialmente, con la de castor. La mujer de la foto, totalmente vestida con pieles, refleja esa moda que pronto decaería.

ayuda después de haber sido herido mortalmente por un oso pardo en el río Yellowstone y ser abandonado por sus compañeros, creyendo que su muerte estaba dictada. Hombres como Tom Smith (1801-1866), que, tras romperse una pierna solo en el bosque, se cortó la carne con el cuchillo, se arrancó el hueso roto y metió el sangrante muñón en el fuego de su campamento para cauterizarlo...

No es de extrañar que ese tipo de hombres diera origen a tantas leyendas y tradiciones de la Frontera, y que algunos, como el montañés, explorador y cuatrero Old Bill Williams (1787-1849) o el virginiano Jim Bridger (1804-1881), se aficionaran tanto a contar historias que prácticamente crearan su propia leyenda.

Bridger, por ejemplo, enrolado a los diecisiete años en Los Cien de Ashley (era el benjamín del grupo), fue uno de los primeros no nativos que vieron, tras Colter, los géiseres y otras maravillas naturales de la región del Yellowstone y también, junto con Étienne Provost, el Gran Lago Salado de Utah. Debido precisamente a su salinidad, Bridger creyó durante un tiempo hallarse ante un brazo del océano Pacífico. En 1830, compró acciones de la Rocky Mountain Fur Company y, en 1842, fundó Fort Bridger en el sudoeste de Wyoming. Pero Bridger fue famoso no solo como protagonista, sino también como inventor de historias. Tenía un gran sentido del humor y le gustaba especialmente sorprender a los novatos y a los del Este con sus historias. Hablaba de montañas de cristal, de pájaros *petrificados* que cantaban canciones *petrificadas* y rememoraba los días en que el pico Peak, uno de los más altos de Norteamérica, era solo un agujero en el suelo. Contaba este tipo de historias con un gesto tan serio y de una forma tan envolvente que las hacía creíbles hasta para el más escéptico, para finalmente romper a reír y confesar su engaño.

El trampero virginiano Jim Bridger (1804-1881), como otros muchos de sus colegas, se aficionó tanto a contar historias que prácticamente creó su propia leyenda.

JEDEDIAH SMITH, UN TRAMPERO DIFERENTE

La gran aportación de datos sugestivos, y reales, en cuanto a las inmensas posibilidades de la Norteamérica por descubrir se debería a otro de los componentes de los Cien de Ashley, el trampero Jedediah Strong Smith (1799-1831), originario del estado de Nueva York y que exploró antes que nadie las montañas Rocosas, la Costa Oeste y el Sudoeste de Estados Unidos.

Smith era un hombre muy emprendedor, de fuerte carácter y muy piadoso que, hasta que tuvo que luchar con un oso, creía más en la eficacia de la Biblia que del rifle. Al frente de un equipo de tramperos, decidió ir al centro y al sur de las Rocosas en busca de nuevos cotos de caza. En su marcha sobrepasó el Gran Lago Salado de Utah, atravesó las Grandes Llanuras y la Gran Cuenca, desde California al Sudoeste, y, desafiando el hambre y la sed, el desierto de Mojave.

En su aventurera vida hubo de todo: desde haber sobrevivido al ataque de un oso pardo en su segundo

La principal aportación de datos sugestivos, y reales, referentes a las inmensas posibilidades de la Norteamérica por descubrir se debería al trampero, Jedediah Strong Smith (1799-1831), originario del estado de Nueva York, que exploró antes que nadie las montañas Rocosas, la Costa Oeste y el Sudoeste de Estados Unidos.

viaje, hasta estar a punto de morir de sed y calor en el desierto de Nevada. Aquí logró sobrevivir enterrándose en la arena para mantenerse relativamente fresco. En el primer caso, el oso salió de pronto de la espesura y le atacó violentamente, tirándole al suelo, rompiéndole las costillas y arrancándole literalmente la cabellera de un zarpazo. Cuando el ataque finalizó, buena parte de la cabellera le colgaba de la cabeza junto con una oreja también arrancada. Smith dio instrucciones a su compañero Jim Clyman para que le cosiera en vivo los desperfectos. Este lo hizo lo mejor que pudo con el pelo, pero poco pudo hacer para "recolocar" la oreja. En palabras del improvisado *cirujano remendón:* "Con la aguja fui dando una y otra puntada de hilo tras ir colocando con las manos unas partes junto a las otras tan bien como pude". Tras dos semanas de convalecencia, Smith reasumió su deber como capitán de la expedición.

La más famosa de sus proezas fue la travesía de la Gran Cuenca y las Rocosas (desde California, por Nevada y Utah, rodeando el Gran Lago Salado y llegando al actual Wyoming). Él y dos tramperos más lo consiguieron en treinta y dos días, a pie —llegaban a caminar 64 kilómetros diarios— y casi sin alimentos. Fueron continuamente atacados por varias bandas de indios, a quienes siempre lograron despistar. Incluso, Smith estuvo a punto de ahogarse al cruzar un río. Uno de sus compañeros cayó extenuado, afortunadamente cinco kilómetros más lejos encontraron agua y volvieron para salvarle. En una carta que envió a su hermano la Nochebuena de 1829, Smith se autodefinió: "Tal vez la razón por la que me enfrento a cualquier peligro sea que tengo la capacidad de ayudar a los que lo necesitan. Por eso atravieso montañas cubiertas de nieve eterna, llanuras arenosas en pleno verano, sediento..., y por eso me aíslo del bienestar de la sociedad".

Fiel a su destino, a pesar de haberse enriquecido con el negocio de la peletería al pasar a dirigir la Rocky Mountain, fue en busca de nuevos horizontes y recorrió varias veces el Camino de Santa Fe. En mayo de 1831, cuando guiaba a un grupo de comerciantes, se apartó para buscar agua y ya nunca regresó. Tras buscarle infructuosamente, el resto de la partida siguió camino. Al llegar a Santa Fe, Nuevo México, vieron que un comerciante mexicano tenía a la venta varios de los objetos personales de Smith. Al preguntarle por ellos, el comerciante indicó que se los había adquirido a una banda de comanches, que le habían dicho que eran de un hombre blanco que habían matado cerca del río Cimarrón. El cuerpo de Smith nunca fue encontrado.

Al final de sus días se pudo decir de él que fue el primer hombre blanco en cruzar el futuro estado de Nevada; el primero en atravesar Utah de norte a sur y de oeste a este; el primero en entrar por ruta terrestre en California —donde, por cierto, fue detenido por los mexicanos, que no veían con buenos ojos una posible invasión de protestantes—; el primero en escalar Sierra Nevada y en explorar el interior de la costa del Pacífico desde San Diego a las orillas del río Columbia. Sobre todo, es conocido por liderar el grupo de exploradores que redescubrió el South Pass ("Paso del Sur"), en Wyoming, que acortaba el tiempo necesario para llegar a la vertiente occidental de las montañas Rocosas desde Saint Louis, Missouri, y que en las décadas posteriores se convertiría en un enclave fundamental al señalar la bifurcación entre la sendas de Oregón y California y, por tanto, un paso obligado para millares de colonos.

Su diario, publicado ciento cincuenta años después de su muerte, acabó por convertirlo en el más famoso de los tramperos. Pero, antes que trampero o montañés, él fue, sobre todo, un aventurero nato. Su precoz lectura de los diarios de Lewis y Clark le habían convencido de que su vida estaba en los espacios abiertos y, a ser posible, vírgenes. Jedediah Smith fue quizás el más grande de los hombres de la montaña, el de carácter más fuerte y, a la vez, el más extraño. En contra de los estereotipos, era abstemio, no fumaba, nunca fanfarroneaba, iba siempre bien afeitado y llevaba una Biblia que leía continuamente, además de ser un gran jefe y de no caracterizarse por su sentido del humor. Desgraciadamente, dada su prematura muerte, la mayor parte de sus conocimientos murieron con él. Su plan de trazar un mapa pormenorizado de los parajes que conoció quedó truncado. Como pronto ocurriría también con la actividad de todos sus compañeros tramperos.

El rápido ocaso de los tramperos

Los días de gloria de los tramperos fueron breves. Las pieles de castor se usaban principalmente para confeccionar gorros, muy populares en el Este, en Gran Bretaña y en otras partes de Europa. Pero a comienzos de la década de 1840 las modas cambiaron y disminuyó el valor de la piel de castor, al mismo tiempo que se hacía cada vez más difícil encontrar ejemplares debido al exceso de caza. Tanto bajó el negocio que el último *rendezvous* de tramperos se celebró en 1840, solo quince años después del primero.

A partir de entonces, los hombres de las montañas se dedicaron a otras actividades. Algunos se establecieron en granjas con sus mujeres indias. Otros se hicieron exploradores del Ejército. Varios se pasaron a la caza mayor ante la demanda de carne y pieles de bisonte que convertía de repente en lucrativas las grandes manadas de las praderas. Unos cuantos se hicieron comerciantes. Pero prácticamente ninguno, pese a jugarse la vida casi a diario, pudo vivir de los ahorros conseguidos con los castores. Gastaban el dinero que obtenían casi tan pronto como caía en sus manos, después se iban de nuevo a las alturas a las que pertenecían y donde preferían estar.

Aunque la mayoría del comercio de pieles se concentró en los climas norteños, desde los Grandes Lagos hasta el Pacífico, el sudoeste también participó en él. Allí surgió un segundo foco de negocios y avituallamiento en Taos, en lo que hoy es Nuevo México, que atrajo, junto a anglo-americanos, a un gran número de franco-americanos y a algún trampero franco-canadiense. Algunos ciudadanos de Nuevo México también entraron en el negocio de las pieles de castor, pues como ciudadanos mexicanos que eran tuvieron inicialmente algunas ventajas legales. Los tramperos y tratantes del Sudoeste cubrían territorios por lo común inaccesibles para las grandes compañías peleteras, incluidos Nuevo México, Nevada, California y el centro y el sur de Utah.

Hombres como Kit Carson —del que hablaremos con mayor detalle en otro parte de este mismo libro— y otros trampearon en los ríos del norte de Nuevo México y el sur de Colorado. Incluso Texas proporcionó pieles y algunos empresarios hicieron allí sus fortunas, como Manuel Lisa (1772-1820), fundador de la Missouri Fur Company, y Pierre Chouteau (1788-

1865) y su hijo Augusto. Estos y otros tratantes organizaban caravanas que cruzaban regularmente el árido Sudoeste desde Missouri a Nuevo México y volvían con su cargamento de pieles.

Sin embargo, también allí la década de 1840 marcó el fin de la empresa. Las fricciones con los indios y con México la hacían cada vez más peligrosa y menos rentable. Después, la guerra con México de 1846 desviaría la atención de los norteamericanos hacia otros asuntos y los hombres que habían explorado los ríos desconocidos del Sudoeste se encontraron usando su conocimiento del terreno para guiar ejércitos o colonos.

En uno y otro escenario, a partir del segundo tercio del siglo, el ejército estadounidense fue adquiriendo los puestos comerciales peleteros, convirtiéndolos en los primeros fuertes militares. Fue el fin definitivo de los tramperos, que quedaron diluidos en la oleada migratoria.

Su desaparición y la de su estilo de vida fueron parejas, lógicamente, con la decadencia del comercio de pieles y de los grandes empresarios que se habían enriquecido con ella. De todos salvo del astuto John Jacob Astor (1763-1848), un emigrante alemán que, de igual manera que supo intuir el auge de las pieles, supo también anticipar su declive, por lo que vendió todavía a tiempo sus empresas y, tras invertir en terrenos en la isla de Manhattan, halló la forma de prosperar aun más hasta convertirse en el primer millonario estadounidense. Su empresa, la American Fur Company, abrió el camino a la colonización y el desarrollo económico del Medio Oeste y del Oeste. Los tramperos que trabajaban para ella abrieron las rutas que luego seguirían los colonos. Muchas ciudades del Oeste crecieron a partir de los puestos comerciales de esta compañía, que desempeñó un papel crucial en la exploración y explotación de los nuevos territorios estadounidenses, que no había hecho más que comenzar.

JOHN JACOB ASTOR, EL PRIMER MILLONARIO ESTADOUNIDENSE

John Jacob Astor (1763-1848), tercer hijo de un carnicero, nacido en la localidad alemana de Walldorf, Baden, tras trabajar en distintos puntos de Europa como carnicero y peletero, emigró a Estados Unidos y se estableció en Nueva York. En 1827, tras absorber varias compañías rivales, su empresa, la American Fur Trade Company llegó a implantar un verdadero monopolio. Había empezado en 1808 en el Medio Oeste y en la región de los Grandes Lagos, y solo unos pocos años después dominaba prácticamente aquel mercado, incluso antes de que los montañeses comenzaran a ir a las Rocosas. Por entonces, su negocio dependía de los indios que le traían las pieles. En 1811, lo amplió a la región que más tarde se convertiría en el Estado de Oregón, donde fundó la base de Astoria junto al río Columbia y creó una subsidiaria, la Pacific Fur Company, que, aunque sufrió algunos reveses, pronto se hizo con casi todo el mercado. Al principio, la compañía mantuvo una dura competencia con las grandes firmas peleteras británica y canadiense: la Hudson's Bay Company y la North West Company, respectivamente. Durante la guerra anglo-estadounidense de 1812, muchos de los puestos comerciales de su compañía cayeron en manos de los británicos. Durante un tiempo, pareció que tenía sus días contados pero, tras la guerra, el gobierno promulgó una ley que impedía a los comerciantes extranjeros operar en suelo estadounidense. Esto libró a la American Fur Company de sus competidores y le aseguró el monopolio en las regiones de los Grandes Lagos y del Medio Oeste.

En la década de 1820, la compañía expandió tal monopolio a las Grandes Llanuras y las montañas Rocosas. Para mantener el control, Astor absorbió o aplastó a todos los pequeños competidores. Hacia 1830,

John Jacob Astor (1763-1848), fue un emigrante alemán que, de igual manera que supo intuir el auge de las pieles, supo también anticipar su declive, vender a tiempo sus empresas, invertir en terrenos en la isla de Manhattan y conseguir prosperar aun más hasta convertirse en el primer millonario estadounidense.

tenía ya un control casi completo del tráfico de pieles estadounidense. Pero fue un dominio de corta duración. En 1834, al apercibirse de la progresiva pérdida de mercado de las pieles, Astor se deshizo repentinamente de todos sus intereses peleteros e invirtió su inmensa fortuna en bienes raíces en la isla de Manhattan. Su revalorización, al compás del progreso estadounidense, hizo de Astor el hombre más rico de su país.

Mientras tanto, su antigua compañía se dividió y la Pacific Fur se hizo independiente. La parte que siguió operando en el Medio Oeste, dirigida por Ramsey Crooks, mantuvo su nombre, pero, para recortar sus gastos, cerró muchos puestos comerciales. En la década de 1830, la competencia comenzó a resurgir, a la vez que las pieles comenzaban a escasear. A partir de 1840, la seda fue reemplazando a la piel de castor como artículo de moda en la confección de ropa europea. La compañía fue incapaz de hacer frente a todos esos factores y, a pesar de sus esfuerzos por diversificar sus actividades, la American Fur Company cerró en 1842. Sus activos fueron distribuidos entre varias filiales menores, la mayoría de las cuales también fracasaría en la década de 1850.

Pronto, otros muchos negocios sustituirían al de las pieles, y el lugar dejado por los tramperos y los hombres de las montañas sería ocupado por otros muchos pioneros que irían completando y rellenando el mapa de aquella joven nación.

3

COMPLETANDO EL MAPA

El cumplimiento de nuestro destino manifiesto es extendernos por todo el continente que nos ha sido conferido por la Providencia, para el desarrollo de un gran experimento de libertad y autogobierno. [...] Es un derecho como el que tiene el árbol a obtener el aire y la tierra necesarios para el desarrollo pleno de sus capacidades y para el crecimiento que tiene como destino.

John L. Sullivan, *New York Morning News*, 27 de diciembre de 1845.

LA PRIMERA MARCHA HACIA EL OESTE

El sueño americano de tierra y libertad, y riquezas, fue atrayendo a los jóvenes, oleada tras oleada, hacia el Oeste. El flujo de población de principios del siglo XIX condujo a la división de los viejos territorios y a la definición de nuevas fronteras. A medida que eran admitidos nuevos Estados, el mapa político estadounidense se fue estabilizando al este del río Mississippi, donde entre 1816 y 1821 se formaron seis nuevos estados: Indiana, Illinois, Maine, Mississippi, Alabama y Missouri.

La primera frontera estuvo estrechamente unida a Europa y la segunda a los asentamientos de la costa, pero el valle de Mississippi, separado por la barrera natural de los Apalaches, era independiente y su creciente población miraba ya más al Oeste que al Este. Sin embargo, hasta los primeros años de la década de

El sueño americano de tierra y libertad, y riquezas, fue atrayendo a los jóvenes, oleada tras oleada, hacia el Oeste. Así comenzó la gran migración que poblaría el Oeste y que imbuiría un espíritu de conquista al naciente pueblo norteamericano. Así lo enfatiza el grabado adjunto, titulado *American Progress*.

1820, debido a las reclamaciones inglesas en el Norte, al poco atractivo de las Grandes Llanuras y a la abundancia de tierras en las áreas más cercanas, al este del Mississippi, aún fueron pocos los estadounidenses que se aventuraban mucho más allá del gran río.

Por esos mismos años, en 1819, Estados Unidos logró que España le cediera el territorio de Florida a cambio de 5 millones de dólares, que servirían para asumir las reclamaciones de los ciudadanos estadounidenses, además de renunciar para siempre a sus eventuales derechos sobre el Territorio de Oregón, en el Lejano Oeste, que por entonces ya se estaba convirtiendo en un centro de gran actividad gracias al comercio de pieles. Desde los primeros años del siglo XIX, intrépidos aventureros habían ido reconociendo la región de las Rocosas de este a oeste, pero este territorio se reveló, en principio, poco interesante para la colonización masiva. No ocurría lo mismo con el litoral del Pacífico, considerado como base del comercio de pieles con China y donde ya llevaban muchos tiempo instalados los colonos hispano-mexicanos y algunos pequeños enclaves comerciales de compañías comerciales rusas, francesas, inglesas y estadounidenses; puestos fronterizos cuya única vía de comunicación con la Costa Este era marítima, pasando por el cabo de Hornos o desembarcando en Panamá y cruzando el istmo para volver a embarcar después hacia California.

A partir de 1824, a medida que se fueron descubriendo las enormes posibilidades de aquel Lejano Oeste, la frontera estadounidense comenzó a trasladarse, dando un salto en el mapa, hacia el Lejano Oeste, hasta la California mexicana y el territorio no organizado de Oregón, saltándose de momento el vasto interior, por ahora ignorado. Durante las dos décadas siguientes, se exploraría y colonizaría aquel Lejano Oeste y se fueron hallando las sendas terrestres por las que las carretas de los pioneros del Este comenzarían a rodar cada vez en mayor cantidad en los años cuarenta.

Así que, salvo por la migración al territorio de Texas, que pertenecía por entonces a México, el avance masivo de la frontera agrícola hacia el Oeste esperaría hasta después de 1840 para pasar de Missouri y hacer sus primeras incursiones en el vasto territorio occidental. Los territorios de Louisiana, Florida, Arkansas y Texas no comenzaron a poblarse tímidamente de estadounidenses hasta la década de 1830. Pero solo era cuestión de tiempo. De poco tiempo. El ambiente ya se estaba preparando.

El "destino manifiesto" de los Estados Unidos

Para muchos estadounidenses, la expansión hacia el Oeste era un simple y mero derecho divino, que no necesitaba justificación legal o diplomática alguna. "La reclamación estadounidense se basa legítimamente en nuestro destino manifiesto a expandirnos y a poseer la totalidad del continente que la Providencia nos ha dado", escribió el periodista John L. Sullivan en un artículo, publicado en el número de julio-agosto de 1845 de la *Democratic Review* de Nueva York, en el que defendía la oportunidad de anexionarse la República de Texas, no solo porque los tejanos así lo deseaban, sino porque era la clara y manifiesta voluntad de Dios.

Meses después, O'Sullivan volvió a recurrir a la misma idea, esta vez con gran repercusión, en una columna aparecida en el *New York Morning News* el 27 de diciembre de 1845, en la que, al referirse a la disputa con Gran Bretaña por Oregón, sostuvo que: "Y esta demanda se basa en el derecho de nuestro destino manifiesto a poseer todo el continente que nos ha sido conferido por la Providencia, para el desarrollo de un gran experimento de libertad y autogobierno".

Muy pronto, políticos y otros líderes de opinión aludieron a este "destino manifiesto" para justificar la expansión imperialista de los Estados Unidos, propagando la convicción de que la *misión* que Dios eligió para al pueblo estadounidense era la de explorar y conquistar nuevas tierras a fin de llevar a todos los rincones de Norteamérica la *luz* de la democracia, la libertad y la civilización. Así se impregnaba de aprobación moral el expansionismo norteamericano y sus planes anexionistas.

Sin embargo, la doctrina del destino manifiesto no obtuvo un apoyo unánime e incondicional. Mientras en el Noreste se creía que los Estados Unidos tenían la misión de llevar los ideales de la libertad y la democracia a otros lugares, en el Sur se veía en esa posible expansión la posibilidad de extender su ideal esclavista.

Por su parte, en el grupo de los escépticos de la expansión territorial estaban los que creían que si los Estados Unidos crecían demasiado les iba a ser difícil continuar con su autogobierno. Para ellos, la democra-

El periodista John L. Sullivan *[izquierda]* y el senador por Misuri, Thomas H. Benton *[derecha]* fueron los principales inspiradores de la doctrina del "Destino Manifiesto" que imbuyó de deseo de conquista a miles de colonos y pioneros del Este.

cia solo podía practicarse en un territorio relativamente pequeño y poco poblado, y el crecimiento desmesurado imposibilitaría la consolidación de la nación.

Otro punto de discusión fue el empleo de la fuerza. Algunos líderes políticos —cuyo máximo exponente fue el luego presidente James K. Polk (1795-1849)—, no dudaban de intentar anexionarse el mayor territorio posible aun a riesgo de desencadenar guerras con otras naciones, como de hecho ocurriría. Otros se oponían, aunque tímidamente, al uso de la fuerza, basándose en que los beneficios del sistema bastarían por sí solos para que los territorios se les unieran voluntariamente.

En todo caso, la doctrina del destino manifiesto reflejó el pensamiento de un siglo en que el expansionismo y el imperialismo se veían como comportamientos necesarios si una nación quería fortalecerse y desarrollarse.

No obstante, también hubo razones coyunturales. Entre ellas, la competencia con los ingleses por el comercio en Asia. Los estadounidenses sabían de las

Al comienzo, muchas tribus indígenas ayudaron al "hombre blanco" en su exploración, avance y establecimiento de las tierras del interior de Norteamérica.

ventajas comerciales de tener un puerto en el Pacífico, especialmente en California, que pertenecía por entonces a la joven república de México, recientemente (1821) emancipada del imperio español. En esa época, el comercio con Europa era floreciente y el que se tenía con Asia estaba prosperando; los aventureros extraían fortunas de China y los especuladores buscaban oportunidades para invertir. A unos y otros les preocupaba que las intrigas de los imperialistas europeos pudieran poner en peligro las oportunidades y las libertades de los estadounidenses.

Por otra parte, con el aumento de la población, la economía norteamericana se desarrolló, lo que redundó en que el deseo de expansión también creciera. Para muchos colonos, la tierra significaba autosuficiencia, libertad, futuro y prosperidad. Por tanto, la expansión hacia el Oeste ofrecía oportunidades para el desarrollo personal.

Finalmente, la marcha hacia el Oeste se alentó también por la convicción personal y social de que no había límites para lo que el individuo y la nación podían lograr. Porque, por lo demás, el progreso y la expansión eran muy necesarios para superar las casi crónicas crisis económicas (por ejemplo, las dos depresiones económicas de 1818 y 1839) y las tensiones sociales creadas por la abrumadora llegada de nuevos emigrantes europeos. En el Oeste, la tierra era muy barata y, en algunos casos, bajo determinadas circunstancias, gratuita. Era allí, por tanto, donde había que ir si se quería prosperar.

"¡Ve al Oeste y prospera!"

Desde 1820, se venía produciendo sucesivas oleadas de inmigrantes. De los ingleses y holandeses de la primera y los irlandeses, alemanes y escandinavos de la segunda, se pasó ahora a los eslavos, italianos y judíos de Europa central.

Entre 1820 y 1860, los Estados Unidos recibieron a 5.000.000 de europeos. Ante los graves problemas inherentes a la asimilación de tal caudal humano, el senador por Missouri, Thomas H. Benton lanzó su primera campaña animando a los pobres a marchar hacia el Lejano Oeste en busca de espacios abiertos y en huida de la miseria de los suburbios de las grandes ciudades del Este. Unos territorios que, por lo demás, cada día se iban conociendo mejor.

La creación en 1838 del Servicio Cartográfico del Ejército de los Estados Unidos permitió distraer las actividades del estado mayor hacia tareas mas incruentas que la de atosigar a las tribus indígenas o la de preparar planes bélicos contra México y Gran Bretaña. Una de esas tareas fue la de encargar un detallado informe sobre el perfil topográfico de todo el Oeste norteamericano.

Era el momento en el que se había despertado en la clase política un interés desmedido por las tierras

La conquista y colonización del interior del subcontinente norteamericano implicó el duro enfrentamiento con una orografía y topografía especialmente abrupta, aunque también bella y majestuosa.

vírgenes, interés que iría creciendo en poco tiempo por los motivos políticos, económicos y sociales ya comentados.

El encargado de llevar a cabo aquel informe fue el por entonces segundo teniente John Charles Frémont (1813-1890) —*casualmente,* yerno del senador Benton—, quien en 1836 había culminado un importante trabajo cartográfico sobre el curso alto del Missouri. En 1842, la primera expedición Frémont partió con el encargo concreto de explorar a fondo las montañas Rocosas y sus territorios adyacentes. Frémont escogió como guía a un personaje destinado a entrar, como él, en la mitología del Oeste: Christopher "Kit" Carson (1809-1868), con el que nació la figura arquetípica del "hombre de frontera". Cuando Frémont requirió sus servicios, Carson tenía treinta y tres años y era el hombre indicado para guiar a la expedición, tarea en la que se precisaba tener sentido de la orientación, temple de cazador y experiencia para sobrevivir en medio de una naturaleza desconocida y hostil.

Entre 1842 y 1846, Frémont y su inseparable guía condujeron a distintas expediciones por la Senda de Oregón y, a través del interior de Sierra Nevada, hacia California. La primera remontó el curso del río Columbia, determinando su navegabilidad, franqueó las Rocosas y exploró Sierra Nevada y el valle de Sacramento. El retorno se hizo contorneando el Gran Lago Salado de Utah. Se suele aceptar que, con ello, se convirtieron en los primeros blancos estadounidenses que veían el lago Tahoe y también en los primeros en descartar que la Gran Cuenca tuviera salida al mar, como se daba casi por seguro.

El ya capitán Frémont hizo una memoria brillante, detallada y entusiasta. Su lectura ante el pleno de Congreso de Washington dejó a los representantes convencidos de las posibilidades del más Lejano Noroeste como tierra de ubérrimos pastos y fértiles cultivos. Agricultura y ganadería tenían su futuro asegurado en campos sin fin y praderas interminables, todo ello sin desdeñar las riquezas que el subsuelo pudiera ocultar.

La memoria fue impresa, tirándose miles de ejemplares y convirtiéndose en el evangelio de una nueva religión: la de los creyentes en que la Tierra Prometida estaba en el Noroeste, en el Territorio de Oregón. Uno de los más decididos defensores del nuevo credo fue, por supuesto, el senador Benton, que se erigió en portavoz de una inquietud compartida por ciertos estratos de la sociedad de Nueva Inglaterra respecto a la indigencia en que se encontraban millares de familias, recién llegadas de Europa, que vivían hacinadas en las grandes ciudades portuarias de la Costa Este y a quienes el crecimiento de la nueva nación no bastaba para dar trabajo fijo y salario digno.

Reflejando esa misma inquietud, el director del *New York Tribune,* Horace Greeley (1811-1872) convirtió su periódico en vehículo de propaganda de la *Tierra Prometida* del Oeste, entendiendo que la movilización de los desocupados hacia lo inexplorado sería un medio de rebajar los previsibles problemas sociales y de conjurar las inevitables crisis. Greeley propuso que el Gobierno concediera tierras en propiedad a inmigrantes de origen campesino y, para animar a los posibles candidatos, lanzó el que sería popular lema: "¡Ve al Oeste, muchacho, y progresa con el país!".

Los artículos de Greeley, las cada vez más divulgadas informaciones de los exploradores y hasta las narraciones del novelista Fenimore Cooper y el historiador Francis Parkman, entre otros muchos, ayudaron a inculcar una atractiva imagen del Lejano Oeste en momentos propicios a la exaltación nacionalista fomentada por la Doctrina Monroe y por la tesis del Destino Manifiesto. Paulatinamente, se fue generalizando el sentimiento de que el porvenir y el destino de

El director del *New York Tribune*, Horace Greeley (1811-1872) convirtió su periódico en vehículo de propaganda de la Tierra Prometida del Oeste, al entender que la emigración de los desocupados sería un medio de rebajar los previsibles problemas sociales y de conjurar las inevitables crisis. Greeley propuso que el Gobierno concediera tierras en propiedad a inmigrantes de origen campesino y, para animarlos, lanzó el que sería popular lema: "¡Ve al Oeste, muchacho, y progresa con el país!".

la nación estaban en las tierras que se extendían a partir de la ribera occidental del Mississippi. Liberada definitivamente de toda tutela británica, zanjados con Francia todos los pleitos con la compra de Louisiana y adquiridos, también, la Florida y los derechos a Oregón a España en 1819, la naciente Unión podía mirar decididamente hacia el Oeste y el Sudoeste sin que nada se le quedara pendiente en su retaguardia. Así, las diversas rutas desbrozadas comenzaron a llenarse de colonos y aventureros.

LAS RUTAS HACIA EL LEJANO OESTE

Al cabo de más de un cuarto de siglo de exploraciones, en el incipiente mapa del Oeste se destacaban como trazos fundamentales las primeras rutas abiertas por la mítica aspiración por alcanzar el más remoto Oeste, es decir, la costa del océano Pacífico. Todas estas sendas —conocidas en su conjunto como "la Senda Terrestre" (*The Overland Trail*)— eran coincidentes desde Missouri hasta South Pass, en el actual Wyoming, donde se separaban.

A partir de ahí, la Senda de Oregón se dirigía hacia el norte por el recorrido trazado originalmente por el pionero Willamette. La de California se encaminaba hacia el sur por Fort Bridger y Salt Lake City, para, tras desafiar la Gran Cuenca, llegar a Fort Sutter (hoy Sacramento). Además, el Viejo Camino Español se aventuraba por el desierto de Mojave hasta Los Ángeles, y el Camino de Santa Fe unía Missouri con Nuevo México. Por estas sendas se empezó a hacer camino siguiendo las huellas de los primeros carromatos, precursores de la gran riada posterior.

Junto a esta apertura de surcos por llanuras sin fin, altiplanos de lava, desfiladeros pavorosos, monta-

Hoy, un hito, alzado en pleno South Pass ("Paso Sur"), rinde homenaje a los miles de colonos que lo transitaron camino de California y Oregón.

ñas de nieves perpetuas y desiertos de arena, las primeras exploraciones habían ido creando unos puestos avanzados que empezaron siendo punto de encuentro estacional de tramperos, traficantes, exploradores e indios y que, poco a poco, se fueron transformando en lugares de abastecimiento y apoyo a las caravanas: Fort Henry (1810), en Idaho; Fort Pierre (1817), Dakota del Sur; Fort Leavenworth (1827), Kansas; Fort Kearney, Fort Hall, Fort Lisa...

En 1820 ya se contabilizaban cerca de 2.000.000 de personas afincadas al oeste de los Apalaches, lo que se consideraba antaño como la divisoria entre Nueva Inglaterra y lo desconocido. El concepto de frontera iba a ser, desde entonces, un componente móvil en la geografía americana, a tenor del desplazamiento paulatino hacia la lejanía del Oeste, y también un ingrediente decisivo en la conformación de la mentalidad y el carácter del futuro habitante del Oeste y, por derivación, del actual estadounidense medio.

La Senda de Oregón

La primera ruta terrestre cartografiada que atravesaba los Estados Unidos fue la seguida por Lewis y Clark entre 1804 y 1805. Ellos creyeron que habían encontrado una ruta práctica hacia la Costa Oeste. Sin embargo, el paso que tomaron a través de las Rocosas, el Lolo, resultó ser demasiado difícil para que lo utilizaran las carretas. En 1810, el peletero John Jacob Astor sufragó una expedición —conocida popularmente como "Expedición Astor" o "Expedición de los Astorianos"— en busca de una ruta terrestre de abastecimiento para su enclave comercial de Astoria, situado en la boca del río Columbia, Oregón. Temiendo el ataque de los pies negros, la expedición se desvió hacia el sur de la ruta de Lewis y Clark por lo que hoy es Dakota del Sur, continuó luego por Wyoming, para bajar por el río Snake y llegar al Columbia.

Tiempo después, miembros de aquella expedición, dirigidos por Robert Stuart (1785-1848), volvieron al Este vía río Snake, después de que Astor vendiera el fuerte a la British North West Company en 1812. En su camino, el grupo tropezó con el South Pass: un puerto de montaña de baja altitud y amplio que atraviesa las Rocosas por Wyoming. Por primera vez se había utilizado lo que parecía una ruta practicable por carretas en su totalidad.

A partir de 1823, la Senda de Oregón comenzó a ser explorada a fondo por tramperos y exploradores. En la década de 1830, comenzó a ser regularmente utilizada por tratantes de pieles, misioneros y expediciones militares. Al mismo tiempo, pequeños grupos de colonos intentaron seguirla y llegaron con éxito a Fort Vancouver, en lo que hoy es el estado de Washington.

A primeros de mayo de 1839, un grupo de hombres procedentes todos de Peoria, Illinois, partió con intención de colonizar el Territorio de Oregón en nombre de los Estados Unidos y expulsar de allí a las compañías peleteras inglesas. El grupo estaba dirigido por Thomas J. Farnham (1804-1948) y se llamó a sí mismo "los Dragones de Oregón". Portaban una gran bandera blasonada con el *motto* "Oregón o la tumba". Aunque el grupo se dividió, algunos de sus miembros llegaron efectivamente a Oregón.

El 16 de mayo de 1842, la primera caravana de carretas organizada que intentaba recorrer la senda de Oregón por entero partió de Elm Grove, Missouri, con unos 125 pioneros. El grupo era dirigido por Elijah White (1806-1879), nombrado subagente indio para Oregón y, por tanto, primer funcionario federal en la región. Al llegar, el delegado de la Hudson's Bay en

Las montañas Rocosas no eran, ni mucho menos, el único accidente orográfico al que se tenían que enfrentar los colonos. En este caso, el grabado muestra el cruce de la cadena montañosa de Sierra Nevada.

Fort Vancouver, John McLoughlin, ofreció alimentos y equipo agrícola a crédito a los colonos, pues, pese a que la política de la compañía era desalentar la emigración estadounidense, él era reacio a matar de hambre a nadie.

Finalmente, en 1843, Peter Burnette, Jesse Applegate y Marcus y Narcissa Whitman, miembros de la conocida después como "Gran Migración" o "Caravana de 1843", formada por unos 1.000 inmigrantes, demostraron que esa vía permitía las grandes expediciones en carretas.

En su definitivo trazado, la senda estaba entrecortada por numerosos atajos desde Missouri a Oregón, pero el brazo principal seguía una sucesión de valles fluviales durante unos cinco meses, en los que se atravesaban los actuales estados de Missouri, Kansas, Nebraska, Wyoming, Idaho y Oregón.

Los veinticinco años siguientes, el sendero vio pasar a no menos de 500.000 emigrantes. Aproximadamente uno de cada 17 de ellos (unos 30.000 en total) no sobrevivió al viaje debido a innumerables causas, especialmente al cólera. Los carros solían ir tirados por bueyes, animales potentes bien adaptados al terreno y que se servían de los alimentos disponibles en el propio sendero. El único inconveniente era su lentitud: no recorrían más de 4 kilómetros a la hora.

La senda se mantuvo en uso durante la Guerra de Secesión, pero el trasiego de personas declinó lógicamente tras 1869, cuando se completó el ferrocarril transcontinental.

La Senda de California

En cuanto a la llamada Senda de California, la primera caravana de pioneros, liderada por John Bidwell (1819-1900), la transitó en mayo de 1841, después de que 34 personas dejaran Independence, Missouri, a bordo de carretas y llegaran a California los primeros días de noviembre. En 1843, Joseph Chiles (1800-1852) repetiría el mismo viaje. En 1844, Caleb Greenwood y el grupo Stephens-Townsend-Murphy sería el primero en cruzar con carros Sierra Nevada. Un año después, Lansford W. Hastings y John Charles Frémont guiaron a varios centenares de pioneros a California.

El goteo de emigrantes se convertiría en una riada después del descubrimiento de oro en California en 1848. La ruta original tenía muchas variantes, que fueron utilizadas por aproximadamente 250.000 granjeros y buscadores de oro para llegar a los campos auríferos y a los asentamientos de colonos de California desde el comienzo de la década de 1840 hasta la introducción de los ferrocarriles a finales de la de 1860. De ellos, al menos 5.000 se dejaron la vida en su recorrido. La Senda pasaba por los estados de Missouri, Kansas, Nebraska, Colorado, Wyoming, Idaho, Utah, Nevada, Oregón y California. Los viajeros tomaban la Senda de Oregón hasta llegar a Fort Bridger, luego se desviaban hacia California por diferentes puntos del sudoeste de Wyoming y del sur de Idaho, por Fort Hall. Al llegar a las cercanías de Reno, se dividían de nuevo en varias sendas para atravesar Sierra Nevada y remontaban hacia Sacramento, tras dejar atrás San Francisco.

El Viejo Camino Español

Mucho más al Sur, el Viejo Camino Español vivió su edad de oro como ruta comercial entre Santa Fe, Nuevo México, y Los Ángeles, California, entre los años 1830 y 1848. Durante este periodo, los comerciantes mexicanos y estadounidenses llevaban al Oeste lanas con reatas de mulas y volvían hacia el Este con mulas y caballos californianos para los mercados de Nuevo México y Missouri.

La senda dejaba Santa Fe y se dividía en dos brazos. El ramal sur, la ruta principal, subía hacia el noroeste para pasar las montañas San Juan, en Colorado, hacia el río Green, Utah. Por su parte, el brazo norte progresaba por el valle de Saint Louis, después de atravesar hacia el oeste por la montaña Cochetopa, para seguir los ríos Gunnison y Colorado y reunirse con el otro brazo cerca del río Green. Ya unificada, la pista atravesaba el sur de Nevada tras cruzar el desierto de Mojave hacia la misión californiana de San Gabriel y Los Ángeles. Aproximadamente unos 2.000 kilómetros a través de alta montaña, áridos desiertos y profundos cañones.

El trampero Jedediah Smith dirigió el primer grupo de colonos estadounidenses que probó a pasar en 1826 por esta ruta, alcanzó San Diego y exploró hacia el norte hasta San Francisco. Al año siguiente repitió su hazaña y llegó por la costa del Pacífico hasta Columbia.

La primera caravana comercial estuvo dirigida por el hispanomexicano Antonio Armijo y partió desde Abiquiú, Nuevo México, para llegar a Los Ángeles a finales de 1829. En 1830, el tratante William Sublette (1799-1845) guió el primer convoy de bueyes. La senda también fue utilizada posteriormente por el ejército durante la guerra con México. El tránsito humano y comercial continuó hasta mediados de la década de 1850, con Nuevo México y California convertidos ya en territorios estadounidenses, cuando un cambio en el uso de carretas de carga dejó obsoleta la vieja ruta.

EL CAMINO DE SANTA FE

Por último, el Camino de Santa Fe fue utilizado por primera vez en 1821 por William Becknell (1787-1856), que dirigía una caravana que pasó mil calamidades por las tortuosas rutas montañosas del Raton Pass. En el viaje de regreso, Becknell descubrió un atajo por el desierto Cimarrón, un área asequible a los carros, pero una atroz sequía y las tormentas de polvo resultantes estuvieron a punto de hacer que la aventura acabara en desastre.

Se trataba de una ruta muy azarosa, sobre todo a causa de que ofrecía muy pocos puntos de abastecimiento de agua, lo que causaba muchas muertes. Además, los viajeros afrontaban unas condiciones de viaje muy duras y no pocos peligros adicionales, entre los que estaban los ataques de los indios, la escasez de comida, las condiciones climáticas (como las terribles tormentas eléctricas) e, incluso, las mordeduras de serpientes. El Camino de Santa Fe fue principalmente una ruta comercial que cruzaba el sudoeste de Norteamérica conectando Missouri con Santa Fe, Nuevo México. Desde 1821 a 1846, fue una ruta internacional utilizada por los comerciantes mexicanos y estadounidenses. En 1846, durante la Guerra contra México, el ejército estadounidense la utilizó para invadir Nuevo México. Después, se convirtió en una ruta nacional estadounidense que conectaba con los nuevos territorios del Sudoeste. El tráfico comercial continuó, incluyendo el considerable trasiego de aprovisionamiento de los fuertes aledaños. También sería utilizado por líneas de diligencias, miles de buscadores de oro en camino hacia los campos auríferos de California y Colorado, aventureros, traficantes de pieles y emigrantes. En 1880, los ferrocarriles llegaron a Santa Fe y el camino se convirtió en historia.

El llamado Camino de Santa Fe fue otra de las grandes rutas de penetración y de comercio que conducían a los colonos del Este hacia California.

INDEPENDENCIA Y ANEXIÓN DE TEXAS

Más al sur, mientras el gigantesco y corrupto imperio español se desmoronaba por todas partes, México arrancaba su independencia en 1821 y heredaba las provincias de Alta California, Nuevo México y Texas. Pero, debilitado y virtualmente en bancarrota tras la guerra, halló muchas dificultades para gobernar estos territorios del norte, alejados miles de kilómetros de la capital. Simultáneamente, Estados Unidos acababa de adquirir los territorios de Louisiana a Francia y Florida a España, y seguía firme en su pretensión de extender su territorio hasta el Pacífico, donde simultáneamente se estaban instalando los primeros colonos estadounidenses.

Las vastas provincias mexicanas del norte no sumaban en total ni 50.000 ciudadanos de ese país y las autoridades centrales pusieron en marcha un ambicioso programa repoblador que hacía amplias concesiones de tierras a bajo precio, a crédito y con exención de impuestos y de aduanas por cinco años, a todo extranjero que quisiera convertirse en ciudadano mexicano, aprendiera a hablar español, fuera católico y se comprometiera a acatar las leyes.

A simple vista, ambos intereses, estadounidenses y mexicanos, parecían coincidentes, aunque, en realidad, eran incompatibles. Unos querían tierras que colonizar; los otros, colonos para tierras vacías. En realidad, cada parte miraba por el futuro de su propio país y eso, tarde o temprano, acabaría dando lugar a un conflicto armado.

Ya en 1820, un empresario de Missouri, Moses Austin, había negociado con España que se le permitiera llevar colonos estadounidenses a Texas. Años después, su hijo, Stephen F. Austin (1793-1836), puso en práctica este acuerdo con las nuevas autoridades mexicanas, escogiendo 200 familias de buenos trabajadores católicos y que, sobre el papel, se comprometieron a ser leales al gobierno mexicano. Este, que había abolido la esclavitud, toleró que los colonos trajeran sus esclavos para trabajar las tierras y venderlos a otros, pero siempre que los declarasen como "sirvientes contratados".

Al igual que estos colonos, gran número de personas procedentes de otros países, no solo estadounidenses, se asentaron en las fértiles planicies de Texas y se convirtieron en ciudadanos legales. Entre ellos, sin embargo, la gran mayoría de los de origen estadounidense, que teóricamente aceptaban las condiciones exigidas, comenzaron inmediatamente a intrigar a favor de la independencia y, en una fase posterior, de la anexión a los Estados Unidos.

Los estadounidenses se asentaron en Texas en cantidades que a los mexicanos les comenzaron a parecer molestas. Sin embargo, con la doble esperanza de que la colonización desanimara las incursiones de los apaches y los comanches y, con menor visión de futuro, de que esos norteamericanos recompensaran su genero-

Tras negociar la autorización, el ciudadano estadounidense Stephen F. Austin (1793-1836) condujo a un nutrido grupo de colonos estadounidenses hacia Texas.

sidad con lealtad, el gobierno mexicano siguió adelante con su programa de concesión de tierras a los colonos gringos. En ese momento, en Texas solo había unos 3.000 ciudadanos mexicanos de pleno derecho, aunque, por lo común, formaban la élite económica, especialmente la ganadera, sosteniendo desde sus enormes ranchos la precaria economía del territorio. Sus inmensas haciendas encerraban ciudades completas de trabajadores y familias. Hacia 1823, el número de mexicanos había sido alcanzado ya por el de inmigrantes estadounidenses y pronto éstos se convirtieron en mayoría. Hacia 1830, los norteamericanos eran ya unos 7.000, número que se había cuadruplicado, hasta llegar a los 30.000, en 1835. Lejos de sentirse obligados por la generosidad mexicana, muchos de ellos estaban deseosos de derrocar y expulsar a sus benefactores.

Aunque el Gobierno estadounidense ya había lanzado algunas tímidas ofertas para comprarles Texas, los mexicanos, gobernados a la sazón (1822-1823) por el débil régimen del emperador Agustín Iturbide y

Al conocer la rebelión nacionalista y separatista de muchos colonos tejanos, el dictador Antonio López de Santa Anna reaccionó poniendo en marcha su ejército hacia Texas, decidido a aplastar por la fuerza la rebelión. Pero no le sería tan fácil como preveía.

luego, tras un largo rosario de efímeros sucesores, por el dictador militar Antonio López de Santa Anna (1794-1876), se oponían firmemente a deshacerse de cualquier territorio. Al contrario, trataron de recuperar la iniciativa y nuevamente intentaron repoblar con colonos de habla española sus territorios del Norte. Pero, a esas alturas, todos los tejanos, de una u otra procedencia, estaban profundamente decepcionados con el gobierno central. Muchos de los soldados mexicanos allí acuartelados eran criminales convictos a los que se daba la opción de conmutar sus penas sirviendo en Texas. Los tejanos tampoco estaban satisfechos con la localización de la capital de la provincia, que oscilaba entre Saltillo y Monclova, ambas a unos 800 kilómetros de Texas, y querían formar su propia provincia, con su propia capital, lo que, desde su punto de vista, facilitaría el gobierno y reduciría la corrupción. Además, todos los ciudadanos con raíces estadounidenses estaban acostumbrados a otro régimen político, mucho más libre y democrático, y no terminaban de sentirse cómodos en el sistema caciquil de la provincia que, por poner un solo ejemplo, no permitía la libertad religiosa, salvo para los católicos. En lo económico no aceptaban de buen grado que las autoridades centrales impusieran un férreo control de las exportaciones que les obligaba a vender sus productos, a precios fijados por el gobierno, en el mercado interior, sin poder recurrir a la exportación, sin duda mucho más lucrativa. También eran un foco de tensiones sus pretensiones esclavistas en un país que había abolido oficialmente tal práctica.

En ese caldo de cultivo, la sedición no se hizo esperar mucho. A finales de 1835, los tejanos proclamaron unilateralmente su independencia de México, alentados e incluso financiados por los Estados Unidos. El dictador Santa Anna reaccionó poniendo en marcha su ejército hacia Texas, decidido a aplastar por la fuerza la rebelión. Pero no le sería tan fácil como preveía.

Los mártires-suicidas de El Álamo

El primer impedimento que encontró en su camino el general Santa Anna fue una pequeña guarnición tejana que se hizo fuerte en una misión franciscana abandonada en la ciudad de San Antonio, llamada San Antonio de Valero, erigida hacia 1718 y transformada en la fortaleza de El Álamo en 1793.

El 23 de febrero de 1836, un contingente mexicano compuesto por unos 4.000 soldados, a las órdenes del propio Santa Anna, llegó a las afueras de la ciudad. La guarnición insurgente, formada por 155 hombres, a las órdenes del coronel William Barrett Travis (1809-1836), se retiró a El Álamo y se atrincheró. Santa Anna desplegó sus tropas alrededor del fuerte y, cuando días después llegó su artillería, inició el asalto. Los tejanos, que el 1 de marzo recibieron un escaso refuerzo de 32 voluntarios, resistieron hasta el día 6, en que los asal-

El primer impedimento que encontró el general Santa Anna fue una pequeña guarnición tejana que se hizo fuerte en una misión franciscana abandonada de la ciudad de San Antonio, llamada San Antonio de Valero, erigida hacia 1718 y transformada en la fortaleza de El Álamo en 1793.

tantes lograron romper los muros de la antigua misión. Casi todos los sitiados perecieron en la lucha cuerpo a cuerpo que se produjo a continuación. De los 187 tejanos defensores de El Álamo, solo seis sobrevivieron al sitio, pero el general Santa Anna ordenó su inmediata ejecución. Al final, los únicos supervivientes fueron una mujer, un esclavo y un niño que no habían intervenido en la lucha.

Con su sacrificio, los defensores ganaron tiempo para que sus compañeros organizaran un pequeño ejército y también un gobierno, con sede en la localidad de Washington-on-the-Brazos, desde el 2 de marzo de 1836. Pero ese fue su único logro. Se mirase como se mirase, la decisión de defender militarmente contra toda lógica el poco importante enclave de El Álamo había sido una locura. A pesar de ello —o, precisamente, por ello— los intencionadamente exagerados relatos sobre la batalla ganaron pronto fama y simpatía mundial hacia su causa, que, bien manejadas por el aparato propagandístico estadounidense, se ampliaron

La desigual y encarnizada defensa de la fortaleza de El Álamo acabó, como estaba previsto, en un fuerte enfrentamiento a muerte entre los miles de soldados mexicanos y los 187 defensores de esta humilde plaza militar.

aun más cuando Santa Anna fusiló cruelmente a 371 prisioneros tras la batalla de Goliard.

Esta fue una acción que activó los deseos de venganza del ejército tejano —formado por unos escasos 800 hombres al mando del general estadounidense afincado en Texas Samuel Houston (1793-1863)—, que el 21 de abril de 1836 sorprendió a Santa Anna y a 1.500 de sus hombres en el río San Jacinto, al sudeste de Texas. Tras cargar al grito de "¡Recuerda El Álamo!", los tejanos aplastaron a los mexicanos en dieciocho minutos, matando a cientos de ellos. Santa Anna, apresado, fue obligado a firmar un tratado que garantizaba la independencia de lo que se convirtió en la República de Texas. El dictador mexicano no se recobró nunca de aquella humillación y accedió a regañadientes a la independencia de Texas solo por asegurarse su propia libertad.

Durante los siguientes diez años, la joven república creció, con Houston como primer presidente y con un modelo gubernamental a imagen del estadounidense. Al principio, muchos defendieron la idea de permanecer para siempre independientes, ya que Texas era mayor que muchas naciones europeas y tenía buenos puertos marítimos en el golfo de México, e incluso se propuso la anexión del resto de ex provincias mexicanas. Pero, en 1841, la bancarrota —debía más de 8.000.000 de dólares—, la amenaza constante de México por el sur y de los indios hostiles por todas partes hicieron reflexionar al gobierno, que pronto reconoció, como gran parte del pueblo le pedía, que su anexión a los Estados Unidos era la única solución lógica. Tras hábiles manejos por ambas partes, Texas ingresó en la Unión el 29 de diciembre de 1845, finalizando su flirteo de diez años con la independencia.

Tras su heroica o, según opiniones, absurda muerte, muchos de los héroes de El Álamo, sobre todo el coronel William B. Travis y los ya muy conocidos hombres de la frontera Jim Bowie (1796-1836) y Davis "Davy" Crockett (1786-1836) se convirtieron en referentes legendarios de la incipiente historia estadounidense. Crockett, especialmente, fue elevado a la categoría de mito. Su biografía, ciertamente, contenía elementos suficientes para ello.

LA LEYENDA DE DAVY CROCKETT

Crockett había nacido en la localidad de Limestone, Tennessee, en el seno de una familia de hugonotes franceses. De hacer caso a su autobiografía novelada, sus primeros años estuvieron repletos de aventuras, penurias y viajes. A muy corta edad, tras una riña con su padre, abandonó la casa familiar. Durante años vagó por la región, peregrinaje que la valió para visitar la mayor parte del territorio de Tennessee y para aprender la mayor parte de sus habilidades como cazador y trampero. A punto de cumplir

La vida, convenientemente "aderezada" por la leyenda, del pionero y aventurero Davy Crockett (1786-1833) pronto constituyó un material muy apreciado por los ávidos lectores.

los diecinueve años, regresó por sorpresa a la casa familiar. En sus años de ausencia, su padre había abierto una taberna, en la que cierto día entró el joven sin darse a conocer y sin ser reconocido por su familia hasta que lo hiciera una de sus hermanas pequeñas. Para sorpresa de Davy, todos, incluido su padre, se alegraron de verlo y de volver a tenerlo en casa.

Un año después, Crockett contrajo matrimonio con Polly Finley, con la que tendría tres hijos. Tras la muerte de su esposa, Davy volvería a casarse en 1816 con la también viuda Elizabeth Patton, con la que tuvo otros tres hijos.

Sintiendo la llamada del Oeste, Crockett recorrió la ruta abierta por Daniel Boone hasta asentarse en lo más avanzado de las orillas del Mississippi. Allí actuó de guía y siguió cazando y explorando. En septiembre de 1813, se alistó en el Segundo Regimiento de Fusileros Voluntarios, sirviendo en la guerra contra los indios creek, durante la cual acumuló suficientes méritos como para ser ascendido al rango de coronel y puesto al mando del Regimiento n.º 157 de la Milicia de Tennessee.

De vuelta a la vida civil, se granjeó enseguida la confianza de sus conciudadanos, que le eligieron primero juez de paz y, luego, representante en la magistratura de Tennessee, en las filas demócratas. Allí acreditó las cualidades de hombre que suplía su limitado bagaje cultural con la sagacidad elemental y la socarronería propias del campesino. Poco después, alguien le sugirió, en broma, que presentara su candidatura al Congreso federal, pero Crockett se lo tomó en serio y, aunque fracasó en la primera ocasión, después sería elegido en tres legislaturas sucesivas.

Tras sorprender a todos al presentarse en el Congreso de Washington vestido como si acabara de descender de las montañas, con gorro de piel de tejón, cazadora de ante con profusión de flecos y mocasines de cuero sin desbastar, el rústico estilo de su oratoria y sus ocurrencias, oportunas o no, le darían una gran popularidad. Sus intervenciones, de sintaxis muy especial, léxico asilvestrado e ideas exaltadas, hicieron las delicias de muchos de sus compañeros. Como congresista, apoyó los derechos de los colonos a los que se había impedido explotar tierras en el Oeste sin poseer de antemano un título de propiedad. También se opuso a la Ley de Traslado Forzoso de Indios del presidente Andrew Jackson. Tras no renovar su puesto en 1831, volvió a ganar el escaño en 1833, esta vez en las filas republicanas.

Su fama se consolidó definitivamente al publicar en 1834 su autobiografía con el título *Relato de la vida de David Crockett,* en cuya redacción es evidente que, cuando menos, fue ayudado por alguien más docto y menos veraz que él. Ausente en el Este para promocionar su libro, su candidatura a la reelección fue ampliamente derrotada, lo que le llevó a declarar: "Dije a los electores de mi distrito que les serviría mientras mantuvieran su confianza en lo que he hecho; pero, que si no..., se podían ir al infierno... y yo a Texas". Y justamente eso fue lo que hizo en octubre de 1835.

En Texas le esperaban la declaración de independencia y la guerra con México. En enero de 1836, Crockett y otros 65 hombres se comprometieron formalmente a servir al Gobierno provisional de Texas durante seis meses a cambio de unas concesiones individuales de 19 km^2 de tierra. El 6 de febrero, Crockett y otros cinco hombres llegaron a las proximidades de San Antonio y acamparon. Nada más llegar, el coronel William Barret Travis, a la sazón comandante de El Álamo, pidió ayuda para defenderse del asedio de las tropas mexicanas y Crockett y otros 31 voluntarios, aunque parecía un suicidio, acudieron en su ayuda. Para entonces, las fuerzas tejanas, formadas contándoles a ellos por 187 hombres, estaban siendo arrolladas

Davy Crockett se presentó voluntario para defender la fortaleza de El Álamo. Allí sucumbiría junto a todos los demás estadounidenses participantes en la inútil y heroica defensa del poco valioso enclave de San Antonio, Texas.

por miles de soldados mexicanos. Éstos, dada su manifiesta superioridad numérica y táctica, ofrecieron permitir marcharse libremente a todos los asediados, pero Travis, apoyado por todos los componentes de sus escasas fuerzas, menos uno, pese a que no tenían posibilidad alguna de resistir y menos aun de vencer, rehusó rendirse.

Parece darse por seguro que Crockett fue uno de los seis combatientes que sobrevivieron al asalto final y que fueron ejecutados por orden expresa del dictador mexicano Santa Anna, que dirigió en persona el asedio. Aunque siempre ha habido cierta controversia sobre los detalles finales de su muerte y aun sobre su pretendida valentía, lo cierto es que su muerte, ensalzada hasta la saciedad en periódicos y libros, se convirtió en legendaria. Entre 1835 y 1856, se publicaron con gran éxito popular los llamados "almanaques de Crockett", que contenían relatos increíbles, basados en leyendas de la tradición oral sobre su vida y sus hazañas, y también sobre las de otros legendarios hombres de la

Frontera, como Daniel Boone y Kit Carson. De esa forma, Davy Crockett se convirtió en un referente principal de la mitología y el folclore estadounidenses.

Menos legendarias, pero igualmente famosas fueron las andanzas del general al mando del victorioso ejército tejano que, tras algunos reveses, se impuso clamorosamente a los mexicanos, Sam Houston.

SAMUEL HOUSTON, UNA VIDA CONTROVERTIDA

La figura de Samuel Houston (1793-1863) es clave en la historia de Texas. A lo largo de su carrera política desempeñó, entre otros, los cargos de presidente de la República de Texas y de senador y gobernador del estado de Texas, tras integrarse este en los Estados Unidos, unos años después de que lograra su independencia de México.

Sam Houston nació como noveno hijo en la plantación de su familia cerca de la iglesia de Timber Ridge, en las afueras de Lexington, Virginia. Tras recibir solo una educación básica, en 1807, luego de la muerte de su padre, emigró con su familia a Maryville y posteriormente, a Baker Creek, Tennessee. En 1809 abandonó la casa familiar y vivió por un tiempo con la tribu cheroqui del jefe Oolooteka, en la isla de Hiwassee, que lo adoptó y le dio el nombre de "Colleneh" ("El Cuervo"). Tres años después, en 1812, con diecinueve años, regresó a Maryville y fundó una escuela, la primera construida en Tennessee, que se había convertido en estado en 1796.

Ese mismo año se alistó como soldado raso en el 7º Regimiento de Infantería para luchar contra los británicos en la guerra de 1812. Meses después, fue ascendido a tercer teniente. En la batalla de Horseshoe Bend, Alabama, de marzo de 1814, una flecha creek le hirió. Luego de haberse vendado la herida, se reintegró

La figura de Samuel Houston (1793-1863) es clave en la historia de Texas. A lo largo de su carrera política desempeñó, entre otros, los cargos de presidente de la República de Texas y de senador y gobernador del estado de Texas, tras integrarse éste en los Estados Unidos, unos años después de que lograra su independencia de México.

a la lucha. Cuando el general Andrew Jackson pidió voluntarios para desalojar a un grupo de indios creek de sus posiciones, pese a su herida, Houston se ofreció y durante el asalto fue herido de nuevo en el hombro y el brazo. Tras recuperarse, fue nombrado agente indio para los cheroquis. Dejó el ejército en marzo de 1818.

Luego de seis meses de estudio en la oficina del juez James Trimble, aprobó el examen de abogacía de Nashville. Posteriormente abrió una oficina para ejercer legalmente el derecho en Libano, Tennessee. Fue nombrado fiscal general del estado en el distrito de Nashville a finales de 1818 y también le fue otorgada una comandancia militar. En 1822, fue elegido por Tennessee para la Cámara de Representantes, donde destacó como partidario incondicional de su paisano y compañero demócrata Andrew Jackson, su amigo y protector político —además de correligionario en la Logia Masónica Cumberland nº 8—, a pesar de que ambos difirieran en sus respectivas visiones del problema indio.

Houston fue miembro del Congreso entre 1823 y 1827, cuando optó por presentarse a la elección de gobernador de Tennessee, derrotando al anterior, Willie Blount. Aunque se proponía luchar por la reelección al año siguiente, en 1828, hubo de dimitir de su puesto, tras verse obligado a casarse con Eliza Allen, una muchacha de apenas dieciocho años, hija del coronel Juan Allen, a la que sedujo y dejó embarazada. La pareja se separó poco después, al parecer, tras una infidelidad de ella, divorciándose en 1837, después de que él llegara a ser presidente de Texas.

Houston volvió a pasar algún tiempo con los cheroquis, se casó con la viuda mestiza Tiana Rogers Gentry y abrió un negocio en Wigwam Neosho, cerca del fuerte Gibson, en territorio cheroqui, mientras caía en el alcoholismo. Ello y el abandono de su oficina y de su esposa le separaron de su mentor y amigo

Andrew Jackson, con el que no se reconciliaría hasta pasados unos años.

En abril de 1832, durante un viaje de negocios al Este, Houston se vio implicado en una disputa con el congresista William Stanbery, de Ohio, quien lo acusó, aparentemente como medio de atacar indirectamente a Jackson, de estar confabulado con otros políticos para proveer fraudulentamente de comida a los indios obligados a emigrar por la Ley de Traslado Forzoso de Indios, que Jackson había hecho aprobar en 1830. Cierto día, Stanbery, que venía rechazando furibundamente las propuestas de acercamiento de Houston, se topó con él en la avenida Pennsylvania de Washington, cuando este salía del alojamiento privado de una señora de la alta sociedad. Los dos personajes se enzarzaron en una discusión y Houston trató de golpear a Stanbery con su bastón de nogal. El congresista, que siempre iba armado con dos pistolas, sacó una de ellas, encañonó a Houston en el pecho y disparó... Para fortuna de este, el arma se encasquilló. A consecuencia del incidente, Houston fue arrestado, procesado y hallado culpable, aunque, gracias a sus influyentes amigos (entre ellos el luego presidente James K. Polk), solo recibió una amonestación. Stanbery, enfurecido, formuló cargos contra él en una corte civil, que lo encontró responsable y lo multó con 500 dólares, multa que Houston no llegó a pagar. La mala publicidad que produjo el juicio fue tal que Houston abandonó a su familia y se exilió en el Texas mexicano en diciembre de 1832. Su esposa permaneció al frente de sus negocios y, años después, volvió a casarse con un hombre llamado Sam McGrady. Houston no volvió a casarse hasta después del fallecimiento por pulmonía de su ex esposa en 1838.

Tras llegar a Texas, se abrió muy rápidamente un hueco en la política local. De hecho, siempre se ha especulado que, en realidad, fue a Texas a instancias del presidente Jackson para incitar a la anexión del territorio a los Estados Unidos. Sea como fuere, Houston asistió a las convenciones políticas de 1833 y 1835 en representación de la población de Nacogdoches y descolló en el bando partidario de la independencia. En noviembre de 1835, fue nombrado teniente general del ejército de Texas y, en marzo de 1836, ascendido a comandante en jefe, poco después de negociar un acuerdo de asentamiento con los cheroquis.

Tras la Declaración de Independencia tejana del 2 de marzo de 1836, Houston reunió al ejército de voluntarios en la localidad de Gonzales, pero, ante el acoso del ejército del dictador mexicano Santa Anna, que acababa de pasar por las armas a todos los defensores de El Álamo, se tuvo que batir en retirada. Houston fue acusado de cobardía y de haber denegado su auxilio a los defensores de El Álamo por varios de sus oficiales y por los representantes del gobierno estadounidense. El 21 de abril, en la batalla de San Jacinto, sin embargo, Houston sorprendió a Santa Anna durante la hora de la siesta. Herido gravemente, el dictador mexicano fue forzado a firmar el Tratado de Velasco, por el que se concedía la independencia a Texas.

Houston regresó a los Estados Unidos para ser tratado de una herida en el tobillo y, a su vuelta a Texas, sirviéndose de su recién recuperado prestigio militar, fue elegido presidente de la República de Texas, puesto que ocupó desde octubre de 1836 a diciembre de 1838 y, tras un periodo en que no pudo presentarse al cargo pues la constitución prohibía la reelección consecutiva, desde diciembre de 1841 a diciembre de 1844. En el periodo intermedio, se constituyó en un acerbo crítico del presidente Mirabeau Lamar, quien abogaba por la independencia de Texas y su extensión hasta el océano Pacífico.

En el orden personal, el 9 de mayo de 1840, Houston se casó en Marion, Alabama, con Margaret

En la batalla de San Jacinto, Houston sorprendió a Santa Anna durante la hora de la siesta. Herido gravemente, el dictador fue forzado a firmar el Tratado de Velasco, por el que se concedía la independencia a Texas.

Moffette Lea, con quien tendría ocho hijos. A la sazón, él tenía cuarenta y siete años y ella, veintiuno. Su nueva esposa, de recio temperamento, tuvo una significativa influencia en sus decisiones posteriores.

En 1845, tras la anexión de Texas por los Estados Unidos, fue elegido senador, cargo en el que permanecería hasta 1859, asistiendo desde la lejanía de Washington a la guerra mexicano-estadounidense y oponiéndose tenazmente a las tendencias secesionistas y belicosas que imperaban en los Estados Unidos de la época. Fue considerado un potencial candidato a la presidencia, pero la contradicción de su doble condición de amo de esclavos y decidido partidario unionista, así como su oposición a la expansión de la esclavitud, le marginaron. A cambio, sí se presentó dos veces a la elección de gobernador de Texas. En la primera (1857) fracasó, pero no así en 1859, cuando al ser elegido por una abrumadora mayoría se convirtió, de paso, en la única persona de la historia estadounidense que ha sido gobernador de dos estados diferentes.

Samuel Houston fue la única persona de la historia estadounidense que ha sido gobernador de dos estados diferentes: Tennesse y Texas.

Tras separarse Texas de los Estados Unidos el 1 de febrero de 1861 e integrarse en los Estados Confederados de América el 2 de marzo siguiente, Houston fue apartado del cargo, dado su inequívoco apoyo al Norte. Sin embargo, declinó la oferta del presidente Abraham Lincoln de dirigir un ejército de 50.000 hombres con el que evitar la secesión de Texas.

A principios de 1862, su salud se deterioró rápidamente. A mediados de julio, contrajo un severo resfriado que derivó en neumonía y que le llevó a la muerte el 26 de julio de 1863.

GUERRA CON MÉXICO

Tras su incorporación a los Estados Unidos, los mexicanos mantuvieron el deseo de recuperar lo que había sido suyo, mientras que los tejanos, que no olvidaban las masacres perpetradas por Santa Anna y especialmente la ejecución de los supervivientes de El Álamo, acumularon un gran odio hacia ellos, sentimiento que duraría varias generaciones.

En ese clima, aunque Texas disfrutaba de su nuevo estatus, a menudo se producían incidentes y escaramuzas fronterizas, alentadas por ambos gobiernos y que presagiaban el estallido inminente de una guerra abierta. Sin embargo, aunque los Estados Unidos estaban preparados y equipados para ella, México no lo estaba, ya que se encontraba en medio de infinitas disensiones internas.

No obstante, el 24 de abril de 1846, 1.600 soldados mexicanos mataron a 63 norteamericanos en tierras mexicanas reclamadas por Texas. Dada la situación y la ventajosa circunstancia, el presidente estadounidense James K. Polk ordenó al general Zachary Taylor trasladar tropas a la frontera y el Congreso

El ejército estadounidense, muy superior en armamento, medios y tácticas, se aprestó a iniciar la guerra con México. Este es el caso del campamento del ejército del Norte situado en Beach Corpus Christie.

declaró oficialmente la guerra a mediados de mayo, autorizando el reclutamiento de 50.000 voluntarios para doce meses de servicio. El ejército regular (unos 7.200 soldados) también se incrementó hasta llegar casi a los 16.000 hombres, que fueron armados mediante un ambicioso encargo de nuevos revólveres al fabricante Samuel Colt.

Aquella sería una guerra desproporcionada. La historia nos cuenta que los mexicanos, aunque poco numerosos en comparación y mal equipados, fueron unos serios oponentes, pero que, con todo, serían totalmente derrotados y perderían mucho en ella.

Tras casi un año de guerra, en marzo de 1847, los Estados Unidos decidieron acabar de una vez con el conflicto y, a la vez, sacar la máxima ventaja que fuera posible. Para ello iniciaron una ofensiva a gran escala, que acabó por llevarles hasta las puertas de la capital mexicana en agosto. Aunque en determinados puntos los mexicanos ofrecieron una resistencia feroz, las limitaciones de su ejército impidieron siquiera la de-

Tras casi un año de guerra, en marzo de 1847, los Estados Unidos decidieron acabar de una vez con el conflicto con México y, a la vez, sacar la máxima ventaja que fuera posible. Para ello iniciaron una ofensiva a gran escala, que les llevó hasta las puertas de la capital mexicana.

fensa de la capital, que cayó definitivamente el 15 de septiembre.

Ante estos resultados, el ejército de Santa Anna se dividió, el general renunció a la presidencia y se marchó nuevamente al exilio. México parecía destinado a desaparecer, pues no hubo cabeza de gobierno visible durante doce días.

Las negociaciones para el tratado de paz, llevadas a cabo en el pueblo de Guadalupe Hidalgo, a pocos kilómetros de la capital, fueron largas y complicadas. Al final, la nueva frontera de ambos países se estableció en los ríos Gila y Grande o Bravo, y los mexicanos se vieron forzados a ceder a los Estados Unidos un vasto territorio de 2.378.539 km^2 (casi la mitad del México del momento), que incluía los actuales estados de California, Nevada y Utah y gran parte de los de Arizona, Colorado, Nuevo México y Wyoming. Entre otras muchas cosas, eso supuso que unos 100.000 mexicanos pasaron a ser extranjeros en su propia tierra. Como parca compensación, México recibiría 15

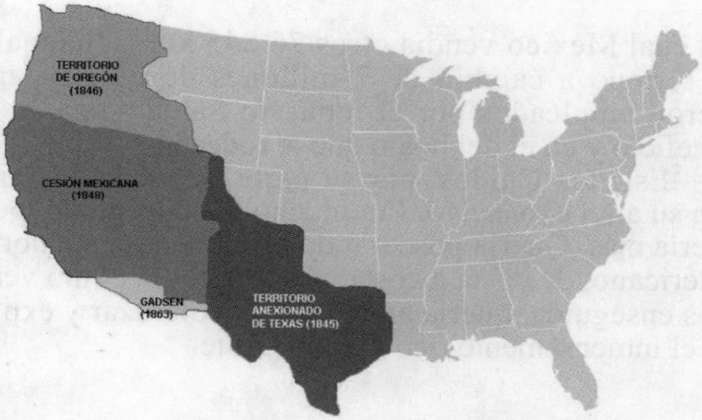

El mapa muestra la situación geopolítica de los nuevos territorios incorporados tras la victoria estadounidense sobre México.

millones de dólares en resarcimiento de los daños causados en territorio mexicano durante la guerra. Su mayor logro fue conservar la península de Baja California, unida a través de una franja de tierra a Sonora.

A consecuencia del tratado, se estipuló la protección de los derechos civiles y de propiedad de los mexicanos que permanecieran en el nuevo territorio estadounidense y ambos países aceptaron dirimir futuras disputas bajo arbitraje obligatorio. Sin embargo, cuando el Senado estadounidense ratificó el tratado, eliminó el artículo que garantizaba la protección de las concesiones de tierras dadas a los mexicanos por los gobiernos de España y México y rebajó sus derechos de ciudadanía.

Eran ya muchas, pero las cesiones mexicanas de territorio no habían acabado. Cinco años después, el 30 de diciembre de 1853, ambos países firmaron un nuevo tratado en La Mesilla —conocido como "Compra Gadsden" por los estadounidenses en alusión a su principal promotor, el general James Gadsden—, en virtud del cual México vendía otros 76.845 km^2 adicionales de terreno a cambio de 7 millones de dólares, que fueron empleados por el repuesto Santa Anna en su beneficio y en el del boato que le rodeaba.

Estados Unidos, por su parte, seguiría adelante con su afán expansivo. Era mucho lo conseguido, pero quería más. Quería poseer todo el subcontinente norteamericano, de costa a costa, y, sobre todo, como veremos enseguida, quería anexionarse, colonizar y explotar el inmensamente rico Lejano Oeste.

4

UN PAÍS COMPLETO DE COSTA A COSTA

De entre todas las sombrías y fantasmagóricas experiencias posibles, la peor es estar perdida de noche en la pradera... y oír el coro de los coyotes riéndose, como hienas, de los apuros de una.

Una emigrante narrando su temor cuando ella y su pareja se desorientaron temporalmente mientras cruzaban las Grandes Llanuras.

EL LEJANO OESTE

Antes incluso de que los pioneros llegaran a la Costa Este de Norteamérica, ya existían asentamientos europeos sobre la costa de California (San Diego, Los Ángeles, Santa Bárbara, San Luis Obispo, Monterrey, San Francisco...), fundados por misioneros, soldados, mercaderes y colonizadores españoles en su viaje hacia el norte desde su colonia de Nueva España.

Pero los españoles no fueron los únicos que exploraron la región: navegantes británicos, rusos y, luego, estadounidenses reconocieron el litoral y se maravillaron ante los hermosos puertos naturales, las altas montañas, los fértiles valles y el clima benigno. En 1778, el capitán de la Armada británica James Cook (1728-1779) exploró el litoral del Pacífico desde el norte de San Francisco hasta Alaska. Sus marineros descubrieron que las pieles de nutria marina que los

Mientras los exploradores iban hallando nuevas rutas hacia el Oeste, la presión en busca de nuevas tierras que colonizar iba aumentando al este del Misisipi.

indígenas del noroeste les vendían a 6 peniques, se podían revender en China por cerca de 100. Estas grandes expectativas mercantiles indujeron a ingleses y norteamericanos a fundar un buen número de establecimientos comerciales en la región. Además de estos intereses británicos y estadounidenses, Rusia también tenía, por idénticos motivos, pretensiones sobre la región. En 1741, Vitus Bering (1680-1741), explorador danés al servicio del emperador de Rusia, recorrió las regiones costeras de Alaska y las islas Aleutianas. Por aquellos gélidos parajes surgirían una serie de asentamientos rusos, base desde la que sus navíos recorrerían la costa cazando focas y nutrias marinas.

La parte sur de ese rico litoral estaba ocupada por el territorio que se dio en llamar California. La zona central, desde la frontera californiana a Alaska y, tierra adentro, hasta las montañas Rocosas, pasó a conocerse genéricamente como Territorio de Oregón. A comienzos del siglo XIX, esta última vasta extensión era reclamada, parcial o totalmente, por España, Rusia, Estados

Muchos estadounidenses consideraron que la forma más sencilla de expandir su nación hasta el Pacífico consistía en tomar el control absoluto del Territorio de Oregón.

Unidos y Gran Bretaña. Aunque Rusia controlaba Alaska, y España, California, los derechos británico y estadounidense eran más convincentes y firmes puesto que, por entonces, ambos países tenían ya establecimientos comerciales estables en la costa. Todo era más factible para los pujantes Estados Unidos, dado su enlace terrestre con la región. Solo faltaba abrir rutas asequibles para los pioneros y colonos, y ese era un proceso en marcha.

El Territorio de Oregón

Mientras los exploradores iban hallando nuevas rutas hacia el Oeste, la presión en busca de nuevas tierras que colonizar iba aumentando al este del Mississippi. La población estaba creciendo en las regiones de Ohio y el alto Mississippi, así como a lo largo del golfo de México. La frontera se estaba desplazando lentamente hacia el Oeste y ya había alcanzado el borde de las Grandes Llanuras. Gran parte de esta ola creciente convergería sobre la Senda de Oregón, primero como un lento goteo, para convertirse enseguida en un flujo casi constante de emigrantes en dirección al Noroeste. Sin embargo, la enorme extensión comprendida entre el Missouri y las Rocosas, la mayor parte de la antigua Louisiana, seguía siendo desdeñada como lugar donde vivir. Por ahora, aquellas inmensas llanuras conformaban una peligrosa e incómoda región a atravesar tan rápido como permitieran las carretas de los emigrantes.

El destino final, el Territorio de Oregón, era mucho más atractivo. Se trataba de casi 500.000 km^2 que contenían picos de nieves perpetuas, interminables bosques y exuberantes valles y que, a ojos del colono, eran poco menos que un precioso y fértil semiedén. Oro aparte, Oregón tenía fama no solo de tener buenas tierras agrícolas y vastos bosques de enormes árboles centenarios, sino también de estar exenta de enfermedades. Esto aumentaba su atractivo, pues las epidemias eran por entonces comunes en el Este.

Sin embargo, esta presunta salubridad no era igualmente apreciada por los antiguos habitantes autóctonos de la región que, a esas alturas, ya habían sido diezmados precisamente por las enfermedades traídas por los blancos. Aquellas otrora ricas y organizadas tribus, las más prósperas de Norteamérica, cuyas sociedades se caracterizaban por sus densas poblaciones, sus altos estándares de vida y sus muy desarrolladas culturas, habían sucumbido ante la viruela, la sífilis y otras muchas enfermedades *blancas,* hasta el punto de que casi no quedó ni vestigio de ellas. Baste comentar, por ejemplo, que el 70% de los nativos del valle Willamette y de la cuenca baja del río Columbia habían desaparecido hacia 1830. El exterminio fue tan total que ni siquiera pudieron ofrecer una mínima

A partir de 1832, algunos esporádicos grupos de colonos comenzaron a viajar por tierra hasta Oregón. De ordinario, partían de Independence, Misuri, y seguían un sendero sinuoso —la llamada "Senda de Oregón"— de más de 3.200 kilómetros para llegar a su destino.

resistencia a los colonos, como sí lo harían más tarde sus parientes de las Grandes Llanuras.

Sin grandes resistencias previsibles, pues, la riqueza prometida por el comercio peletero empujó a muchos estadounidenses y británicos hacia el Territorio de Oregón. En 1793, el explorador británico Alexander Mackenzie (1764-1829) había llegado a la costa de Oregón en un viaje terrestre desde Canadá. Esta y otras expediciones abrieron Oregón a los anglocanadienses. Los estadounidense no se quedaron a la zaga y, como sabemos, los exploradores Lewis y Clark llegaron a finales de 1805 a su litoral al término de su viaje desde el río Mississippi. En 1811, la Pacific Fur Company del estadounidense John Jacob Astor estableció un puesto comercial en la desembocadura del río Columbia al que llamó, en honor del dueño, Astoria. Su competidora, la Hudson's Bay británica, instaló uno similar más al norte, al que llamó Fort Vancouver.

Tratando de reducir los continuos roces, Gran Bretaña y Estados Unidos firmaron en 1818 un acuerdo, en el que, incapaces de imponer su hegemonía particular, optaron por una difícil ocupación conjunta. Pero los conflictos entre ellos continuaron.

Ese mismo año, los Estados Unidos resolvieron su menos activo pero también preocupante contencioso con España, limitando los derechos hispanos y, posteriormente, los mexicanos al sur del paralelo 42. En 1825, llegaron también a un acuerdo con Rusia que acabó con todas sus reclamaciones al sur del paralelo 54' 40". El conflicto territorial remanente entre Estados Unidos y Gran Bretaña se mantuvo hasta 1846, cuando el Tratado de Oregón fijó el paralelo 49 como frontera internacional entre los territorios bajo dominio respectivo de ambos países.

No obstante, a los recién llegados a aquel territorio, la mayoría de los cuales eran tramperos o comerciantes, no les preocupaba mucho esas disputas sobre los derechos nacionales. En general, a ellos solo les interesaban sus derechos personales.

Dado que la marcha hacia el Oeste estimulada por la doctrina del destino manifiesto chocaba —de momento— con la titularidad hispano-mexicana del Territorio de California, muchos estadounidenses consideraron que la forma más sencilla de expandir su nación hasta el Pacífico consistía en tomar el control absoluto del Territorio de Oregón. Pero Gran Bretaña y su colonia no estaban dispuestas a ello.

LA COLONIZACIÓN DE OREGÓN

En las décadas de 1820 y 1830, los asentamientos y establecimientos comerciales británicos en Oregón eran los más numerosos. Por eso, muchos dirigentes políticos estadounidenses temían que los británicos pudieran controlar exclusiva y definitivamente la región e hicieron grandes esfuerzos para estimular la

Entre las maravillas que se encontraban los viajeros con destino a California u Oregón estaban las maravillas de la naturaleza. En el caso de la vieja fotografía, los pinos gigantes de Oregón.

llegada de colonos norteamericanos. Los primeros lo hicieron por barco, tras zarpar desde la costa oriental, rodear Sudamérica por el tormentoso estrecho de Magallanes y bordear finalmente toda la costa del Pacífico. Sin duda, un viaje difícil, peligroso y caro, que duraba muchos meses. Era necesario, casi perentorio, encontrar una vía terrestre accesible.

A partir de 1832, algunos grupos esporádicos de colonos estadounidenses comenzaron a viajar por tierra hasta Oregón. De ordinario, partían de Independence, Missouri, y seguían un sendero sinuoso de más de 3.200 kilómetros para llegar a su destino. La ruta llegó a conocerse como el Camino o la Senda de Oregón, pero nunca fue un solo sendero bien delimitado, sino una dirección general a través de las Grandes Praderas, que requería el cruce de ríos y el paso por montañas en lugares previamente designados. Era aquel un viaje también muy difícil y peligroso. Las inundaciones, sequías, ventiscas, incendios forestales, accidentes y

La convivencia de los colonos durante el viaje era difícil, pero no estaba exenta de momento de relajación, que se producían sobre todo por las noches alrededor de un fuego.

enfermedades, así como los indígenas hostiles, ocasionaban muchas bajas entre los colonizadores.

El líder de la primera gran expedición hacia aquella tierra prometida que siguió la senda fue un emprendedor hombre de negocios de Boston llamado Nathaniel Jarvis Wyeth (1802-1856), que, con veintinueve años, había amasado una pequeña fortuna en Nueva Inglaterra gracias al negocio del hielo, cortándolo de una laguna helada en invierno y embarcándolo hacia las Indias Occidentales. En 1832, Wyeth y 24 optimistas más reclutados por él partieron hacia el Oeste a través de las Llanuras. Afortunadamente para ellos, habían contratado como guía al veterano trampero William Sublette, que supo guiarles a través de los páramos del alto Missouri. Pero cuando finalmente alcanzaron Fort Vancouver en octubre, ocho meses después de dejar Boston, les esperaba una gran desilusión: se acababa de saber que el barco fletado por Wyeth con todo tipo de productos a bordo, todo lo que este dinámico empresario creía necesitar para comenzar la colonización, se había perdido en el mar. Pese a este

Durante el viaje de los colonos, muchas veces el paisaje era sobrecogedor, pero, no obstante, ellos estaban inmersos en un trabajo tan arduo que no siempre se permitían solazarse con las maravillosas vistas del camino.

gran revés, como Wyeth no era un hombre que abandonara fácilmente, regresó a Boston y pronto contrató a nuevos reclutas para un segundo viaje en que rehizo el mismo recorrido hasta Oregón, para esta vez quedarse definitivamente allí, dedicado básicamente al negocio peletero.

Pero, como ya vimos, el comercio de pieles pronto decaería al variar la moda en Europa y la Costa Este y, a la vez, al descender dramáticamente el número de castores en las sobreexplotadas corrientes fluviales norteamericanas. Sin embargo, para entonces, ya se había iniciado una segunda corriente de inmigrantes formada esta vez por colonos y misioneros.

Precisamente un miembro del segundo equipo de Wyeth era un alto y fornido clérigo metodista llamado Jason Lee (1803-1845), que se convirtió en el primer misionero estadounidense en Oregón. Rápidamente, se puso al frente de muchos hombres de Dios que reclamaron ansiosos las almas de los infieles indios, en principio poco dispuestos y, además, ya muy escasos.

Uno de estos evangelizadores era un médico y predicador de Nueva York, Marcus Whitman (1802-1847), que se empeñó en probar que tanto los carromatos pesados como las mujeres podían resistir las durezas del viaje por tierra.

Huérfano de padre desde los siete años, Whitman había pasado la infancia soñando con convertirse en un buen pastor protestante, pero su situación económica le impidió adquirir la formación que ese anhelo exigía. En vez de ello, estudió medicina durante dos años con un experimentado doctor y recibió su título en el Fairfield Medical College. Recuperando su vieja vocación, Whitman se unió en 1834 a la agencia misionera American Board of Commissioners for Foreign Missions y, al año siguiente, viajó con el misionero Samuel Parker al territorio del actual noroeste de Montana y norte de Idaho, para atender a las tribus nativas flathead y nez percé. Tras pasar allí un tiempo, prometió a los indios que volvería con otros misioneros y maestros para vivir con ellos.

Dos años más tarde, Whitman se casó con Narcissa Prentiss (1808-1847), una no menos optimista y valerosa profesora de física y química, que también soñaba con viajar al Oeste como misionera. A modo de luna de miel, ambos iniciaron la Senda de Oregón en 1836, al unir su carreta, junto con otros misioneros, a una caravana de tratantes de pieles. Sin embargo, pronto comprobaron que los carros eran un lastre y tuvieron que dejarlos atrás. No obstante, pese a las numerosas dificultades, Narcissa no solo sobrevivió al camino, sino que en su trayecto quedó embarazada. Tras alcanzar su destino, se convirtió en madre del primer bebé estadounidense nacido, hasta donde se sabe, en el Territorio de Oregón. Desgraciadamente, el niño moriría ahogado poco tiempo después.

Los Whitman fundaron una misión, la Colonia Whitman, en la parte oriental del Territorio de Oregón, en el valle Walla Walla, al noroeste de las montañas Azules, en territorio de los indios cayuses y nez percés.

Uno de los momentos más difíciles de los largos meses sorteando todo tipo de dificultades era cruzar los grandes ríos. En el caso del grabado, se trata del río Platte.

Allí, Marcus cultivó y proveyó cuidados médicos, mientras que Narcissa ponía en marcha una escuela para niños indígenas.

En 1843, Whitman viajó de nuevo al Este y, a su vuelta, ayudó a dirigir la primera gran caravana de colonos "civiles" hacia el oeste desde Fort Hall, al este de Idaho. Conocida como "La Gran Migración", esta caravana estableció definitivamente la viabilidad de la Senda de Oregón para los futuros colonos.

Pero a Whitman las cosas no le fueron tan bien. La nueva afluencia de colonos blancos al territorio trajo nuevas enfermedades a las tribus indias, incluyendo la grave epidemia de sarampión de 1847. Las carencias médicas y la falta de inmunidad de los nativos a las nuevas enfermedades produjeron una gran mortandad. Dados sus escasos resultados, Whitman comenzó a impacientarse ante la poca receptividad de los indios a sus consejos médicos y, todavía peor, a sus intentos de conversión. Harto, pasó a alentar a los colonos blancos a arrebatar esta tierra al pueblo al que él supuestamente estaba sirviendo, arguyendo que, puesto que los indios se resistían a la conversión, se merecían perder su tierra y "no debían de quejarse de los resultados". A la vez, la recuperación de muchos pacientes blancos disparó la creencia entre los nativos de que los Whitman eran los verdaderos causantes de la mortandad india. Al parecer, la situación se agravó por la animosidad existente entre los misioneros protestantes y los sacerdotes católicos locales. Finalmente, la tradición india de hacer personalmente responsable al curandero de la recuperación o no del paciente, acabó en violencia. El 29 de noviembre de 1847, en plena epidemia de sarampión que mató a muchos niños cayuses, los indios asolaron la misión, dando muerte a 14 colonos blancos, incluidos Marcus y Narcissa.

Pero, para entonces, la inmigración masiva, la llamada Fiebre de Oregón, que había comenzado a partir de 1843, era ya imparable. A medida que los colonos llegaban a la zona, se fueron desarrollando las primeras infraestructuras de transporte. Surgieron caminos y senderos nuevos como los de Barlow, Canyon y Applegate, a la vez que proliferaban los asentamientos y se comenzaban a construir los primeros edificios.

Muy pronto, entre los colonos estadounidenses, ya mucho más numerosos que los británicos, comenzaron a delinearse dos bandos. En primer lugar, el de los dispuestos a conformarse con el dominio de la mitad del territorio: la porción situada al sur del paralelo 49. Esto habría oficializado la frontera lineal oficiosa entre Estados Unidos y la Norteamérica británica desde los Grandes Lagos hasta el Pacífico. Sin embargo, otros muchos pedían la totalidad del Territorio de Oregón, desde California hasta Alaska.

En 1844, un ferviente partidario del expansionismo, James K. Polk, fue elegido presidente de Estados Unidos. Durante algún tiempo, la guerra entre Estados Unidos y Gran Bretaña por el dominio de Oregón pareció más que probable. Pero, en 1846, el ministro de Asuntos Exteriores británico, lord Aberdeen, ofreció a Estados Unidos el control definitivo e indiscutido de la parte del Territorio de Oregón ubicada al sur del paralelo 49. Ante la inminencia de una guerra con México, y al no desear que su país tuviera que combatir a dos adversarios al mismo tiempo, el presidente Polk accedió a ello. El 15 de junio de 1846, la zona constituida por los actuales estados de Washington, Idaho y Oregón, con algunas porciones de Montana y Wyoming, pasó a formar parte de la Unión como Territorio de Oregón.

Solucionado este tema y en vías de hacerlo el del Sudoeste, para el gobierno de Estados Unidos quedaba pendiente el de California, en realidad, la porción más apetecible y más prometedora de toda la tarta de la costa norteamericana del Pacífico.

La colonización de California

Como sabemos, en 1821, después de once años de lucha, México se independizó de España. En 1834, José Figueroa, el gobernador mexicano de California, anunció la "secularización de las misiones". Muchos indígenas entendieron que se abría la veda y destruyeron aquellos establecimientos en que se les había sometido. El gobernador prometió repartir la tierra a partes iguales entre los indígenas y los que solicitaran tierras para trabajar. Sin embargo, la promesa se materializó de forma harto curiosa: en pocos años, casi todas las tierras de las misiones fueron entregadas a los amigos y socios del gobernador. Así, el sistema californiano de misiones fue reemplazado por el de ranchos establecidos en las tierras concedidas discrecional-

Los primeros colonos que llegaron por tierra a California necesitaron una gran determinación y no poco arrojo. A los grandes retos y peligros del camino se unía el total desconocimiento de la ruta.

mente por el gobernador. En 1846, este y sus acólitos terminaron la entrega de 26 millones de acres a 813 solicitantes. Los rancheros tiraron de repertorio, aplicaron las viejas costumbres y pusieron a los indígenas a trabajar como siervos. Un historiador comentó que los ranchos "eran el primo californiano de las plantaciones del Sur" y, cabría decir, que el hijo putativo de las misiones.

Por entonces, California solo tenía unos 500 ciudadanos estadounidenses, pero eso no frenó el ansia expansionista de Washington. En 1845, el día de su toma de posesión, el presidente Polk le dijo en confianza al secretario de Marina que uno de sus principales objetivos sería arrebatarle California a México. Pronto se pondría a la labor, con notable éxito. De momento, se conformó con preparar el terreno y lanzar los primeros desafíos a México, siguiendo el modelo aplicado en Texas al reforzar el influjo de los colonos estadounidenses que en creciente número se irían a instalar en ambos territorios.

Uno de los recién llegados fue un sagaz y artero individuo llamado John Marsh (1799-1856) que, perseguido por las autoridades federales de Iowa por vender armas y munición a los siux bajo la cobertura de su empleo como agente indio, se quitó prudentemente de en medio y, tras recorrer el Camino de Santa Fe, llegó a California. Al principio, se hizo pasar por médico: los funcionarios mexicanos de Los Ángeles, ignorantes del latín, aceptaron a pies juntillas su título de doctor en medicina por Harvard. Cuando reunió suficiente caudal por medio de su improvisada actividad médica, Marsh compró un rancho de 17.000 acres en el valle de San Joaquín. Animado por el deseo de que la provincia mexicana se transformase en un territorio estadounidense y así aumentasen sus posibilidades de negocio, hizo todo lo posible por conseguir que más colonos estadounidenses llegasen a California. Escribió docenas de elogiosas cartas acerca del lugar a personas influyentes del Medio Oeste, en las que alababa el clima, el suelo, la facilidad con que allí se obtenían las cosechas y la disponibilidad de mano de obra dócil. "Cuando se capturan jóvenes", escribió, los indios "manifiestan una gran actitud para aprender y se someten a la flagelación con mayor humildad que los negros". Sus cartas fueron pasando de mano en mano y alguna fue publicada en los periódicos.

En mayo de 1841, una partida de 69 personas valientes, muchas de ellas atraídas por los extravagantes cantos de sirena de Marsh, partió desde Sapling Grove, Missouri, y enfiló por la Senda de Oregón. En la vertiente más lejana de las Rocosas, los que quisiesen hacer el camino hacia California habrían de girar en dirección sudoeste. Marsh, que personalmente nunca había estado por esos parajes, había escrito que encontrarían la bifurcación en algún sitio indeterminado de lo que hoy es Idaho.

Las rutas hacia el Lejano Oeste combinaban las llanuras áridas y secas con las pavorosas montañas. La historia guarda memoria de los muchos miles que llegaron a destino, pero no tanto de los también muchos que se quedaron por el camino.

El grupo que eligió California era representativo de todos los que enseguida les seguirían, al incluir granjeros y empresarios, buscavidas, misioneros y alguna que otra persona de pasado y ocupación turbios. El promotor del viaje, John Bartleson, fue nombrado capitán del convoy, pero un maestro de escuela de Ohio de veintiún años de edad llamado John Bidwell (1819-1900) demostró ser un mejor líder y fue aceptado por todos como el verdadero jefe de la expedición. También gozaba del aprecio general otro viajero, llamado Talbot H. Green, que, en realidad, era Paul Geddes, un desfalcador de bancos en busca y captura. Este individuo arrastró todo el camino hacia California un pesado ladrillo de "plomo", que guardaba con sospechoso cuidado y que, en realidad, era un lingote de oro bañado en plomo, fruto del desfalco que había cometido en el banco en que trabajaba. Por su parte, Nancy Kelsey, de dieciocho años, hizo el viaje con su marido Ben y su hija de un año, Martha Ann, a quien llevaba a cuestas en cuanto el desnivel hacía imposible para la cría mantenerse en la carreta.

En total, 34 personas tomaron la bifurcación hacia California. Ninguna de ellas sabía algo de California ni de la ruta. Como confesaría tiempo después Bidwell: "Sabíamos que California estaba al oeste... y eso era todo nuestro conocimiento". La ruta demostró enseguida que se parecía muy poco a la fácil senda que Marsh había descrito. En los desiertos de Utah y Nevada "no pudimos ver otra cosa ante nosotros que no fuera extensas planicies áridas", recordó después Bidwell, "reverberando por la luz del sol y la sal". Marsh había prometido abundancia de agua y hierba para los animales; en cambio, algunos de los bueyes murieron de inanición, lo cual, lejos de ser un inconveniente, fue una bendición, pues permitió que los pioneros se alimentaran. Al entrar en la imponente e inexplorada cordillera de Sierra Nevada, Bidwell se preguntó "si había alguna posibilidad de conseguir salir por nosotros mismos de ese lugar". Pero su determinación era notable. Con los pies llenos de ampollas, Nancy Kelsey fue capaz de trepar descalza por los riscos llevando en sus brazos a su bebé. Los demás no se achicaron. Al final, la castigadísima expedición sobrevivió y llegó a término en el valle de San Joaquín.

Un año después, 1842, fueron 200 los pioneros que se dirigieron hacia el Oeste y 1.000 en 1843, seguidos por 4.000 en 1844 y 5.000 en 1845... La colonización estadounidense de California se estaba convirtiendo en una realidad.

LA ANEXIÓN DE CALIFORNIA

Mientras tanto, los esfuerzos diplomáticos también eran constantes. A finales de 1845, el presidente Polk envió al diplomático John Slidell a México capital en un intento de negociar con las autoridades de aquel país la venta de los territorios de Alta California y Nuevo México. El expansionismo estadounidense estaba decidido a hacerse sobre todo con California para desbaratar las ambiciones británicas. Polk autorizó a Slidell a ofrecer asumir los 4,5 millones de dólares que se adeudaban a ciudadanos estadounidenses en compensación por los daños causados durante la Guerra de la Independencia mexicana y pagar además una cantidad variable entre 25 y 30 millones de dólares a cambio de los dos territorios reclamados. Sin embargo, las autoridades mexicanas ni eran proclives a ese trato ni estaban en disposición de negociarlo. Solo en aquel año, la Presidencia mexicana había cambiado de manos en cuatro ocasiones, el Ministerio de la Guerra en seis y el de Finanzas en 16. Además, la opinión pública y todas las facciones políticas coincidían en que vender esos territorios a Estados

Unidos mancillaría el honor patrio. Los mexicanos que se resistían a declarar la guerra a Estados Unidos, incluido el presidente José Joaquín de Herrera, eran vistos como traidores. Cuando este aceptó recibir a Slidell para negociar pacíficamente, fue inmediatamente depuesto, acusado de traición. La presencia de Slidell en México se consideró un insulto y el nuevo gobierno no solo se negó a negociar venta alguna sino que reafirmó su reclamación de Texas. Slidell, convencido, como el presidente Polk, de que México merecía un escarmiento, regresó a Washington.

Cuando meses después, el 13 de mayo de 1846, los Estados Unidos declararon la guerra a México, la noticia tardó en llegar a California casi dos meses. El cónsul estadounidense en México, Thomas O. Larkin, establecido en Monterrey, al oír rumores de guerra, trató de mantener la buena relación entre la colonia estadounidense y la pequeña guarnición mexicana en California.

En diciembre de 1845, el capitán estadounidense John Charles Frémont acababa de entrar en California con cerca de 60 hombres bien equipados y enseguida se había sumergido en las intrigas de la política local. Tras varios altercados con los lugareños, entró en contacto con una fuerza de inmigrantes ingleses y californios (ciudadanos hispano-mexicanos) que abogaban por una sublevación al estilo de la de Texas para obligar a que California pasara a manos estadounidenses. Tras dejar todo más o menos convenido, Frémont partió en un lento avance hacia Oregón, su destino declarado, pero pronto regresó al recibir noticias de que la guerra con México era inminente, por lo que, de acuerdo a las verdaderas órdenes que traía, organizó la revuelta californiana, que proclamó la República de California en la localidad de Sonoma.

Por su parte, el 7 de julio, el comodoro estadounidense John Drake Sloat (1781-1867), al tener noticia

El capitán John Charles Frémont, por entonces ya un héroe popular saltándose la escala de mando, proclamó unilateralmente la adhesión de la incipiente república de California a los Estados Unidos. Esto le costaría un juicio que causó sensación y en el que fue hallado culpable. Poco después, el presidente le indultó.

de la inminente guerra y de la revuelta independentista, ordenó a sus fuerzas ocupar la ciudad de Yerba Buena (hoy San Francisco) e izar allí la bandera estadounidense. El día 15, Sloat transfirió su mando al comodoro Robert Field Stockton (1795-1866), jefe militar mucho más agresivo que puso las fuerzas de Frémont bajo sus órdenes. Cuatro días después, el Batallón California de este ganó efectivos con la incorporación de unos 160 colonos recién llegados a Sacramento y entró en Monterrey en una operación conjunta con algunos marineros y marines de Stockton. El general mexicano José Castro y el gobernador Pío Pico se pusieron a salvo en el sur, en territorio leal. A la vez, el grueso de las fuerzas de Stockton, embarcadas en dirección sur hacia San Diego, se detuvo en San Pedro y despachó una pequeña fuerza de 50 marines hacia Los Ángeles, que tomaron sin resistencia. Ese día, 13 de agosto, la toma de control de California se dio por completada, casi sin derramamiento de sangre. Pero esa proclamación era algo prematura.

Stockton dejó una fuerza militar demasiado pequeña en Los Ángeles y, a finales de septiembre, los californios, por propia iniciativa y sin ayuda alguna de México, conducidos por José María Flores, forzaron a la guarnición estadounidense a retirarse. Los refuerzos enviados enseguida por Stockton fueron derrotados en la batalla de Rancho Domínguez, el 7 de octubre. Los vaqueros de los ranchos mexicanos, coordinados para defender sus tierras y luchando como Lanceros Californios, se convirtieron en una fuerza enemiga con la que los estadounidenses no habían contado.

Poco después, el general de brigada Stephen Watts Kearny (1794-1848) alcanzó California el 6 de diciembre de 1846 con un escuadrón de 139 dragones tras una extenuante travesía por Nuevo México, Arizona y el desierto de Sonora. Tras varias escaramuzas no muy positivas para los estadounidenses, los contingentes de

Una vez adherida California a la Unión, el flujo de inmigrantes se incrementó a gran ritmo. Y aun lo haría más, cuando se descubriera en sus ríos oro y se produjese la famosa Fiebre del Oro de 1848.

Kearny, Stockton y Frémont lograron reunir sus fuerzas y doblegar definitivamente a los californios en las decisivas batallas de Río San Gabriel y La Mesa.

En lo político, el primer y único presidente de la República de California, William B. Ide (1796-1852), fue depuesto unilateralmente por Frémont, quien proclamó la adhesión de California a la Unión y se autonombró gobernador militar, saltándose la escala de mando. Cuando el general Kearny, su superior, se logró reunir con él, ambos hombres sostuvieron un enfrentamiento y Frémont fue arrestado; tras ser enviado al Este, hubo de comparecer ante un consejo de guerra por insubordinación. El sensacional juicio dio aun más celebridad al explorador, quien, en protesta, renunció a su grado de oficial del ejército. El presidente le indultó en razón a sus méritos de guerra.

Frémont fue después senador por el estado de California y, en 1856, candidato a la presidencia de Estados Unidos del Partido Republicano, perdiendo en las elecciones ante James Buchanan. Prestó servicio en el ejército de la Unión en la Guerra de Secesión y, más tarde, fue gobernador territorial de Arizona, siempre dejando tras de sí una estela de controversia sobre su gestión y sus métodos. Murió en 1890 en la ciudad de Nueva York, a causa de una inesperada peritonitis. Para entonces nadie le recordaba y fue enterrado discretamente en un pequeño cementerio de las afueras de la ciudad. Más recordado era y es su guía habitual, Kit Carson, un genuino hombre de la Frontera.

Kit Carson, un hombre de la Frontera

Analfabeto, pero conocedor del inglés, el español y varios dialectos indios, Christopher "Kit" Carson (1809-1868) fue el prototipo del hombre de vida siempre al filo de la aventura en el mismo borde de las tierras salvajes.

Nacido en el condado de Madison, Kentucky, se crió en Franklin, Missouri. Al morir su padre cuando él tenía solo nueve años, tuvo que abandonar la escuela y ponerse a trabajar. A los catorce, era aprendiz en el taller de un fabricante de sillas de montar. Poco antes de cumplir los dieciséis, en 1826, se enroló en una caravana de pioneros con la que recorrió el Camino de Santa Fe. Después se estableció en Taos, Nuevo México, trabajando como cocinero, chico de los recados y reparador de arneses, para convivir después con los indios pueblo y, finalmente, unirse al trampero y explorador Matthew Kinkead, viejo amigo de su familia. A los diecinueve años se unió al tratante de pieles Ewing Young en una azarosa expedición por el desierto de Mojave hasta California, haciendo de trampero y demostrado que, pese a su corta estatura, era valiente, muy fuerte y no le asustaba combatir contra los temibles guerreros apaches. En 1831, a los veinticuatro años, acompañó a otro trampero, Thomas Fitz-

El explorador y guía Christopher “Kit” Carson (1809-1868) fue el prototipo del hombre de vida siempre al filo de la aventura en el mismo borde de las tierras salvajes.

gerald, hasta tierras de Wyoming, en las que viviría los ocho años siguientes, ejerciendo como cazador y también como explorador y guía, acompañando a cazadores de bisontes y, como es natural, sorteando toda clase de peligros en lucha contra los indios, las fieras, el hambre y las bajas temperaturas. Además se hizo un buen conocedor del mundo indígena y se familiarizó con varias lenguas: español, navajo, apache, cheyene, arapajoe, paiute, shoshón y ute. Por otra parte, cosa rara en aquellos tiempos, destacaba por sus hábitos aseados y por ser un hombre de palabra, alguien en quien siempre se podía confiar.

En 1842, Carson se encontró a bordo de un barco que surcaba el Missouri con John C. Frémont, que buscaba un guía para su primera expedición en que habría de reconocer y cartografiar las rutas occidentales que conducían al océano Pacífico. Durante los siguientes años, Carson guió a Frémont a Oregón y California, así como por buena parte de las montañas Rocosas centrales y de la Gran Cuenca. Sus muchas habilidades, narradas en los relatos publicados con gran éxito por Frémont a la vuelta de sus viajes, convirtieron rápidamente a Carson en un héroe nacional, descrito por la literatura popular, en su tono exagerado habitual, como un duro hombre de las montañas capaz de hazañas sobrehumanas. No obstante, algo de cierto había en ello.

Tampoco fueron aburridas sus aventuras conyugales. A los veintiséis años se casó con una india arapajoe, a la que ganó en un duelo sostenido con un trampero canadiense que también la pretendía. La mujer murió en su segundo parto. Tras enviudar, se casó con otra india, esta de la tribu de los cheyenes, que le abandonó a los pocos meses. En 1843, contrajo un tercer enlace con la mexicana María Josefa Jaramillo, de catorce años, que le daría otros seis hijos y con la que se aposentó en Taos como cowboy y ganadero. De su

La noción de un rico territorio abierto de par en par fue un atractivo irresistible para cualquiera que estuviera infectado con la fiebre de la búsqueda de la libertad, la aventura... y el enriquecimiento.

destreza da idea el hecho de haber arreado en cierta ocasión 6.000 reses desde Nuevo México a California.

Mientras tanto, su fama nacional siguió creciendo a medida que su nombre se fue relacionando con algunos de los hechos más notorios de la Conquista del Oeste. Aunque también con alguno de los menos lustrosos, como cuando encabezó con Frémont la completa aniquilación de una tribu de indios klamaths, al creer infundadamente que habían sido los causantes de la muerte de un trampero amigo personal suyo.

Al estallar la guerra contra México, Carson se hallaba en California, acompañando de nuevo a Frémont, con el que participó en la revuelta que condujo a la independencia e inmediata anexión de aquel territorio mexicano a los Estados Unidos. Semanas después, mientras se dirigía hacia Washington con un mensaje para el presidente —es decir, mientras recorría como si cualquier cosa el país casi de punta a punta—, se topó con el pequeño ejército comandado por el general Kearney que se dirigía precisamente a California para tomar posesión de ella. Carson deshizo su camino y les ayudó a llegar, lo que fue providencial, pues acababa de producirse una contrarrevolución mexicana.

El 6 de diciembre de 1846, esa fuerza, agotada por el viaje y corta de suministros, fue cercada en San Pascual por una milicia mexicana muy superior en número. Cuando todo parecía perdido, durante la tercera noche de asedio, Carson, un soldado y un explorador indio se escabulleron entre las líneas enemigas y corrieron hasta San Diego, a 40 kilómetros de distancia, para informar y solicitar ayuda urgente, que llegó a tiempo de revertir la situación.

Carson pasó los siguientes años llevando despachos al presidente James Polk a Washington. En 1854, al final de la guerra con México, tras pasar unos años en su rancho de Taos, fue nombrado agente indio para

IRONÍAS DEL DESTINO

En 1849, salió a la venta la primera de las muchas novelas baratas dedicadas a narrar las supuestas aventuras de Kit Carson, escrita por Charles Averill con el título Kit Carson: el príncipe de los cazadores de oro. En la novela, totalmente ficticia, Kit lograba rescatar a una chica secuestrada.

Curiosamente, Carson y el mayor William Grier encontraron poco después de su publicación un ejemplar de esta novela entre las pertenencias de la señora White, raptada por los apaches jicarillas durante su viaje por el camino de Santa Fe. Carson y Grier siguieron el rastro de los indios durante doce días y lograron dar con ellos. Kit era partidario de atacar inmediatamente y tratar de rescatar a la mujer, pero Grier prefirió intentar negociar con los indios. Sin embargo, éstos huyeron tras asesinar a la señora White. Entre sus pertenencias abandonadas, Carson encontró la novela dedicada a sus supuestas aventuras en la que se narraba su milagroso rescate de una blanca secuestrada. Triste ironía del destino.

los utes y los apaches, puesto que abandonó al estallar la Guerra de Secesión, en la que participó al mando de un regimiento de voluntarios de Nuevo México que protagonizó no pocas acciones destacadas.

A pesar de su carencia de prejuicios raciales, confirmada por sucesivos matrimonios mixtos, Carson descubrió una crepuscular inquina contra las tribus que le hizo ser autor de un innoble episodio: la ejecución de 50 indios navajos, incluidos mujeres y niños, en concepto de represalia. A partir de 1863, dirigió una brutal guerra de acoso contra esta tribu, marchando hasta el corazón de su territorio para destruir sus cosechas, sus huertos y su ganado, lo que les dejó indefensos ante el ejército, pero también ante sus tradicionales enemigos: utes, pueblos, hopis y zuñís. En 1864, la mayor parte de los navajos se rindieron a Carson, que forzó a más de 8.000 de ellos a emprender lo que los indios llamaron "La Larga Marcha" de casi 650 kilómetros desde Arizona a Fort Sumner, Nuevo México, donde permanecieron confinados hasta 1868. Por estos y otros similares méritos, Carson fue ascendido en 1865 a general de brigada y recibió varias condecoraciones.

En el verano de 1866, tras vender su rancho, se mudó a Colorado, donde tomó el mando de Fort Garland, pero hubo de renunciar al año siguiente por problemas de salud. Se estableció en Boggsville, Colorado, y murió en las cercanías de Fort Lyons el 23 de mayo de 1868. Para entonces, la leyenda ya había superado al propio personaje y no dejó de crecer con los años gracias a un sinnúmero de novelas, poemas, películas, programas de televisión y hasta cómics dedicados a sus supuestas hazañas. Estas narraciones le solían representar como una figura heroica capaz de matar a dos osos y una docena de indios antes del desayuno. Exageraciones aparte, la vida de Kit Carson daría para muchos relatos, no todos laudatorios, pero sí increíblemente verídicos.

EL GRAN VIAJE

Durante los primeros años del siglo XIX, el vasto territorio al oeste del Mississippi era para la imaginación del Este un atractivo escenario soñado. Según se contaba, allí el oro salía literalmente del suelo, montañas de cristal rosáceo cubrían el cielo y los ríos fluían entre acantilados pavimentados con gemas. La noción de un rico territorio abierto de par en par fue un atractivo irresistible para cualquiera que estuviera infectado

A mitad de siglo XIX, los exploradores, pioneros y colonos habían desinflado la burbuja de fantasía popular.

con la fiebre de la búsqueda de la libertad, la aventura... y el enriquecimiento.

Sin embargo, a mitad de siglo, los exploradores, pioneros y colonos habían desinflado la burbuja de fantasía popular. El "país abierto de par en par" era, en la práctica, el hogar de muchas culturas indígenas muy bien arraigadas, y la tierra en sí representaba un sobrecogedor desafío. Para alcanzar los verdes bosques del Noroeste y los fértiles valles de California primero se tenía que sobrevivir a las llanuras aparentemente sin fin, al calcinado desierto y a la formidable muralla de las montañas. Pero, aun así, los primeros viajes revelaron una verdad con claroscuros, pero mucho más gratificante.

Por entonces, los expansionistas norteamericanos, liderados por el presidente Polk, incitaban a la violencia en todas partes del continente en que los intereses de Estados Unidos chocaban con los de sus rivales. Polk, que quería apropiarse de Texas, California y todo el territorio intermedio, dejó claras sus intenciones: los

Los colonos podían elegir destino dentro de un país que abarcaba de océano a océano. Y lo hicieron. Casi todos, de momento, escogieron la Senda de Oregón y se dirigieron hacia las ubérrimas tierras de la costa norte del Pacífico.

estadounidenses nunca podrían convivir en paz con los mexicanos "hasta que les hayamos dado una buena paliza", dijo textualmente. Texas fue anexionada y un choque militar provocado cerca del río Grande dio la excusa para que la paliza prometida se iniciase en mayo de 1846. Coincidentemente, en junio de ese mismo año, los británicos habían mostrado su acuerdo en conceder a los Estados Unidos el territorio de Oregón por debajo del paralelo 49; solo la guerra con México había impedido a Polk seguir insistiendo en situar la frontera cerca de 550 kilómetros más al norte. Poco después, la victoria contra México produjo la anexión de todo el Sudoeste, California y la Gran Cuenca. De ese modo, el mapa de los Estados Unidos, casi tal y como hoy lo conocemos, se había completando. Los colonos podían elegir destino dentro de un país que, por fin, abarcaba de océano a océano. Y lo hicieron. Casi todos, de momento, escogieron la Senda de Oregón y se dirigieron hacia las ubérrimas tierras de la costa norte del Pacífico.

La gran aventura nacía en cualquier parte del ya superpoblado Este: en los barrios deprimidos de las ciudades, en las zonas rurales de la ladera oeste de los Apalaches, en las zonas artesanas o fabriles del Medio Oeste y, sobre todo, en los guetos de inmigrantes recién llegados de las grandes ciudades portuarias de la Costa Este. En esos lugares, o en cualquier otro de los muchos posibles, tras semanas o meses de darles vueltas y más vueltas a las escasas oportunidades de salir adelante, una familia decidía dar un giro radical a su vida y ponerse en camino hacia el Lejano Oeste, hacia alguna de las tierras prometidas anunciadas al otro lado del continente. Ya decidida, la familia recogía sus escasas pertenencias y buscaba el modo de atravesar la barrera de los Apalaches y de llegar cuanto antes, aunque fuera andando, a alguna de las ciudades de las riberas del río Missouri, donde estaban todos los "puertos de embarque" del Gran Viaje, la Gran Marcha hacia el Lejano Oeste. Un destino del que sabían tan poco como de las dificultades y los retos del camino. Solo conocían algunas leyendas.

Se decía, por ejemplo, que la nieve no existía en los valles dorados de California; que la tierra negra de Oregón no tenía fondo, que allí las mejores carreteras eran los plácidos e inmensos ríos que surcaban la región por doquier y que ningún bosque bloqueaba el camino de los emigrantes. Luego se demostraría que esa ignorancia de partida permitió que los colonos superasen todo tipo de graves dificultades que, caso de haber conocido de antemano, les hubieran aconsejado no partir. Pero muchos de ellos eran o habían sido granjeros y, por tanto, estaban acostumbrados a enfrentarse con las dificultades climáticas y sabían manejar carretas, ganado, rifles y hachas. Por encima de todo, era gente inquieta a la que le gustaba tentar la fortuna. Unos lo habían demostrado con sus anteriores intentos colonizadores; otros, emigrando a Estados Unidos.

Habían oído el canto de sirena de las inmensas riquezas sin reclamar que les esperaban en el Lejano Oeste y habían comprendido que ese canto iba dirigido específicamente a ellos. Desde su punto de vista, era como si la misma tierra les empujara hacia el Oeste.

La propaganda y los primeros relatos de viajes al Oeste florecían en periódicos, panfletos y guías del emigrante y fueron creando una especie de "fiebre de Oregón". El territorio era visto como una tierra de promisión, donde todo era más grande y mejor y donde la gente podría progresar fácilmente. El gobierno consiguió que la expectativa fuese incluso más apetecible ofreciendo a los colonos una milla cuadrada de tierra de Oregón a precio de ganga. Pero, a medida que los emigrantes se iban acercando por tierra, iban perdiendo muchas de sus expectativas.

De entrada, tras llegar hasta el Missouri, el siguiente reto era lograr enrolarse en alguna de las caravanas que desde allí partían hacia el Lejano Oeste. Había que encontrar sitio, ponerse de acuerdo con otros expedicionarios y, una vez reunidos, consumir los ahorros, que para muchos eran los últimos, en conseguir si era posible bestias de tiro, preferentemente bueyes o mulas, proveerse de una carreta, agenciarse víveres y pienso para los animales y, sobre todo, acumular todo el valor que fuera posible antes de iniciar la gran aventura de sus vidas. Todo dependía de su valor y de los aproximadamente 100 dólares mínimos que costaba hacerse con todo lo necesario.

En 1830, el traficante de pieles William Sublette (1799-1845) fue el primero en adoptar la carreta como vehículo de transporte en el comercio de pieles. Como hombre de negocios, hacia tiempo que se había dado cuenta de que un caballo puede arrastrar mucho más peso que el que puede cargar directamente en sus lomos. Sin embargo, en los territorios en que no existían caminos, las carretas causaban innumerables problemas y los traficantes, que lo sabían, eran muy reacios a usarlas. El primero en hacer pasar una caravana de carretas por la Divisoria Continental fue un recién llegado al negocio, el capitán Benjamin L. Bonneville (1795-1878), que poseía una considerable astucia y le gustaba ponerla en práctica. Consiguió una licencia del ejército y, con ayuda económica de financieros del Este, incluido John Jacob Astor, cargó de productos comerciales 20 carretas y partió hacia el Oeste en 1832. Tras cruzar las Rocosas por el South Pass, llegó al río Verde. Le faltaban otros 1.300 kilómetros para llegar al Pacífico, pero había abierto el camino.

Coincidiendo con la gran migración de 1843, la carreta jugaba un papel principal en la marcha hacia el Oeste. Enseguida se probaron diversos modelos pero, al final, el más utilizado sería, sin duda alguna, el modelo Conestoga.

LAS "GOLETAS DE LAS PRADERAS"

La primera carreta Conestoga había aparecido en Penssilvania alrededor de 1725, se cree que introducida por los menonitas alemanes asentados en esa zona. Su nombre recordaba el de un valle de la región. En tiempos coloniales, fue muy popular entre los emigrantes que, camino del sur, atravesaban el valle de los Grandes Apalaches. Tras la Revolución norteamericana, se utilizó en el comercio con Pittsburgh y Ohio.

Se trataba de una carreta pesada de madera con refuerzos de hierro —aunque escasos para no aumentar en exceso el peso de la carreta—, que contaba con ruedas anchas de madera también reforzada. Era tirada por yuntas de cuatro a ocho mulas (pocas

La carreta Conestoga era un modelo pesado de madera con refuerzos de hierro —aunque escasos para no aumentar en exceso el peso de la carreta—, que contaba con ruedas anchas de madera también reforzada.

veces caballos) o de cuatro a seis bueyes. El animal más popular entre los emigrantes era el buey, más barato, más fuerte y más dócil que los caballos y las mulas. También era menos susceptible de ser robado por los indios y, llegados a destino, también sería más útil en la granja. Los bueyes resistían mejor la escasez de pasto y no solían salirse del camino. Pero su principal ventaja fue siempre su precio: un buey solía costar unos 25 dólares, mientras que una mula subía hasta los 75.

Para favorecer su gobernabilidad y para compensar la dureza y la inclinación de los caminos de montaña, las ruedas delanteras de la carreta eran unos centímetros más pequeñas de diámetro que las traseras. Además, su forma de barco hacía que la carga volcara su peso más hacia el centro que hacia los lados o los extremos, lo que impedía cualquier inesperado cambio del centro de gravedad. Para proteger a sus ocupantes del sol y la lluvia llevaba un techo de lona impermeabilizada con aceite de linaza y que cubría toda la longitud de la carreta extendido sobre una estructura de resistentes costillas combadas.

La carreta solía viajar a un promedio de tres o cuatro kilómetros a la hora, totalizando por lo común unos 15 o 20 cada día. Esto hacía que, con buen tiempo, el viaje completo desde Missouri a California u Oregón durase unos cinco meses. Pero si el tiempo era malo, ese plazo de incrementaba unas cuantas semanas. Era raro que las carretas dispusiesen de suspensión, pero tampoco suponía eso un problema mayor, pues los viajeros viajaban más o menos cómodos a tan baja velocidad. Tampoco solían contar con frenos, lo que causaba serios problemas en los tramos cuesta abajo. Una solución era utilizar cadenas para bloquear al menos una rueda. Otra estrategia era talar un árbol y encadenarlo a la carreta para que hiciese de contrapeso.

Cuando la expedición se detenía, las carretas, sin tiro, eran engarzadas unas con otras, formando un círculo cerrado o "corral", en cuyo interior era más fácil mantener agrupados y tranquilos a los animales y también protegerse contra cualquier ataque de los indios o de los bandidos.

Este modelo de carromato fue el predominante en el Camino de Santa Fe durante el periodo 1820-1840 y también fue utilizado por los miles de emigrantes que viajaron hacia el Oeste siguiendo las Sendas de Oregón y California. Dado que podía transportar mucho más peso que los animales de carga y que era más fácil de defender ante los ataques de los indios o los salteadores de caminos, pronto se convirtió en el vehículo favorito de los transportistas. Al verlas en movimiento por las ondulaciones del terreno, silueteadas contra el cielo, su apariencia recordaba a la de un barco que surcara el mar. Por esta razón, enseguida fueron llamadas popularmente "goletas de la pradera".

Al ver a las carretas en movimiento por las ondulaciones del terreno, silueteadas contra el cielo, su apariencia recordaba a la de un barco que surcara el mar. Por esta razón, enseguida fueron llamadas popularmente "goletas de la pradera".

Los últimos preparativos

Como es natural, había gente que no precisaba ir al Oeste para hacer fortuna. Eran los proveedores del material rodante, de las acémilas y de los víveres, que especulaban con los precios, sondeaban a los pioneros y les cobraban en función de sus posibilidades, hasta dejarlos exhaustos. También les vendían la *Guía del emigrante a Oregón y a California* de Hastings, rica en detalles, ya que el autor había sido pionero y era buen conocedor de las rutas al Oeste. Algunos charlatanes vendían jarabes contra el mareo, árnica para los golpes y ungüentos contra el reuma.

A veces, el logro de un puesto en la caravana obligaba a desprenderse de las últimas y más amadas pertenencias: muebles y enseres heredados, instrumentos musicales, alguna última joya... El carromato se cargaba finalmente con lo indispensable, los víveres (tocino, alubias, harina, sal, galletas, azúcar, café...), un hornillo, los cacharros de cocina, el cofre con la ropa y las mantas y, por supuesto, un arma, usualmente una carabina Sharp, que los más opulentos cambiarían más tarde por una Spencer de repetición.

La ansiosa espera de los últimos días se consumía en el estudio de los itinerarios, la designación de los mayorales y la contratación del jefe de caravana, generalmente un antiguo trampero. Hecha la elección, y no siempre había muchos candidatos, toda la caravana había de acatarlo como única autoridad. El reclutamiento de unos ayudantes completaba el equipo en cuyas manos depositaban su destino gentes que, como el jugador que confía todas sus últimas monedas en la apuesta definitiva, lo habían hipotecado todo para este viaje.

Una vez cargadas y listas las carretas, reunidos los animales y razonablemente organizados los emigrantes, el jefe de caravana, ordenaba por fin la alineación de los vehículos y daba la señal de partida, lo que solía ocurrir entre finales de abril y junio. La fecha concreta era escogida con mucho cuidado. Si se comenzaba el viaje demasiado pronto, podría no haber suficiente pasto en las praderas para mantener al ganado y los animales de tiro sanos y fuertes. Pero si se esperaba demasiado, se corría el riesgo de quedar atrapados en las primeras tormentas de nieve de las montañas.

Los integrantes de una caravana podían llegar hasta 1.000, acomodados bien o mal, más bien mal, en carros que podían pasar del centenar. Un ruido infernal acompañaba al traqueteante rodar de las carretas, que seguían un sendero marcado por las roderas grabadas por las caravanas precedentes.

Las personas que marchaban en pos de una nueva vida formaban un microcosmos en el que se descubría la fortaleza de los lazos familiares. Desde ancianos a quienes sus hijos se habían negado a abandonar, hasta niños de pecho para quienes los padres habían adivinado un futuro mejor en las tierras a conquistar. Tanto unos como otros eran quienes peor soportaban la dureza del viaje.

Algunos, ante lo atestado de su carromato, seguían la marcha a pie, turnándose en el derecho a viajar sentado. Las comidas se hacían sobre la marcha, reservándose la parada a las horas nocturnas para dar descanso a las bestias. Era ese el momento de hacer hogueras donde calentar la comida y donde hacer un abominable café, bebido en cazo. Había que montar guardias, ordenando los carromatos en círculo para custodiar mejor la integridad de las personas, pero también de los ajuares que eran todas las posesiones de aquellas resueltas familias.

Una vez en ruta, las jornadas se sucedían monótona, cansinamente y, en el caso más feliz, sin incidentes. Transcurrido un tiempo desde la partida, ciertos signos observados al margen de la ruta ponían un punto de temor y sobrecogimiento en el ánimo de los viajeros. Eran los enseres abandonados y dispersos como recuerdos de una caravana atacada. Era la chatarra de alguna goleta abandonada, rota por una avería irreparable. Era, en fin, la aparición de las primeras tumbas donde reposaban los que se habían mostrado demasiado débiles para arrostrar la dureza del viaje. A veces, las tumbas se repetían con patética regularidad, señalando los casos en que un brote de tifus o cólera, o de cualquier otra enfermedad infecciosa, se había abatido sobre los expedicionarios.

La monotonía la rompían los encuentros con los indios. Si éstos, como solía pasar —al menos en la década de los cuarenta—, eran pacíficos, su presencia se debía al deseo de intercambiar pieles por café o whisky, o de vender mocasines a los caravaneros, o incluso de ofrecerse como guías. Aun así, las caravanas tomaban sus precauciones. A cada parada, las carretas se cerraban en círculo, estrategia que solía disuadir a los indios de cualquier veleidad belicosa, pues ello solía acarrearles muchas bajas. No ocurría igual con los grupos rezagados o pequeños. No obstante, se ha estimado que antes de la Fiebre del Oro de 1849, que todo lo cambió, solo 34 blancos y unos 25 indios murieron en enfrentamientos ocurridos en la Senda de Oregón. Después, en la década de 1850, las relaciones entre colonos e indios se fueron estropeando progresivamente.

Pero mucho más preocupante que, de momento, los posibles ataques de los indios eran los continuos accidentes y las enfermedades que se abatían sobre los emigrantes. Poco se sabía por entonces de salud y sanidad, y aún no existían vacunas ni fármacos eficaces contra las muchas enfermedades que, esas sí, atacaban a los viajeros. Además, éstos eran proclives a automedicarse con grandes cantidades de medicinas al primer signo de enfermedad, partiendo de la vieja premisa errónea de que cuanto mayor la dosis, más rápida será la recuperación. Muchos murieron de sobredosis, especialmente de láudano. No obstante, la más frecuente causa de muerte fue, desde luego, el cólera.

En cualquier caso, la marcha debía mantener un ritmo acompasado y constante, porque sobre los rezagados podría caer el ataque sobre seguro de un grupo de indios tentados por la facilidad o de un grupo de malhechores, los primeros bandoleros aparecidos al socaire del éxodo, los adelantados de un bandidaje sobre el que el territorio se mostraría pronto generoso en ejemplos.

En aquella sociedad ambulante, las mujeres eran el pilar que mantenía ciertas formas civilizadas y ayudaba a la supervivencia. Ellas cuidaban de los niños y los ancianos, preparaban las comidas y aprovechaban las paradas junto a un río para que las prendas de vestir mantuvieran una mínima limpieza. De noche, no perdían de vista a sus hombres, no fuera a ser que alguno de los expedicionarios, diestro con los naipes, desplumara a algún incauto. Los varones se refugiaban en su papel de vigilantes o de cazadores cuando algún alce o bisonte se ponía a tiro.

Cada mañana, la caravana reemprendía la marcha sobre un terreno virgen, sin ley ni orden. Si surgía una pendencia o se producía un robo, tocaba al líder practicar justicia, con la colaboración de sus ayudantes, y siempre expeditiva pues la disciplina no podía relajarse en aquel grupo humano cuyos únicos lazos, precarios y firmes a la vez, eran la solidaridad frente a lo desconocido.

Esa misma solidaridad que daba también sus frutos en forma de idilios surgidos entre los chicos y las chicas célibes embarcados en la aventura, que se facilitaban cuando el buen tiempo y alguna efeméride animaban a celebrar una fiesta en el interior del círculo formado por las carretas. Pero el día a día daba para pocas fiestas.

Vida cotidiana en una caravana de colonos

La jornada cotidiana comenzaba a eso de las cuatro de la mañana, cuando los centinelas disparaban sus rifles para despertar al campamento. Mientras unos uncían los bueyes, otros apagaban las hogueras que durante la noche habían alumbrado el círculo de carretas. De cinco a siete de la mañana, la actividad en el campamento era febril: aseo, desayuno, enganche de los bueyes, recogida de las tiendas, recarga de las carretas... A las siete en punto sonaba la corneta y la caravana se ponía en marcha.

Ya en camino, las mujeres y los niños solían caminar por los laterales del camino, charlando. Los muchachos mayores, a caballo, se encargaban de vigilar que los animales no se alejaran demasiado y, en caso contrario, de traerlos de vuelta a la caravana.

Si a mediodía se paraba para comer, se soltaba a los bueyes para que pudieran pacer y descansar, pero sin quitarles el yugo. Era también el momento en que los jefes de caravana juzgaban los litigios y delitos ocurridos desde el día anterior. Los acusados, caso de ser hallados culpables, recibían sentencias acordes a la naturaleza de su delito, pero siempre duras e inapelables, para mantener la disciplina.

A la una en punto, la corneta volvía a sonar y las carretas reanudaban la marcha, que ya no se interrumpía hasta el final de la jornada. Cuando la caravana llegaba al lugar elegido por el guía para acampar esa noche, se formaba el círculo cerrado de las carretas y se hacían todos los preparativos necesarios para pasar la noche: se llevaba al ganado a pastar, se montaban las tiendas de campaña, se encendían las hogueras y se hacía la cena. Quizás, algunos cazadores iban a probar su suerte con los búfalos o los antílopes. Si era buena, la cosa se celebraba, pues a nadie le molestaba darse un festín.

Tras la cena, los niños jugaban, los mayores se reunían en grupos y charlaban, a menudo de sus planes y sus sueños para cuando llegasen al final del viaje. La gente joven bailaba a los sones de un violín o de un acordeón inesperados, mientras otros preferían cantar sus melodías o sus himnos favoritos. El resto miraba y escuchaba. Muy pronto, el Gran Viaje tendría sus propias melodías favoritas, como "Joe Bowers" o "Sweet Betsey from Pike", que pronto se integrarían en el naciente folclore de los Estados Unidos. Esas eran las horas en que, olvidándose de los cuerpos cansados, las mentes echaban a volar a la tenue luz de las hogueras del campamento. Además, estaba el whisky como mágico recurso al que recurrir en la lucha contra el frío, la nostalgia y el temor. Fuente de energía y de diversión pero también de pendencias, engendradas por la tensión de los días sin fin y de la obligada convivencia, creadora de antipatías y envidias.

Los turnos de guardia duraban entre las ocho de la noche y las cuatro de la madrugada. Lo normal era formar varios equipos, que se iban turnando, una noche cada uno, según su número. Se dejaba que los fuegos se atenuaran y todo el mundo se iba a dormir. Unos lo hacían en tiendas, otros en las carretas, pero nunca faltaba quien lo hiciera en el suelo, bajo las estrellas. El cansancio acumulado hacia que las noches de todos fuesen plácidas, solo molestadas, tal vez, por el lejano aullido de un coyote, por los desafiantes ladridos de los perritos de las praderas o por el estruendo de una tormenta.

A las dos semanas de la partida, aproximadamente, la caravana abordaba el río Platte, con sus riberas, de fauna abundante en los primeros tiempos y escasa después. Al principio de la década de 1840, todavía podían observarse antílopes, linces, coyotes y hasta osos negros y pardos. Los bisontes, muy numerosos, eran pieza deseable porque su caza era presagio de un buen asado. Aún no avanzado el verano, las praderas estaban exuberantes de hierba y flores silvestres. A pesar de las ocasionales tormentas eléctricas, el tiempo en aquel tramo inicial del viaje era por regla general plácido. Por tanto, era el momento adecuado para que los emigrantes poco duchos fueran aprendiendo el arte de conducir una carreta.

El paisaje iba descubriendo ante los viajeros toda la variedad de la naturaleza que se habían propuesto conquistar. A la pradera monótona en su verdor sucedía el bosque de álamos, y a este, el terreno escarpado cuyos vaivenes ponían a prueba la destreza de los que llevaban las riendas y la solidez de los carromatos.

El cruce del Platte dependía del caudal. En el mejor de los casos se podía vadear sin riesgo; en el peor, era necesario atalajar bien las bestias, reforzar el tiro y convertir los carromatos en balsas con ayuda de unos troncos, quitándoles previamente las ruedas e impermeabilizándolos con pieles de búfalo. Pero no siempre el hombre podía con el caudal. El espectáculo de una carreta arrastrada por la corriente y unas bestias en trance de ser engullidas por el agua dejaba al resto de la caravana hundido en su moral y consumido por los peores presagios.

Una vez cruzado el río Platte, se atravesaba una meseta de unos 35 kilómetros y la caravana afrontaba una peligrosa bajada hacia lo que, después de tanta pradera, parecía un oasis: Ash Hollow, una cañada boscosa llena de arroyos primaverales y de sombra. Tras recorrerla, las carretas se encaminaban a los bancos de arena del North Platte. Mientras a lo lejos se dibujaban las nieves eternas de las montañas Laramie, en primer plano, una serie de extrañas formaciones rocosas de formas caprichosas y tamaños considerables captaban la atención de los viajeros durante muchos kilómetros.

Mes y medio después de haber dejado el Missouri, la caravana llegaba a Fort Laramie, un antiguo puesto comercial situado en lo que hoy es el sudeste de Wyoming. El fuerte, escala obligada de las caravanas, había adquirido vida propia y, a su condición de plaza apta para el mercadeo de pieles, unía ahora la presencia de un herrero a quien recurrir para reparar un carromato deteriorado o para herrar un mulo. Había también tiendas donde adquirir salazones, cereales o café. Y una cantina donde refrescarse con zarzaparrilla o templarse con un whisky de centeno. También pululaban por allí indios crows ofreciendo mantas. Pero la parada no podía prolongarse demasiado: quedaban 2.000 kilómetros por delante y lo peor estaba aún por llegar.

Cuando se iniciaba la ascensión de las Rocosas, los viajeros se daban cuenta de la magnitud de la aventura que habían emprendido. El empinado y pedregoso camino ponía a prueba a los animales y los carros.

Una vez en ruta la caravana de emigrantes, las jornadas se sucedían monótona, cansinamente y, en el caso más feliz, sin incidentes.

Mientras se bordeaban las alturas, cualquier error significaba precipitarse al vacío, el adiós a todo. Los cocheros eran puestos a prueba en su habilidad para sacar partido del tiro, de unos animales a menudo tan espantados como sus dueños y tan exhaustos como la paciencia de sus conductores. Más de una vez, el exceso de carga obligaba a arrojar por el terraplén los restos del ajuar, aquello que cincuenta días se había juzgado imprescindible, pero que ahora había que arrojar al vacío, pues era cuestión de vida o muerte.

De Independence Rock, jalón que marcaba el comienzo de la subida a las Rocosas, hasta South Pass, la caravana podía tardar días o semanas. Todo dependía del tiempo, de las brumas espesas que envolvían las alturas y dejaban sin visibilidad, obligando a detenerse porque cualquier paso en falso era un riesgo o, por el contrario, del cielo nítido que facilitaba la marcha y permitía contemplar la majestuosidad de la imponente naturaleza. En South Pass se iniciaba el descenso, en el que los arbustos o ramajes obligaban, en ocasiones, a abrirse paso a golpes de hacha.

El haber pasado las Rocosas envalentonaba, hacía creer que lo peor había pasado y algunos guías sufrieron trágicos errores intentando acortar camino, obsesionados por llegar cuanto antes a las riberas del río Columbia. Eso, por ejemplo, le ocurrió al ex trampero Joseph L. Meek (1810-1875), que, en 1845, condujo a 200 familias por una antigua senda india al sur del Columbia y, en vez de reducir trayecto, provocó un retraso de dos meses en la llegada de la caravana. El coste fue que, agotadas las provisiones, 75 personas murieron de hambre.

Algo parecido aconteció en 1846, cuando un grupo comandado por el guía George Donner (1784-1847) tomó un sendero que aparecía en la guía de Hastings y que supuestamente conducía a California a través de la Gran Cuenca. Atrapados entre las nieves, casi la mitad de los 87 colonos perdió la vida a causa del hambre y el agotamiento. Los demás sobrevivieron gracias a convertir a sus desgraciados compañeros en alimento.

Superado el South Pass, los viajeros celebraban alborozados su llegada al Territorio de Oregón. Pero la alegría era engañosa. Pocos de ellos podían suponer las dificultades que aún les quedaban por afrontar en los cientos de kilómetros que aún tenían por delante hasta alcanzar su destino final.

Tras descansar brevemente en Pacific Springs, la caravana se dirigía inmediatamente hacia Fort Bridger, para llegar, una semana después, a Soda Springs, donde los colonos se podían dar el lujo de beber sus aguas carbonatadas, que muchos disfrutaban, a esas alturas, como si fuesen cerveza. Unos 90 kilómetros más adelante, la caravana llegaba a Fort Hall, otro puesto de avituallamiento de la Hudson's Bay Company, donde muchas se dividían en dos grupos; de una parte, los que se dirigían a California; de otra, los que continuaban hasta Oregón. Los agentes de la compañía británica de pieles les animaban a seguir la ruta de California con la intención de desalentar la llegada masiva de inmigrantes estadounidenses a aquel territorio aún en litigio entre ambos países. Pero sus advertencias sobre los peligrosos ríos, los indios hostiles, la escasez de alimentos y las tormentas de nieve, además de interesados, eran también veraces. Algo así les esperaba a los colonos que continuaran viaje hacia Oregón; pero tampoco eran más halagüeñas las expectativas de los que eligieran California.

Dejado atrás Fort Bridger, la senda continuaba durante casi 500 kilómetros bordeando las lindes de los cañones de lava del río Snake. Las carretas luchaban con caminos plagados de rocas y de raíces que hacían muy penosa la marcha. Y, por dos veces, se tenían que arriesgar a cruzar las peligrosas aguas del Snake. Continuando viaje, las carretas llegaban a través del cañón Quemado al actual estado de Oregón, bordeaban luego los traicioneros pantanos del río Grande Ronde y, finalmente, ascendían las suaves pendientes de los gélidos bosques perennes de las montañas Azules, lo cual no era nada sencillo, pues había que ir talando árboles lo suficientemente a ras del suelo para que las carretas pudiesen pasar por encima sin tropezar con los tocones.

A finales de octubre, si todo había ido bien, superada esta enésima prueba, se llegaba por fin a Fort Walla Walla, a orillas del río Columbia. Allí se planteaba la disyuntiva de prolongar la marcha terrestre (400 kilómetros más a través de las montañas Cascadas hasta llegar al valle Willamette) o embarcarse en balsas indias (370 kilómetros río Columbia abajo, rápidos incluidos). Los que tenían más osadía y menos equipaje se decidían por la navegación. A ella recurrían también los impacientes, los que creían que unos días de adelanto podían ser decisivos a la hora de escoger una parcela.

Los que alcanzaban finalmente su destino último, se enfrentaban con el momento solemne de buscar un terreno cercano al puesto, no alejado en lo posible de las misiones católicas y protestantes habían montado al amparo de la American Fur Trade o de la Hudson's Bay. El terreno podía ser boscoso (pinos, abetos, alerces, cipreses) o de praderas de maleza intrincada. En cualquier caso, el hacha era un utensilio sin el cual resultaba imposible entrar en posesión de la más ínfima porción de tierra. Había que talar sin descanso pensando en que cada tronco debía servir de material de construcción para el futuro hogar y, el resto, de leña para la invernada. Había que proveerse de alimentos mediante la caza y, en todo caso, el emigrante debía ponerse a bien con el tendero del puesto más cercano para adquirir, la mayor parte de las veces a crédito, los elementos más indispensables con que acondicionarse un refugio y el entorno más próximo.

Así comenzaba la vida de cada uno de los aproximadamente 350.000 colonos que llegaron hasta 1866, en que dejó de utilizarse la Senda de Oregón, sin duda la más famosa y la más peligrosa, pero también la más gratificante, de todas las que utilizaron los emigrantes en su avance hacia el Lejano Oeste.

Conquistados así aquellos territorios, quedaba solo, y no era poco, colonizar lo adquirido y descubrir cómo era realmente la vasta región interior de Norteamérica, hasta entonces olvidada y tenida por un improductivo territorio extremadamente árido e inhóspito, conocido por entonces de manera simplista como el "Gran Desierto Americano", que escondía muchas sorpresas.

5

LA QUIMERA DEL ORO

Toda América yace al final del camino del desierto, y nuestro pasado no es un pasado muerto sino que vive todavía en nosotros. Nuestros antepasados tenían la civilización dentro de ellos mismos, la naturaleza fuera. Vivimos en la civilización que ellos crearon, pero dentro de nosotros el desierto persiste todavía. Lo que ellos soñaron, lo vivimos nosotros, y lo que ellos vivieron, nosotros lo soñamos.

Thomas K. Whipple, *Study Out the Land* (1943).

EL "GRAN DESIERTO AMERICANO"

Entre las franjas litorales colonizadas de las costas Este y Oeste, y dejando aparte el pujante Sudoeste, en el mapa completo de unos Estados Unidos ya definitivamente extendidos a todo lo ancho del subcontinente quedaba un inmenso espacio en blanco central de miles y miles de kilómetros cuadrados ignotos en los que, según todos los informes anteriores, a los posibles colonos solo les esperaban áridos desiertos, páramos yermos y desarbolados y planicies resecas. Una región de la que Zebulon Pike, uno de sus primeros exploradores, dijo en 1810: "Estas vastas llanuras del hemisferio occidental pueden llegar a ser con el tiempo tan famosas como los desiertos arenosos de África". Su mapa de la región incluyó una reveladora nota al margen: "Ni una astilla de madera". En 1823, Stephen Long, un topógrafo del gobierno que lideró la siguiente expedición cartográfica oficial, produjo

Cuando la expedición se detenía, las carretas, sin tiro, eran engarzadas unas con otras, formando un círculo cerrado o "corral", en cuyo interior era más fácil mantener agrupados y tranquilos a los animales y también protegerse contra cualquier ataque de los indios o de los bandidos.

un mapa en el que etiquetó el área como "Gran Desierto Americano". En el informe adjunto, el geógrafo de la expedición, Edwin James, afirmó: "No tengo dudas en dar la opinión de que es casi por completo inútil para los cultivos y, por supuesto, inhabitable para personas cuya subsistencia depende de la agricultura. Aunque es posible encontrarse ocasionalmente con extensiones de tierra fértil, la escasez de madera y de agua, casi uniforme, se harán un obstáculo insuperable en la colonización de la región".

Aunque las Grandes Llanuras no eran un desierto en el sentido convencional, lo cierto es que la región, por lo general, estaba formada por praderas y estepas semiáridas. Pero esa no era toda la verdad geográfica. Por esas inmensas llanuras se movían, pastaban y bebían libremente interminables manadas de millones de bisontes y, a su alrededor, bullía la vida salvaje, así como numerosas tribus indígenas. La aridez era cierta, pero también había infini-

Cada noche, tras la cena, mientras los niños jugaban, los mayores se reunían en grupos y charlaban, a menudo de sus planes y sus sueños para cuando llegasen al final del viaje.

tos prados, sierras de nieves eternas y grandes arboledas de coníferas que descubrían una naturaleza salvaje en la que las ardillas se movían de árbol en árbol y los castores abundaban en las limpias orillas fluviales y lacustres, mientras los pumas imponían su soberbia fiereza. La espina dorsal de este vastísimo territorio eran las montañas Rocosas, desde cuyas inaccesibles alturas de roca pelada y desde la angostura de cuyos desfiladeros era factible contemplar la fertilidad de los valles y el perenne discurrir fluvial.

Y había más. En el subsuelo de la mayor parte de las Grandes Llanuras del centro de Norteamérica se extiende el Ogallala, un enorme acuífero que abarca una superficie de aproximadamente 500.000 km^2, que va, a través de ocho estados, desde el norte de Texas hasta Nebraska y Dakota del Sur. En la segunda mitad del siglo XIX, ese enorme depósito de agua fósil, tan grande como España, permitiría irrigar grandes zonas de esos ocho estados.

Pero, en definitiva, lo importante no era si la región era o no arenosa, sino si podría o no ser colonizada. Los informes solían coincidir en que no. A mediados del siglo XIX, a medida que los colonos emigraban a través de ella hacia Oregón y California, se fue viendo que aquella "inmensidad arenosa" no existía, pero se mantuvo la impresión de que la región era inhabitable hasta que los regadíos, el transporte ferroviario y el alambre de espinos, entre otros factores, compensaron la escasez de agua superficial y de madera.

Hacia 1850, a pesar de su mala reputación, los colonos y granjeros comenzaron a asentarse en la región y enseguida se dieron cuenta de que, en términos generales, el área, si se la sabía preparar, sí era muy propicia para el uso agrícola y ganadero. Al ir conociéndose esos éxitos, los expertos propusieron teorías que sostenían que los informes iniciales habían sido acertados, pero que el clima había cambiado. Algunos incluso dieron crédito a la hipótesis de que los mismos colonos habían causado ese cambio al plantar cosechas y árboles, y crearon el eslogan "la lluvia sigue al arado" para describir esta idea, hoy totalmente desacreditada.

A esas alturas de siglo, había dos fronteras: una que avanzaba hacia el Oeste, más allá del Mississippi; y la otra que lo hacía en dirección al Este, desde California y Oregón, por la región de las montañas Rocosas. Entre ambas, nada o casi nada, a excepción de las tribus indias, de las inmensas manadas de búfalos y las crecientes de reses tejanas y del próspero enclave de Utah en que se habían asentado, con gran éxito, los mormones.

EL ÉXODO DE LOS MORMONES

La motivación de la mayor parte de las caravanas de emigrantes obedecía a razones económicas —huir de la miseria y, a la vez, buscar la riqueza— o a ansias de aventura. Pero para algunos, el impulso que les llevaba a establecerse en el Oeste surgía no tanto de la oportunidad económica como del deseo de escaparse. Unos dejaban atrás deudas; otros se escondían de la ley. Los había, incluso, que no se escondían, sino que se buscaban a sí mismos. Y otros, en fin, pretendían propagar su verdad y ganar más adeptos para sus causas religiosas. Pero unos pocos, como los mormones y otros pequeños grupos minoritarios, se convirtieron en inmigrantes para dejar atrás la persecución y la intolerancia religiosas.

Los mormones son miembros de la Iglesia de Jesucristo de los Santos del Último Día, surgida al oeste del estado de Nueva York en 1830, cuando un joven llamado Joseph Smith (1805-1844) contó que Dios le había hablado y le había ordenado que estableciera un nuevo reino en Norteamérica donde sus adeptos podrían seguir la buena vida y gozar del éxito al cooperar unos con otros. Como él decía, tras la Resurrección, Cristo se apareció a los pueblos antiguos de América y fundó su iglesia con ellos. Ahora, los ángeles revelaban a Smith la historia de esa iglesia tal como se narra en un texto llamado *El Libro de los Mormones*.

Como predicador inspirado e inspirador, Joseph Smith atrajo a miles de seguidores. Pero si fueron muchos los atraídos, no fueron menos los repelidos por sus mensajes y por sus prácticas. Éstos últimos no creían en absoluto que Dios le hubiera entregado mensajes especiales a Smith. Tampoco les gustaba la forma en que sus fieles intentaban crear su propia comunidad.

La motivación de la mayor parte de los emigrantes era de índole económica. Unos dejaban atrás deudas; otros se escondían de la ley. Los había, incluso, que se buscaban a sí mismos. Otros, en fin, pretendían propagar su verdad y ganar adeptos para sus causas religiosas. Pero unos pocos, como los mormones de la fotografía, se convirtieron en inmigrantes para dejar atrás la persecución y la intolerancia religiosas.

Dado ese rechazo, desde su fundación, a los mormones se les había obligado a trasladarse en muchas ocasiones, primero a Ohio, luego a Missouri y, finalmente, a Illinois, a un asentamiento llamado hasta entonces Commerce, que ellos rebautizaron como Nauvoo. En una nación de cimientos individualistas como era la estadounidense, cualquier conato de colectivismo y de renuncia a todo derecho personal en pro de la comunidad era puesto bajo sospecha. Los no mormones de Illinois temieron que se hicieran demasiado poderosos. Tanto fue así que, en junio de 1844, aprovechando su encarcelamiento acusados de traición y conspiración, una turba entró en la cárcel y linchó a Smith y a su hermano.

En su sucesor, Brigham Young (1801-1877), se forjó la idea de emigrar hacia las nuevas tierras y allí, sin oposición alguna, implantar la ciudad de Dios. En 1846, los mormones dejaron Illinois y se marcharon a Nebraska, desde donde continuaron viaje hacia el Oeste. Con ejemplar minuciosidad, prepararon una expedición que llevó en vanguardia un grupo explorador que dictaminaría sobre los 2.500 kilómetros de tierras que se habían de recorrer. A lo largo de la ruta, los mormones construyeron cabañas, cavaron pozos, plantaron semillas y dejaron mensajes escritos en cráneos de búfalos muertos para guiar a otros mormones y para facilitar el camino a los pioneros que les siguieran.

La ruta escogida fue la del Gran Lago Salado, cuenca reseca a la que hasta entonces todo explorador había rehuido. Pero ellos no solo no la rehuyeron, sino que decidieron hacerla su hogar. En julio de 1847, Brigham Young avistó un valle y dijo solemnemente: "¡Este es el lugar!". Aquella sería la Tierra Prometida más allá de las grandes montañas, donde sus perseguidores no los encontrarían y donde convertirían el desierto en un vergel.

En octubre de aquel mismo año, 1.700 peregrinos estaban instalados en aquella tierra de secano, una playa estéril rodeada por montañas al este y por el imponente lago salado al oeste. Gracias al denodado esfuerzo de los colonos y al liderazgo de Young, en pocos años, aquel desierto floreció. Salt Lake City se convirtió en una pequeña ciudad próspera y autosuficiente y en el cuartel general de su fe. La colonización de aquel territorio fue modélica. Se planificó un programa de urbanización, se abrieron canales de irrigación, se construyeron diques y, en el centro de aquel núcleo, se erigió el Gran Templo. Un año después, eran ya 2.400 los fieles instalados y 15.000 más los que aguardaban turno para viajar. La tierra se distribuyó equitativamente y se trabajaba en régimen de cooperativa, y los escasos recursos naturales, como la madera o las viviendas, pasaron a ser de propiedad comunal. El valle creció con gran prosperidad. Los posteriores años de la Fiebre del Oro, que los mormones contemplarían con absoluta indiferencia, les permitieron hacer

En la mente del segundo líder de los mormones,
Brigham Young (1801-1877), se forjó la idea de emigrar hacia las nuevas tierras y allí, sin oposición alguna, implantar la ciudad de Dios.

buenos negocios con los miles de buscadores que escogían la ruta del Lago Salado.

Brigham Young se convirtió en el líder indiscutible de la primera comunidad del Oeste planificada y desarrollada siguiendo una idea colectiva. El aislamiento dio a los mormones la libertad religiosa que tanto anhelaban, aunque no era posible que permanecieran por completo al margen de los acontecimientos indefinidamente. Al cumplir los requisitos necesarios para integrarse en la Unión como un estado más, Young hizo la promesa de lealtad al gobierno de los Estados Unidos, pero solicitó que se dejara en libertad a su naciente autonomía teocrática para organizar su vida con arreglo a sus principios económicos y religiosos. Pero había algo en su estilo de vida que resultaba totalmente inaceptable para Washington y para el pueblo estadounidense: la poligamia que practicaban algunos de sus fieles, cuestión que sublevaba a la opinión pública aún deudora del puritanismo de Nueva Inglaterra. Young se hizo objetivo predilecto de la prensa, que lo satirizaba rodeado de sus 27 esposas y sus 57 hijos. La tensión se hizo máxima cuando el gobierno federal mandó a Salt Lake City a funcionarios poco afines al credo mormón y cuando, en 1857, ordenó la instalación de una serie de puestos militares en Utah. El fanático y colérico Young juró enviar a todos sus enemigos al infierno. Pasando a la acción, aliado con los indios paiutes, atacó un convoy en Mountain Meadows y mató a 132 *infieles*. Tuvo que intervenir el ejército y estacionar tropas en la capital de Utah. Pero el coraje de Young y los suyos impresionó al presidente Buchanam, quien buscó rápidamente una solución satisfactoria, ya que los mormones habían amenazado con convertir en tierra calcinada toda su admirable colonia. Y, sin duda, lo hubieran hecho, dado su fanatismo.

Había algo en el estilo de vida de los mormones que resultaba totalmente inaceptable para muchos de los demás estadounidenses: la poligamia que practicaban algunos de sus fieles, cuestión que sublevaba a la opinión pública mayoritariamente puritana. Su líder, Young, se hizo objetivo predilecto de la prensa, que lo satirizaba rodeado de sus 27 esposas y sus 57 hijos. Incluso, como se muestra en la foto inferior, al morir en 1877, se llegó a satirizar sobre sus viudas.

Gracias al denodado esfuerzo de los colonos mormones y al liderazgo de Young, en pocos años, el desierto en que se establecieron floreció. Salt Lake City se convirtió en una ciudad próspera y autosuficiente y en el cuartel general de su fe. La colonización de aquel territorio fue modélica.

En 1860, más de 50.000 mormones habitaban ya en la próspera Utah. La Guerra de Secesión y las sucesivas guerras indias pasaron con escasa participación de los mormones. Finalmente, en 1896, casi cincuenta años después de su establecimiento, Utah solicitó nuevamente su admisión como estado de la Unión y, una vez que renunció formalmente a la poligamia, se convirtió en una estrella más de la bandera estadounidense.

Mucho antes de eso, en 1848, pocas semanas antes de que los Estados Unidos y México firmaran el Tratado de Guadalupe-Hidalgo que dio fin a la guerra entre ambos países y que selló el traspaso de todos los territorios mexicanos al norte del río Grande, se acababa de descubrir oro en Sutter's Mill, California. Habrían de pasar unos meses hasta que la noticia se extendiera por la nación y, después, por todo el mundo. A partir de entonces, se desató la locura.

LA FIEBRE DEL ORO DE CALIFORNIA

En 1839, el germano-suizo Johann Augustus Sutter (1803-1880) obtuvo del gobernador mexicano de California el permiso para fundar una colonia en aquellas tierras. En uso de esta concesión, Sutter tomó posesión de 198 km^2 en el valle del río Sacramento. En pocos años, su espíritu enérgico y emprendedor creó un emporio agropecuario en aquellas fértiles y agradecidas tierras: trigo, maíz, frutales, olivos, vides, reses vacunas (unas 4.000), caballos (2.000) y ganado lanar (otras 2.000 cabezas)... Sutter gobernaba aquel dominio, al que bautizó como Nueva Helvetia en recuerdo de sus orígenes, como un señor feudal. En sus propias palabras: "Yo era todo: patriarca, sacerdote, padre y juez".

En 1848, Sutter decidió montar su propio aserradero, aprovechando la abundante energía hidráulica, para lo que llegó a un acuerdo con un carpintero llamado James Wilson Marshall (1810-1885), al que encargó construirlo y, luego, gestionarlo. El lugar escogido fue un pequeño valle llamado Coloma, en las riberas del río American. El 24 de enero de aquel año, Marshall, mientras ajustaba uno de los cangilones del molino, descubrió en el lecho del río unas partículas amarillas, de destellos áureos. Entre incrédulo y maravillado, las ocultó en un pañuelo y corrió a ver a Sutter para participarle el hallazgo.

El patrón miró, frotó y, finalmente, recurrió a un reactivo químico que disipó toda duda: eran auténticas pepitas de oro puro. Aquel descubrimiento iba a desencadenar una de las más mayores locuras colectivas de la historia moderna. Pero para Sutter, paradójicamente, sería como si un castigo divino se hubiera abatido sobre él, su familia y sus negocios.

Sutter había nacido de familia suiza en Kandern, en el gran ducado alemán de Baden, en 1803. Desde

En 1839, el germano-suizo Johann Augustus Sutter (1803-1880) obtuvo del gobernador mexicano de California el permiso para fundar una colonia. En pocos años, su espíritu enérgico y emprendedor creó un emporio agropecuario en aquellas fértiles y agradecidas tierras, que gobernaba como un señor feudal.

niño reveló una gran imaginación, que el tiempo iría empapando con noticias que hablaban del Nuevo Mundo, de sus grandes praderas, sus caravanas y sus guerreros emplumados. Más tarde, la lectura de algunas obras del novelista Fenimore Cooper acabó de fijar una idea clara en sus sueños juveniles de aventuras. Empujón decisivo hacia el cumplimiento de su destino sería la quiebra del negocio familiar, una fábrica de papel que él había heredado.

Entretanto, Sutter se había casado, más bien forzado por el embarazo de su novia, y el correr del tiempo le vería a los treinta y un años con cuatro hijos, una mujer agriada y una suegra inaguantable. Y sin dinero. Entonces tomó la decisión de romper con todo, incluida su familia, y escapar en busca de horizontes nuevos donde emprender una nueva vida. Con ese fin, huyó primero a Francia, donde llegó sin dinero, situación que subsanó desvalijando a unos alemanes y, ya en París, estafando a un cliente de su padre, a quien le sacó dinero a cambio de un talón sin fondos. Era justo lo que necesita para pagarse un pasaje a Norteamérica. En El Havre embarcó para Nueva York, cuando ya la policía seguía de cerca su pista.

En la urbe norteamericana se vio precisado a hacer de todo, a la espera de una oportunidad de marchar hacia el Oeste. Al fin consiguió llegar hasta el valle del Missouri. Un primer intento de alcanzar Santa Fe se saldó con un fracaso: la expedición se dispersó y Sutter fue a parar a una reserva de indios delaware. Pero el mito de las tierras fértiles y libres tenía ya un nombre en la mente de Sutter: California. Tramperos, exploradores y guías hablaban con embeleso de las bellezas de un territorio soleado, de costas suaves y verdes pastos, que estaba casi virgen a la colonización.

En el verano de 1838 se unió a una caravana de cazadores de la Hudson's Bay británica que se dirigía a las montañas Rocosas a ejercer su oficio. Con tenacidad indomable, se empeñó en franquear la inexpugnable cordillera para llegar al más lejano Oeste. Tras innumerables incidencias y penalidades, alcanzó el Pacífico por Fort Vancouver. Su plan era embarcar hacia el sur, hacia una California que, según creía, ya estaba al alcance de la mano. Pero no sería así.

A falta de veleros con ese rumbo, decidió ir primero a Hawai, en la confianza de que desde allí le sería más fácil llegar a la Costa Oeste. Ni la larga espera ni las delicias de los mares del sur le disuadirían de su propósito. Finalmente, consiguió embarcarse con destino a California, previa escala en Alaska. El 3 de julio de 1839, Sutter desembarcaba en Monterrey, al sur de Yerba Buena (hoy San Francisco). Iba acompañado por ocho indígenas canacas y dos vahinesas con las que convivía, aunque él sostuvo que solo una de ellas era su concubina.

En California, nueve años de trabajo le bastaron para convertirse en uno de los hombres más poderosos de Norteamérica. En su deseo de reparar el abandono de su familia, reclamó a su mujer y a sus hijos para que compartieran su riqueza en el fascinante marco de California. En tal trance de espera estaba, cuando su socio, Marshall, le comunicó su sensacional descubrimiento.

En principio, la noticia no traspasó los límites de la hacienda. La creencia de hallarse ante un depósito superficial no hizo alterar momentáneamente los hábitos laborales del personal. Tan solo algunos aprovechaban los días de asueto para rastrear el fondo del río. Pero Sutter comprendió la necesidad inmediata de reivindicar los títulos de propiedad sobre el valle de Coloma, emplazado más allá de los límites de sus posesiones. Para ello delegó en su empleado Charles Bennet la gestión de ir a San Francisco a conseguir del gobernador la propiedad de esas tierras. Ahí estuvo su error.

Bennet iba provisto de una muestra de oro, aunque conminado a mantener la más total reserva sobre el hallazgo, pero fue incapaz de guardar el secreto. Y la noticia circuló. El 15 de marzo de 1848, el periódico *The Californian* publicó una breve nota dando cuenta del descubrimiento de oro. Samuel Brannan (1819-1889), editor de otro semanario de San Francisco, el *Star,* decidió informar de primera mano y se desplazó a Fort Sutter para hacer un reportaje. A su retorno, en mayo, trajo la más fehaciente información: un frasquito lleno de polvo de oro. Poseído por una delirante emoción, no esperó a dar la noticia en los titulares y recorrió las calles mostrando su tesoro y gritando: "¡Oro! ¡Oro del río American!". Buena parte de los 800 habitantes de la localidad acabaron corriendo tras Brannan, contagiados por el frenesí. Y ya nadie dejó de correr.

El 1 de junio, la mitad de la población de San Francisco se había marchado hacia Fort Sutter. El 15, la ciudad se había despoblado. Los soldados desertaban; los marinos abandonaban sus barcos; los empleados, se despedían o, simplemente, desaparecían. En dos semanas, cerca de 1.000 personas habían invadido el valle de Coloma. Después, el rumor se propagaría a Santa Bárbara, Monterrey y Los Ángeles, con idénticos resultados. Aquella huida masiva dejó a San Francisco y Monterrey convertidas en ciudades fantasmas. Toda labor se paralizó. La gente malvendía sus pertenencias y escapaba, a caballo, en carretas o en botes fluviales, como enajenada en su obsesión por llegar a tiempo al reparto del botín.

En estas circunstancias subieron increíblemente los precios de los útiles mineros (cuchillos, picos, palas, cedazos, etc.); todos se pagaban al precio de lo que con ellos se pretendía obtener. En pocos meses, la inflación se hizo galopante, pero las mercancías yacían en los muelles, faltas de brazos para su distribución.

El 24 de enero de 1848, el carpintero James Marshall, *[en la foto ante el lugar de su hallazgo]* , descubrió en el lecho del río unas partículas amarillas, de destellos áureos. Entre incrédulo y maravillado, las ocultó en un pañuelo y corrió a ver a Sutter para participarle el hallazgo. Así comenzaría la Fiebre del Oro de California.

Comercio, agricultura e industria quedaron postergados, subestimados en su comparación con el atractivo que significaba el hallazgo de un yacimiento de oro.

El 19 de agosto de 1848, el *New York Herald* fue el primer periódico de la Costa Este que anunció que se había descubierto oro en California. El 5 de diciembre, el presidente Polk confirmó el descubrimiento en un discurso ante el Congreso, en el que llegó a decir: "Son tan extraordinarios los relatos de la abundancia de oro en el territorio que serían increíbles si no fueran corroborados por informes de funcionarios públicos".

A la vez, la buena nueva se fue transmitiendo por el Pacífico hasta China y Australia, y, por la costa, los marinos la llevaron a México, Perú y Chile. Ello bastó para que desde aquellos confines se organizaran las primeras expediciones.

Muy pronto, la Tierra Dorada de California se vio invadida por oleadas de inmigrantes de todo el mundo. Tal y como Sutter había temido, se encontró pronto en

El 1 de junio de 1848, la mitad de la población de San Francisco se había marchado hacia Fort Sutter. El 15, la ciudad se había despoblado. Aquella huida masiva dejó a San Francisco convertida en una ciudad fantasma, con su puerto, como se ve en la fotografía de la época, repleto de barcos abandonados.

la ruina, pues sus trabajadores lo abandonaron, mientras sus tierras eran invadidas por ocupantes ilegales que robaban sus cosechas y su ganado. El número de buscadores crecía de hora en hora. El millar que había en mayo se convirtió en 10.000 a finales de año.

Sutter, desbordado, desesperado y abandonado por su gente, se dirigía una y otra vez al gobernador en demanda de protección y de defensa de sus derechos, pisoteados por unos invasores que habían allanado y destruido todos sus bienes. El gobernador, abandonado también por soldados, sheriffs y ciudadanos, carecía de autoridad y de capacidad de acción. En California, la ley y el orden habían dejado de existir, sustituidas por el caos.

LA RIADA Y EL CAOS

Desde el Este norteamericano, las rutas a California eran fundamentalmente cuatro: la marítima a través del Cabo de Hornos, que era la relativamente más

El número de buscadores de oro fue creciendo de hora en hora. El millar que había en mayo se convirtió en 10.000 a finales de año.

Pocos meses después del primer hallazgo de oro en California, miles de ávidos buscadores de oro y fortuna se agolpaban ante las oficinas de registro, ansiosos de asegurarse sus derechos a una parte del pastel.

segura, pero también la más costosa y, en ciertos casos, dependiendo de los vientos, la más larga, pues exigía recorrer 33.000 kilómetros para rodear el continente americano. Como las demás, era una ruta no apta para impacientes, pues requería de cinco a ocho meses de navegación, desafiando las espantosas tormentas australes. A pesar de la relativa comodidad de los barcos del momento, la enfermedad acechaba y muchos fueron los que trocaron sus sueños por la muerte en el océano. Aunque el viaje llegase a buen puerto, para entonces el tifus o el escorbuto ya habían hecho estragos entre aquellos emigrantes alimentados con salazones semiputrefactas. A lo largo de 1849, 775 barcos levaron anclas de los puertos atlánticos con destino al Pacífico. Gracias a ese inusitado tráfico humano cimentó una fortuna multimillonaria uno de los primeros magnates modernos: el comodoro Cornelius Vanderbilt, monopolizador de las líneas marítimas hacia California.

La ruta del istmo de Panamá, la segunda, obligaba a hacer la travesía marítima hasta este país centroamericano, cruzar en mulas y canoas la franja de tierra que separa ambos océanos, lo cual llevaba una semana, y, ya en el Pacífico, reembarcarse con rumbo norte. Algunos la acortaban franqueando la tierra por Nicaragua, tramo más corto, pero sembrado de ciénagas. En cualquier caso, en esta ruta hacia el sueño de California, la mortalidad fue también alta entre los emigrantes que caían a docenas devorados por la malaria, la fiebre amarilla o los indígenas. Después venía la larga espera en los puertos del Pacífico para encontrar acomodo en cualquier barco con destino a California. La travesía era dura e inhumana debido al hacinamiento y el tifus, y, además, muchos armadores desaprensivos dejaban a sus pasajeros abandonados a mitad de camino.

Una variante, más barata y más rápida, era abordar un barco en Nueva York, o cualquier otro puerto del Este de Estados Unidos, con rumbo a Veracruz o Tampico, en México, viajar por tierra hasta Guadalajara, Tepic o San Blas, y, desde ahí, cabalgar hasta Mazatlán, donde, con suerte, se podía abordar un barco que, al cabo de cuatro a cinco semanas, llegara a San Francisco.

La cuarta ruta, la terrestre, era por entonces una opción solo apta para pioneros temerarios, que no temieran el asalto de los bandidos, la emboscada de los indios o la simple concatenación de las fuerzas de la naturaleza. Sin embargo, poco a poco se fue haciendo más factible, aunque no más corta ni más cómoda, lo que permitió que se iniciara la interminable procesión de carretas hacia California. Las caravanas salían de Independence, Missouri, y llegaban, tras pasar por Fort Laramie y Salt Lake City, hasta Stockton y Fort Sutter. Más tarde, la impaciencia de los buscadores y la aparición de otras grandes vetas de oro en Sierra Nevada hizo desafiar el terrible Valle de la Muerte y llegar a Los Ángeles tras atravesar el calcinado desierto. Otros itinerarios, por el sur, partían de Fort Smith, Arkansas, o de San Antonio, Texas, para pisar tierra californiana a través de Albuquerque o Tucson.

Cada una de estas diferentes rutas tenía sus propios riesgos mortales, desde naufragios hasta fiebres tifoideas, pasando por el cólera, el clima o los indígenas. Pero, por una u otra, una gran masa de seres humanos, venidos en su mayoría de la vieja Europa, llevaron a cabo en el año 1849 y en los cinco siguientes una de las más grandes aventuras colectivas de la humanidad. Unidos a la riada que llegó de Extremo Oriente (chinos, polinesios, etc.) y a los hispanoamericanos que ascendieron por el Pacífico, conformaron la primera avalancha migratoria norteamericana. Aquella masiva y repentina instalación de personas en un territorio sin ley ni orden daría lugar a uno de los episodios más caóticos en la historia de las sociedades humanas.

Al iniciarse 1848, San Francisco tenía poco más de 800 habitantes. A finales de ese año, era una villa vacía, evacuada por sus pobladores en pos de la quimera del oro. Pero, al término de 1849, su población era de 25.000 almas; en 1850, llegó a los 36.000, y en 1852, a 50.000. Alojados míseramente en tiendas de campaña, chozas o cabañas, esta heterogénea muchedumbre había hecho de la ciudad el campamento base de sus intentos de escalar la gran montaña de oro.

En 1849, 549 barcos entraron en la majestuosa bahía de San Francisco, pero no todos, ni mucho menos, volverían a zarpar al ser abandonados por su tripulación, pudriéndose anclados en la ensenada o en el puerto, que pronto pareció una jungla de mástiles. Muchos de aquellos buques serían posteriormente reducidos a astillas y utilizados como relleno para agrandar el área edificable del boyante pueblo. Otros fueron comprados por residentes emprendedores, que los transformaron en bodegas, tiendas, tabernas y hoteles. El *Euphemia* se convirtió en cárcel flotante apenas se puso un poco de orden en el zafarrancho.

Aquel *boom* demográfico, aquella aglomeración indescriptible, favoreció que muchos pensaran que podrían obtener la ansiada riqueza por medios más mercantiles y menos aventurados. Primero hubo que alimentar y abastecer a aquella legión de hambrientos. Después hubo que atender otras necesidades primarias de aquella masa abrumadoramente mayoritaria de hombres sedientos y solteros. Así proliferaron las cantinas y las destilerías empezaron a producir un whisky rudo y peleón, provocador de peleas y tumultos. Enseguida se organizó la traída de mujeres con destino a los burdeles. A la vez, muchos tahúres y fulleros comprendieron que el tapete verde y los naipes eran un cómodo medio de conseguir oro sin doblar el espinazo ni mojarse los pies. En consecuencia, los tugurios de todo tipo se multiplicaron.

En aquel ambiente embrutecido y feroz, una banda de criminales venidos de Australia, conocidos como los Sydney Ducks ("los patos de Sidney"), impuso el terror en la ciudad. Los atracos y las extorsiones estaban a la orden del día. Y todas las noches se perpetraba algún asesinato. La más absoluta anarquía reinaba en aquella comunidad a la que llegaban cada día pistoleros, matones y rufianes, dispuestos a sacar partido de la riada y el caos de un bullente y heterogéneo ejército de buscadores de oro.

Un heterogéneo ejército de gambusinos

Pronto fue casi toda California la que estuvo prácticamente invadida por todo tipo de ansiosos buscadores de oro —de gambusinos, como los llamaban los mexicanos— de todas las procedencias. Al

Los campamentos de mineros, tan pobremente equipados como el de la fotografía, se diseminaron por todo el territorio californiano.

principio, las noticias sobre la Fiebre se difundieron lentamente fuera de California. Los primeros buscadores que llegaron ese mismo 1848 vivían relativamente cerca o se habían enterado de la noticia gracias a los barcos de las rutas más rápidas que salían de ella. Varios miles de ciudadanos de Oregón formaron el primer contingente de estadounidenses. A continuación, llegaron hawaianos y centenares de hispanoamericanos, principalmente mexicanos, peruanos y chilenos, por tierra, vía México, la mayoría de los primeros y, por mar, los demás.

En aquella primera fase, si se sabía buscar, hasta los gambusinos menos preparados o expertos conseguían obtener de 10 a 15 veces el jornal diario de un obrero de la Costa Este. Una persona podía trabajar durante seis meses en los campos de oro y obtener el equivalente a seis años de salario. Algunos de estos *forty-eighters* ("los del 48") pudieron recoger grandes cantidades de oro de forma muy rápida, a veces miles de dólares en un solo día.

En aquella primera fase, si se sabía buscar, hasta los buscadores de oro —los llamados «gambusinos»— menos preparados o expertos conseguían obtener de 10 a 15 veces el jornal diario de un obrero de la Costa Este.

A comienzos de 1849, la noticia de la Fiebre del Oro ya se había esparcido por todo el mundo y una cantidad abrumadora de buscadores de oro y mercaderes comenzó a llegar desde virtualmente todo el mundo.

El mayor grupo, en 1849, el de los llamados genéricamente *forty-niners* ("los del 49"), era el de decenas de miles de estadounidenses, que llegaron preferentemente por tierra, aunque también en algunos barcos. Los australianos y neozelandeses se enteraron gracias a los barcos que llevaban periódicos hawaianos y se embarcaron a miles hacia California. Hubo *forty-niners* que llegaron desde Latinoamérica, especialmente de las regiones mineras mexicanas de Sonora y Sinaloa. También comenzaron a llegar los procedentes de Asia (especialmente, de China), al principio en pequeño número, y los primeros europeos (principalmente, franceses, aunque también alemanes, italianos y británicos). Se calcula que en 1849 llegaron en total a California alrededor de 100.000 personas. En un 60%, eran blancos del Este y en un 40%, mexicanos, chinos,

Una persona podía trabajar durante seis meses en los campos de oro y obtener el equivalente a seis años de salario. Algunos de estos *forty-eighters* («los del 48») pudieron recoger grandes cantidades de oro de forma muy rápida, a veces miles de dólares en un solo día.

latinoamericanos, australianos y europeos, además de negros (muchos de ellos marineros que abandonaron sus barcos en los puertos californianos). Todos dejaron la familia e hicieron el peligroso viaje, pero la mayoría no se hicieron ricos. Los blancos servirían posteriormente de *infantería* en la expansión de los Estados Unidos de costa a costa, que reprimió y desplazó a indígenas, mexicanos, inmigrantes y afroamericanos de la región.

En 1849, la población había aumentado tanto que el territorio hizo una petición al gobierno para alcanzar el rango de estado, lo que le fue concedido al año siguiente, convirtiéndose en el número 31 de la Unión. En 1854, la población de California había aumentado 20 veces. Al año siguiente, los buscadores de oro, comerciantes y otros inmigrantes sumaban ya unas 300.000 personas. El mayor grupo seguía siendo el estadounidense, pero había miles de chinos, franceses, mexicanos y otros latinoamericanos, seguidos de pequeños grupos de filipinos y hasta vascos. También había unos cuantos mineros de origen africano, tal vez menos de 4.000, que llegaron desde el Caribe, Brasil y el sur de los Estados Unidos, en este caso huyendo de la esclavitud.

El gobierno incentivó y estimuló la Fiebre del Oro, pues, en su opinión, facilitaría la americanización del nuevo territorio. Justo antes de ella, había 14.000 californios (habitantes de la región que hablaban español), entre ellos muchos mineros mexicanos que brindaron su experiencia y técnicas a los que llegaban del Este. La clase dominante espoleó y aprovechó esa invasión para llevar a cabo la americanización del nuevo territorio. Además, el gobierno fomentó el racismo contra los mineros extranjeros, especialmente latinos y chinos. El general Persifor Smith anunció que acusarían de "entrada ilegal" a todos los mineros que no fueran ciudadanos estadounidenses. En abril de 1849, un grupo racista atacó a mineros chilenos, peruanos y mexicanos en Sutter's Mill. El 4 de julio, una turba mató a mineros mexicanos y robó sus pertenencias. Mil mineros chilenos huyeron a San Francisco, pero ahí los atacó otro grupo racista llamado La Jauría. A los californios, mexicanos y latinos les negaron los derechos más elementales. Una ley contra la vagancia atacó a "todas las personas comúnmente conocidas como *greasers* ["grasientos"], es decir, de sangre hispana o indígena". En su primera sesión, la nueva asamblea de California limitó el derecho a voto a los ciudadanos "blancos".

A los californios les arrebataron las tierras a pesar de las promesas del gobierno de respetarlas. Surgió una clase de grandes propietarios blancos, que acapararon la tierra, y, en poco tiempo, California tuvo la mayor concentración de terratenientes del país. En 1850, la legislatura de California implantó un impuesto al minero extranjero, muy excesivo, con el objetivo final de expulsar a los mineros latinos e inmigrantes, que, en ocasiones, se resistieron. En Sonora, California, 4.000 mineros rehusaron pagar el impuesto; al día siguiente, 400 soldados los desalojaron.

A pesar de todo, en 1852, unos 25.000 chinos emigraron a California, en busca de oro o, al menos, de trabajo. Todos ellos recibieron la denominación común de *gam saan haak,* es decir, “viajeros a la montaña de oro”. La gran mayoría de ellos solo esperaba ganar algo de dinero y regresar a sus hogares para ayudar a sus familias, pero pocos lo consiguieron. Para la época en que los inmigrantes chinos llegaron a California, ya se había acabado la mayor parte del oro que era fácil de extraer. Por eso, los inmigrantes chinos optaron por agruparse y trabajar en comandita en las minas aparentemente agotadas que habían abandonado los primeros mineros. Inventaron nuevas formas de extracción a base del uso de herramientas y máquinas ingeniosas.

Enseguida, este modo de proceder les granjeó la inquina de los estadounidenses blancos. El mismo año de su llegada masiva, 1852, la asamblea de California condenó “la concentración de una vasta población asiática dentro de las fronteras de nuestro estado”. En mayo de ese mismo año, se instituyó el segundo impuesto mensual al minero extranjero, aun más abusivo, que perseguía, pero con más decisión, el mismo objetivo de echar a los inmigrantes extranjeros y especialmente a los chinos. Se calculó que, hacia 1870, los mineros chinos habían pagado ya un total de 5 millones de dólares, lo cual representaba del 25 al 50% de los ingresos totales del gobierno estatal.

Según el censo de 1870, el 61% de las 3.536 mujeres chinas que vivían en California trabajaban en la prostitución. Muchas eran de familias muy pobres que las vendían a traficantes que las engañaban con la promesa de un matrimonio en Estados Unidos. Al bajar de los barcos, las vendían en subastas al aire libre en

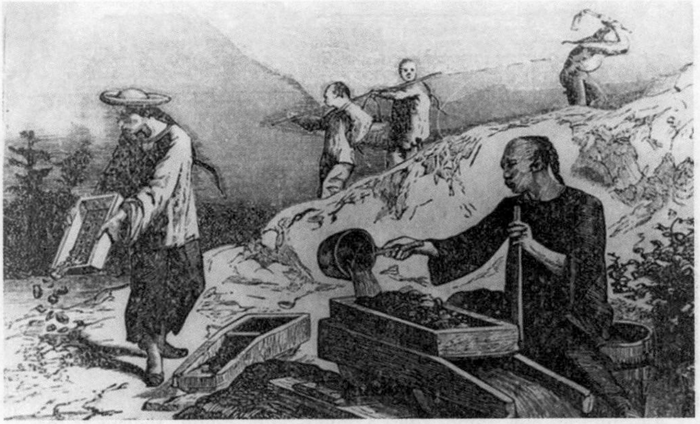

Sólo en 1852, unos 25.000 chinos emigraron a California, en busca de oro o, al menos, de trabajo. Todos ellos recibieron la denominación común de *gam saan haak*, es decir, "viajeros a la montaña de oro".

los muelles de San Francisco, a plena vista de la policía. Luego las obligaban a vivir hacinadas en chabolas.

Pero el objetivo no era solo expulsar a los que estaban, sino también impedir la llegada de más. En 1855, se promulgó una ley para desalentar la inmigración de quienes no pudieran hacerse ciudadanos. Siete años después, fue dictada otra para proteger la mano de obra "blanca" de la competencia del culí (peón) chino y, más genéricamente, para desalentar la inmigración de esa procedencia al estado de California. Pero eso tampoco les bastó y pronto recurrieron a las amenazas físicas y a la violencia directa para lograr su objetivo final de expulsarlos de las minas y, si era posible, de California.

Los racistas atacaban a las comunidades chinas y destruían sus casas y sus comercios. Los linchaban, les arrancaban el cuero cabelludo, los castraban y los marcaban con hierros candentes. En el mejor de los casos, se conformaban con humillarlos cortándoles su tradicional trenza. En un pueblo, amarraron a un lavan-

Los inmigrantes chinos fueron objeto de la inquina racista de los estadounidenses blancos. Enseguida, la corriente de opinión xenófoba comenzó a fraguar en numerosos actos de violencia contra ellos.

dero chino a la rueda de una carreta, que pusieron en marcha hasta que a aquél se le cayó la cabeza. A un pescador chino lo marcaron con hierros, le rayaron las orejas con un cuchillo, le cortaron la lengua y después lo mataron. En una sola noche de 1871, ejecutaron a 20 chinos en Los Ángeles, linchados, quemados o crucificados.

Similar fue el caso de los más de 4.000 negros libres que había en California hacia 1860, la mayoría localizados en las regiones mineras cercanas al horcajo del río Americano. Por lo general, trabajaban en minas mal construidas y muy peligrosas, donde muchos morían a causa de los derrumbes. Su presencia en California era una cuestión muy polémica. Mucha gente temía que llevar esclavos negros rebajaría el salario de los obreros *libres* y por eso quisieron prohibir la migración de los negros. En 1849, ese fue el tema de mayor debate en el congreso constitucional del estado. Un año después, California entró en la Unión como estado *libre* y, por tanto, prohibió la esclavitud. A pesar de

Los racistas atacaban a las comunidades chinas (también las indígenas y las negras) y destruían sus casas y sus comercios. Les linchaban, les arrancaban el cuero cabelludo, les castraban y les marcaban con hierros candentes.

ello, si bien se permitía su inmigración, a los negros se les prohibía votar, dar testimonio en los juicios o entrar en el ejército. Además, al igual que otros estados *libres,* California tenía una Ley del Esclavo Fugitivo, según la cual se comprometía a entregar al "legítimo" dueño a todo esclavo huido que llegara a California.

En realidad, pese a algunos tímidos movimientos ciudadanos en contra, muchos de los trabajadores *libres,* sobre todo negros, latinos y chinos, vivían y trabajaban en condiciones de virtual esclavitud. Peor aun fue el caso de los indígenas.

El oro se llevó por delante a los indios

La Fiebre también tuvo otros efectos negativos; por ejemplo, el impacto ambiental de la minería y que los indios de la región fueron atacados y expulsados de sus tierras tradicionales.

Cuando John A. Sutter convenció al gobernador mexicano de California de que le concediera las tierras del valle de Sacramento, allí vivían, naturalmente, indígenas, como los 200 miwoks asentados a 20 kilómetros de lo que hoy se llama Sacramento. La aldea de los kademas quedaba a 9 kilómetros hacia el oeste y a una distancia similar, pero al norte, vivían los maidus.

Los indígenas comenzaron a realizar casi todos los oficios en el rancho de Sutter. Hombres y mujeres miwoks y maidus construyeron el fuerte y después araron la tierra, sembraron trigo y otros muchos productos, cuidaron el ganado, tejieron, hicieron sombreros y mantas, operaron una destilería, trabajaron en la curtiduría, atendieron un hotel y cazaron venados. Era tal su necesidad de mano de obra, que Sutter armaba a los indígenas de pueblos cercanos para que secuestraran a niños de poblados lejanos y se los vendieran. En 1844, Pierson Reading, uno de los capataces de Sutter, escribió: "Los indios de California son tan mansos como los negros del Sur. A cambio de unas migajas se pueden conseguir sus servicios de por vida".

Se calcula que, antes de la llegada masiva de los europeos, en la región vivían entre 300.000 y 700.000 indígenas y que, antes de la Fiebre del Oro, murieron unos 150.000 en las misiones. El resto de la población indígena fue diezmada durante la Fiebre y, en 1870, solo quedaban 31.000, según el padrón oficial del estado.

Al verano siguiente del descubrimiento de oro, unos 4.000 indígenas trabajaban para los blancos en las minas. Pero luego se les prohibió hacerlo y se prefirió proceder a su exterminio. En un discurso pronunciado ante los legisladores del estado en enero de 1851, el gobernador Peter H. Burnett prometió que "proseguiría la guerra de exterminio interracial hasta que se extinga la raza india". La prensa aplaudió su afirmación y, en 1853, el *Yreka Herald* le pidió al gobierno estatal que ayudara "a los ciudadanos del norte en una guerra de exterminio a muerte de todos los pieles rojas. Ya no hay que esperar la hora del exterminio; la hora ha llegado, la labor ha empezado. Al primero que pida tratado o paz, hay que tratarlo como traidor". Otros periódicos expresaron sentimientos similares.

En 1850, se aprobó una ley que permitía a los blancos poner a trabajar a cualquier indígena que no pudiera probar su fuente de ingresos. Como los indios no tenían derecho a hablar en los tribunales, automáticamente la ley daba la razón a cualquier alegación de los blancos. Aun así, muchos ni se molestaban en acudir a los tribunales y, simplemente, compraban niños y mujeres indígenas, tráfico que sirvió para amasar grandes fortunas.

En 1853, para allanar el camino de los colonos, el Senado federal mandó tres comisiones a negociar con las tribus de California. En total, acordaron 18 tratados. Los indígenas cedieron miles de acres de terreno a cambio de protección y de la promesa de que se les dejaría vivir en tierras con suficiente agua y animales para mantener sus costumbres. Pero cuando los indígenas empezaron a ocuparlas, se les informó de que era ilegal porque el Senado no había ratificado los acuerdos. Finalmente, el gobierno federal creó un sistema de reservas vigiladas con puestos militares que impusieron un régimen de "disciplina e instrucción" y cuyo mantenimiento lo pagaría "el excedente de la mano de obra indígena". Suspendidas las negociaciones, se "invitó a los indígenas a concentrarse en las reservas", donde se les acorraló a punta de fusil y a marchas forzadas. Una vez confinados, les pusieron a trabajar como animales de carga. En 1857, un colono confesó: "Unos 300 murieron en la reserva por andar por las montañas entre la nieve y el lodo. [...] Se les hacía trabajar desnudos, solo con una piel de venado sobre los hombros".

Pero ahí no quedó la cosa. En algunos pueblos se ofrecía dinero por la cabeza o el cuero cabelludo de los indígenas. En 1855, en Shasta City, el precio era de 5 dólares por cabeza y, en 1863, en Honey Lake, se abonaban 25 centavos por cuero cabelludo. Un habitante de Shasta City escribió que vio a hombres llegar al pueblo con ocho, diez o 12 cabezas colgadas de sus mulas.

Otros pueblos aplicaban castigos colectivos contra las comunidades de los indígenas acusadas de un delito. Así se destruyeron totalmente 150 poblados indios. Entre 1851 y 1852, el estado de California pagó con los ingresos del oro un millón de dólares a las milicias que cazaban indígenas. En 1857, los pagos ascendieron a 400.000 dólares en bonos. El periódico *Alta California* informó sobre una masacre cometida en 1860 bajo el mando de un tal capitán Jarboe: "La cuadrilla descendió sobre ellos y les voló la tapa de los sesos o les partió el cráneo con hachas. Incluso a los recién nacidos que llevaban en canastas les partieron la cabeza o los cortaron en pedazos. Madres e niños sufrieron la misma suerte. [...] A los que intentaban huir, les perseguían o les disparaban. [...] Los niños, que apenas empezaban a caminar, corrían hacia las mujeres llorando de miedo, pero les aniquilaron como animales salvajes y amontonaron sus cuerpos". El 12 de abril de 1860, las autoridades estatales aprobaron una partida presupuestaria de 9.347 dólares para pagar "la deuda contraída con la expedición contra los indios que dirigió el capitán W. S. Jarboe en el condado Mendocino". Incluso el gobernador llegó a felicitar por escrito al tal Jarboe "por hacer todo lo que se esperaba" y le agradeció "sinceramente por la manera en que había llevado a cabo la campaña".

Según la leyenda de la Fiebre del Oro, hombres rudos y fuertes hicieron vastas fortunas en el Oeste gracias a grandes esfuerzos y buena suerte, pero, en realidad, la sangre de muchos miles de víctimas había empañado el oro que se sacó de los ríos de California. Oro que, por otra parte, pronto comenzó a escasear.

El rápido declive

La alta concentración de oro en los lechos fluviales de California ayudó a que inicialmente solo se necesitara para su extracción una simple operación manual de muestreo y cribado en los ríos y corrientes de agua. Así que, los primeros buscadores recogían el mineral en los arroyos y lechos de los ríos usando técnicas simples como el cribado.

Sin embargo, no era posible hacer esta operación a gran escala, por lo que los mineros comenzaron a diseñar máquinas que les auxiliaran a procesar grandes volúmenes de grava. Más tarde, desarrollaron métodos aun más sofisticados para la extracción que posteriormente serían adoptados en todo el mundo.

En las operaciones más complejas, los mineros desviaban ríos enteros hacia canales construidos en paralelo a su cauce, para, al quedar expuesto, excavar después en el lecho original del río. Por ejemplo, en 1853, se invirtieron 3 millones de dólares para desviar el río Yuba.

Según cálculos posteriores de la Inspección Geológica de los Estados Unidos, durante los primeros cinco años de la Fiebre del Oro se extrajeron unos 12 millones de onzas de oro, equivalentes a 370 toneladas. En la etapa siguiente, abierta en 1853, tuvieron lugar las primeras operaciones de minería hidráulica. Esta técnica se utilizó en lechos de grava que yacían en las colinas de los campos de oro, dirigiendo una corriente de agua de alta presión hacia ellos que soltaba la grava, que era recogida en canales donde el oro se sedimentaba. Un subproducto no deseado de esta técnica eran las grandes cantidades de grava, metales y otros contaminantes que fueron depositadas en los ríos. Algunas áreas aún presentan las cicatrices dejadas por la minería hidráulica, ya que la vida vegetal no se desarrolla en los depósitos de grava y tierra expuesta.

Después de que la avalancha de inmigrantes cesara, las operaciones para la recuperación del metal continuaron. En la etapa final, se buscaba en los lechos de los ríos, en los estuarios del Valle Central y en otras áreas, como Scott Valley, en Siskiyou. A finales de siglo, la tecnología del dragado era bastante económica y se comenzó a usar para la explotación minera en California, dando como resultado la extracción de más de 620 toneladas.

Durante la Fiebre y en las décadas siguientes, los buscadores también se dedicaron a la minería tradicional, extrayendo el mineral directamente de la roca que lo contenía, por lo común cuarzo. Operaban normalmente horadando y dinamitando la roca, para localizar las mejores vetas de cuarzo. Una vez que estas rocas eran transportadas a la superficie, eran trituradas, y el oro se separaba por decantación usando agua corriente, o con ayuda de arsénico o mercurio, también muy contaminantes. A la postre, la minería tradicional terminó por ser la única actividad aurífera de la región.

La extracción de oro llegó a su máximo apogeo en 1852. De ahí en adelante, era muy difícil que el buscador individual obtuviera beneficios, que bajaron de un promedio de 20 dólares al día en 1848 a 10 en 1850, 5 en 1853 y 3 a finales de la década. En definitiva, muy pocos de los buscadores de fortuna se hicieron millonarios. No obstante, algunos sí que obtuvieron importantes beneficios. Por ejemplo, un pequeño grupo de gambusinos que trabajó en Feather River, consiguió en unos cuantos meses más de millón y medio de dólares de la época en oro. Como promedio, los buscadores tuvieron modestas ganancias, una vez

Durante la Fiebre y en las décadas siguientes, los buscadores también se dedicaron a la minería tradicional, extrayendo el mineral directamente de la roca que lo contenía, por lo común cuarzo.

deducidos los gastos. Los que llegaron más tarde ganaron muy poco, o incluso llegaron a perder dinero.

Según el censo de 1860, solo uno de cada 10 mineros tenía tierra o propiedades. Para entonces, la mayoría ya había pasado a emplearse por un salario y solo enriquecían a los patronos. Los mineros, en condiciones laborales detestables, sacaban el mineral con los nuevos explosivos y corrían el peligro constante de derrumbes, gases letales e incendios. A los lesionados y a los familiares de los que morían en las minas no se les indemnizaba; solo sacaban sus cadáveres y contrataban a nuevos trabajadores.

En general, tuvieron más éxito los comerciantes que los propios buscadores de oro. En algunos casos, sus ganancias fueron asombrosas. El hombre más rico de California durante los primeros años de la fiebre del oro fue Samuel Brannan, el ex director de periódico y anunciador del descubrimiento de Sutter's Mill. Brannan, tras abrir las primeras tiendas en Sacramento, Coloma y otros lugares cercanos a los yacimientos de oro, acaparó todos los suministros de minería disponibles en San Francisco y los revendió con considerables ganancias.

Los más afortunados cosecharon grandes ganancias en reventas, embarques, ocio y entretenimiento, hospedaje y transporte. Y unos pocos amasaron grandes fortunas. Sus nombres se ven hoy en las calles, universidades, hoteles y museos de California. Unos de los más destacados, William Ralston (1797-1875), dueño del Banco de California y de las minas de Comstock, daba suntuosos banquetes, en los que servía la comida en platos de oro y plata a centenares de compañeros acaudalados. Pero, en contraste, muchos comerciantes desafortunados se habían establecido en asentamientos que desaparecieron, o bien fueron víctimas de alguno de los muchos incendios que arrasaban los pueblos.

Con todo, hacia 1864, la Fiebre del Oro californiana había terminado. Los yacimientos de superficie y fluviales se agotaron o, al menos, dejaron de ser rentables. A partir de entonces, las minas en explotación hidráulica serían las principales fuentes de oro durante los veinte años siguientes. Pero eso ya es otra historia. Lo que ahora más nos importa es qué supuso realmente la Fiebre del Oro en la historia de la Conquista del Oeste que aquí nos ocupa.

LA RESACA DEL ORO: EL OESTE DESPUÉS DE LA FIEBRE

Las implicaciones sociales de la Fiebre del Oro californiana y de las que la siguieron reflejan sencillamente la ambición y el egoísmo de la gente atraída por lo que creían que les conduciría a una vida de riquezas y esplendor. Naturalmente, pocos satisfacían sus grandes ambiciones, ya que la mayoría se quedaban en el duro día a día de trabajo pesado con la esperanza de encontrar polvo o una pepita de oro. Muchos de ellos eran hombres honrados, individuos muy trabajadores que habían dejado su hogar y su familia con la esperanza de prosperar y volver a casa como héroes. Otros, sin embargo, simplemente habían abandonado su vida anterior y se habían ido a las minas atraídos por el oro como por una droga.

Los ansiosos de proteger sus derechos o el polvo tan duramente conseguido iban siempre armados y los fabricantes de armas del Este hicieron fortunas con sus envíos a las zonas mineras. Se pagaban precios astronómicos por los revólveres Colt —hubo un momento en que llegaron a cotizarse a 300 dólares de la época la unidad— e incluso armas baratas y de mala calidad, que se vendían por un par de dólares en el Este, subieron de repente cuatro o cinco veces su valor. En 1851,

La Fiebre californiana tuvo un efecto contagio y se reprodujo en otros muchos lugares de los Estados Unidos, ayudando a conformar el escenario en que se fraguaría definitivamente el Viejo y Salvaje Oeste. En la foto, mineros de Montana, ante la entrada a su mina.

sin embargo, Colt inundó el mercado y los precios bajaron definitivamente.

El efecto de la Fiebre en las comunidades y los individuos fue muy profundo. Algunos invirtieron su riqueza repentina en propiedades o iniciaron negocios, mientras que otros solo querían recoger lo que podían y marcharse antes de que las tentaciones del juego o la prostitución les condujeran a la pérdida de la suerte o incluso de sus vidas. Los más moderados, una vez hecha fortuna, compraban un pasaje de barco y se dirigían a Nueva York u otras ciudades del Este.

Aun así corrían también muchos riesgos. La cuota mortal entre los inmigrantes estadounidenses fue severa, ya que uno de cada 12 *forty-niners* pereció. Igual ocurrió con los índices de criminalidad, que durante la Fiebre del Oro fueron extremadamente altos. El medio ambiente sufrió un deterioro considerable debido a que la grava, la tierra suelta y los agentes tóxicos empleados en la minería mataron animales y deterioraron hábitats, en algunos casos para siempre.

Enfermedades como la disentería fueron muy comunes porque los mineros bebían agua de pozos de filtración de solo un metro de profundidad. En 1850, 1852 y 1854, hubo epidemias de cólera en San Francisco y cada una arrasó un 5% de la población. Un médico calculó que una de cada cinco personas moría antes de cumplir los seis meses de estancia.

Otra consecuencia social determinante fue que los mineros de origen estadounidense comenzaron a rechazar a los extranjeros, para quedarse con el poco oro que aún era fácilmente obtenible. Además, se expulsó de sus áreas tradicionales de caza y pesca a los indios, que atacaron a los mineros, lo cual originó una serie de contraataques y una espiral de violencia, en la que salieron claramente perdiendo. Pero pronto se creó un sistema legal y de gobierno y comenzaron a notarse las mejoras. Los nuevos medios de transporte, como el barco de vapor, entraron en servicio y se tendieron líneas de ferrocarril. También se inició el negocio a gran escala de la agricultura, el segundo factor económico de mayor crecimiento en California.

Al comenzar la Fiebre, California era, en la práctica, un lugar sin ley. El día del descubrimiento de Sutter's Mill, la enorme región era aún técnicamente parte de México, aunque bajo ocupación militar estadounidense, como resultado de la guerra entre ambos países de 1846. El tratado que devolvió la paz transfirió el dominio a los Estados Unidos. Pero no era aún un territorio formalmente organizado y su incorporación a la Unión no fue inmediata. Temporalmente, California fue un territorio bajo control militar, que no contaba con poderes legislativo, ejecutivo o judicial. Los residentes actuaban sujetos a una confusa mezcla de reglas mexicanas y estadounidenses y, preferentemente, a su propio juicio y a su poder personal.

Los campos mineros eran técnicamente propiedad del gobierno de los Estados Unidos, aunque en la práctica eran terrenos sin jurisdicción definida y sin mecanismos para hacer valer cualquier ley. Para los *forty-niners,* esto fue una ventaja, porque el oro era así *de libre disposición.* En principio, no había propiedad privada reconocida que respetar, ni impuestos que pagar. Los californianos tuvieron que improvisar sobre la marcha sus propios códigos y sus propias formas de aplicarlos. Se sobreentendía que cualquier gambusino podía *reclamar* tierras, pero esa reclamación solo tendría efecto en tanto que fueran efectivamente explotadas. Los mineros solían hacerlo hasta que podían determinar su potencial. Si la tierra se consideraba de bajo valor, como ocurría la mayoría de las veces, los mineros la abandonaban y proseguían la búsqueda de su fortuna. Entonces, otros mineros menos exigentes podían reclamar para sí la tierra que ya había sido trabajada y abandonada. Las disputas que inevitablemente producía este sistema eran manejadas personalmente y, a veces, de forma violenta.

Por otra parte, la Fiebre situó a California en el centro justo de la imaginación mundial, convirtiéndola en el destino de cientos de miles de personas, que con el tiempo mostraron frecuentemente una inventiva, una autonomía y una civilidad notables. En este periodo, se fundaron pueblos y ciudades; también se convocó una asamblea constituyente, que redactó la Constitución del estado. Se celebraron elecciones y los representantes elegidos fueron a Washington para negociar la admisión de California como estado de la Unión. La agricultura a gran escala (la Segunda Fiebre del Oro de California) comenzó también durante esta época. Gracias a este vertiginoso desarrollo, rápidamente florecieron iglesias, escuelas, caminos y organizaciones civiles.

Fuera de California, las comunicaciones también mejoraron como consecuencia del fenómeno. El pri-

La extracción de oro llegó a su máximo apogeo en 1852. De ahí en adelante, ya fue muy difícil que el buscador individual obtuviera beneficios, que bajaron de un promedio de 20 dólares al día en 1848 a 10 en 1850, 5 en 1853 y 3 a finales de la década. En definitiva, muy pocos de los buscadores de fortuna se hicieron millonarios.

mer ferrocarril transcontinental fue inaugurado en el istmo de Panamá en 1855. Entre Panamá y San Francisco comenzaron a navegar nuevas líneas de barcos de vapor, mediante las que los pasajeros y la carga enlazaban con el ferrocarril transcontinental. Desde Panamá también zarpaban regularmente barcos hacia la Costa Este norteamericana. En uno de estos viajes, el *Central America* se hundió frente a la costa de las Carolinas en 1857 víctima de un huracán. Se calcula que, además de muchos pasajeros, tres toneladas de oro se hundieron con el navío. El primer ferrocarril transcontinental estadounidense tardaría aún en llegar unos años, pero en 1863 se abrió el tramo occidental en Sacramento. La construcción de esta línea fue financiada en parte con el oro de California.

El oro también estimuló indirectamente varias economías de todo el mundo. Los granjeros de Chile, Australia y Hawai encontraron un gran mercado en el que colocar sus productos agropecuarios; los bienes manufacturados británicos también tuvieron gran

Según cálculos posteriores de la Inspección Geológica de los Estados Unidos, durante los primeros cinco años de la Fiebre del Oro se extrajeron unos 12 millones de onzas de oro, equivalentes a 370 toneladas.

demanda, y desde China llegaron ropa e, incluso, casas prefabricadas. Los precios se elevaron rápidamente y el oro de California estimuló la inversión y la subsecuente creación de empleos en otros países.

Además, la Fiebre tuvo un efecto contagio y se reprodujo en otros muchos lugares de los Estados Unidos, ayudando a conformar el escenario en que se fraguaría definitivamente el Viejo y Salvaje Oeste.

Durante veinte años, de 1859 a 1879, un lugar árido cercano a Virginia City, Nevada, brilló como uno de los sitios más famosos y, sin duda, coyunturalmente el más rico del mundo. Un trampero y buscador de oro itinerante llamado Henry Comstock (1820-1870) tropezó con un destello de plata en una concesión que había solicitado y pronto descubrió que procedía del yacimiento más rico de la historia de Norteamérica. Al poco, Comstock vendió su concesión por lo que en aquel momento le pareció una fortuna, unos 11.000 dólares, sin sospechar siquiera

La enorme riqueza en oro extraída del suelo californiano fue atesorada por la aún joven nación estadounidense, que basó parcialmente en ella su inusitada prosperidad.

que en las dos décadas siguientes brotarían de su subsuelo unos 500 millones.

Efectivamente, aquel yacimiento se convertiría en la baza económica más grande de Nevada. La veta de Comstock produjo una serie de minas, algunas de ellas las más profundas perforadas en América hasta entonces. Se llevaron a Virginia City una cantidad enorme de las máquinas más modernas que existían para perforar, volar y acarrear, con objeto de recoger la plata y el oro que parecían salir sin fin del suelo. En 1873, el descubrimiento más grande de todos, llamado Big Bonanza, hizo inmensamente ricos a los propietarios de la California Consolidated Mine.

Manejar todo aquel hallazgo exigía prodigios de ingeniería casi iguales a la maravilla deslumbrante de los propios metales. Los mineros se encontraron repetidamente con lagos subterráneos que había que desecar antes de poder continuar, lo que llevó a Adolph Sutro (1830-1898) a diseñar y hacer practicable un túnel de 8 kilómetros de longitud para desaguar las minas en el río Carson.

La riqueza desmesurada justificaba los gastos y la experimentación. Aquella riqueza se extendió a las cercanías y más lejos. Virginia City pasó casi de la noche a la mañana de ser un poblacho a convertirse en una ciudad de 40.000 habitantes, una de las más grandes y ricas del Oeste. Los financieros construyeron un lago artificial para tener agua en los meses de verano y después la condujeron por tuberías a lo largo de 48 kilómetros con objeto de que llegara a los ciudadanos, y todo ello obteniendo beneficios. Mientras tanto, Sutro y los inversores más importantes de las minas amasaron grandes fortunas que exhibían construyendo lujosas mansiones en San Francisco, donde preferían vivir.

Pero pasados veinte años, la veta empezó a dar signos de agotamiento. Los mineros tenían que bajar cada vez a mayor profundidad para sacar cada vez menos cantidad de metales. Cuando la veta se agotó del todo, los mineros y capitalistas se fueron y Virginia City se convirtió rápidamente en casi una ciudad fantasma.

Mas el vaivén de los hallazgos mineros era generoso con los diversos estados y así, tras el auge de Nevada, un nuevo descubrimiento de metal en Colorado, en los yacimientos de Cherry Creek, cerca de Denver, atrajo a una turbamulta de 10.000 prospectores tan solo en 1860. Similar estampida provocó hacia 1858 el auge de la cercana localidad de Boulder, a las afueras de Denver, también en Colorado, a causa del hallazgo de oro en el río South Platte. Ese mismo 1858, también se produjo otra fiebre del oro en el cañón Fraser, cerca de donde hoy se ubica la ciudad canadiense de Lytton. Sin salir de Canadá, la fiebre del oro de la meseta Cariboo fue la más famosa de la Columbia Británica y, a diferencia de las de más al sur, produjo una inmigración compuesta casi en su totalidad por británicos y canadienses. La fiebre del oro de Bannack, Montana, de 1862, fue tan importante casi como la de California.

Los sucesivos descubrimientos de vetas de oro y plata en distintos lugares del Oeste provocarían pasajeras explosiones demográficas que sirvieron para acelerar la colonización y el avance de la civilización. De esta forma, poco a poco, el Oeste se iría haciendo más pequeño año a año, a medida que se fueron llenando más y más espacios en los mapas. En poco tiempo, los senderos y caminos empezaron a llenarse de hombres, animales y carros cargados con unas pocas posesiones, algunas semillas y esquejes y un enorme equipaje de sueños y expectativas. Mientras, en los ríos navegables, el advenimiento de las máquinas de vapor permitió a los barcos surcar con sus ruedas de paletas los grandes ríos norteamericanos transportando más y más colonos.

La búsqueda de nuevas vetas auríferas produjo, además, el hallazgo de otras numerosas riquezas mineras en todo el país. Proliferaron así las minas de todo tipo de minerales, como las de cobre de la fotografía.

En definitiva, diez años de caravanas y otros diez de éxodo catapultado por la Fiebre del Oro lograron abrir las primeras vías de comunicación entre el Este y el Oeste. Pero estos avances eran insuficientes. Había llegado el momento de unir definitivamente el continente de costa a costa, de crear una red de comunicaciones que permitiera el traslado del correo y de las personas. El rápido crecimiento del estado de California, del Territorio de Oregón, del Sudoeste y también de la colonia mormona de Utah hicieron necesario establecer vías de contacto rápido y directo entre ambas costas y también ir tejiendo una red interna de comunicaciones en esos mismos territorios. Esto dio lugar, como pronto veremos, a la siguiente etapa de la historia norteamericana: la de desarrollo y mejora de las comunicaciones y, sobre todo, la de construcción de la primera línea ferroviaria transcontinental, que se finalizaría en 1869. A partir de ahí, la leyenda del Viejo Oeste seguiría siendo generosa en la sucesión de temas excitantes. A la marcha de los pioneros le había seguido la quimera del oro, de igual manera que, ya sin solución de continuidad, vendrían la aventura de las diligencias, la epopeya del correo, la odisea del "camino de hierro"...

6

LAS VÍAS DE COMUNICACIÓN

Si un joven está a punto de comenzar su vida... le aconsejamos pública y privadamente que vaya al Oeste. Allí sus capacidades serán apreciadas con toda seguridad y su laboriosidad y su energía recompensadas.

Horace Greeley (1811-1872), director del *New York Tribune*

Hacia 1860, los Estados Unidos estaban realmente unidos solamente sobre el papel. Además de que su crecimiento como nación se hallaba seriamente comprometido por el contencioso entre el Norte y el Sur a propósito de la esclavitud, los jóvenes y prósperos territorios de California y Oregón permanecían separados del resto por una vasta extensión árida poblada principalmente por indios y por algunos pocos cazadores de búfalos, buscadores de oro, pioneros y mormones.

Pero para muchos estadounidenses, en esta extensión intermedia era donde realmente se jugaba el destino manifiesto de su país. Eran muchos los que soñaban con conquistar y fertilizar ese desierto y expandir la civilización estadounidense *por todo* el Oeste. Sin embargo, para que eso fuese una posibilidad cierta era absolutamente imprescindible mejorar las comunicaciones y el transporte de personas, mercancías y noticias entre aquellos vastísimos territorios.

En ese orden de cosas, en una primera fase hubo tres medios de comunicación que jugaron un papel fundamental en la Conquista del Oeste, hasta el punto de convertirse en tres de sus símbolos más imperecederos: la diligencia, los vapores fluviales y el Pony Express. Recordemos brevemente su historia.

LA DILIGENCIA, UN ICONO DEL OESTE

La diligencia es quizá el vehículo asociado con el viejo Oeste más instantáneamente reconocible, más incluso que la locomotora de vapor. Se podría decir que es el símbolo de la época.

El descubrimiento del oro y el desplazamiento masivo de población hacia California había empezado a crear en el Oeste un cierto contrapeso económico y demográfico a la hegemonía del Este. Aunque quedaban amplias áreas por reconocer y colonizar, había una circunstancia nueva que todo lo cambiaba: ya se podía ir por vía terrestre desde Nueva York a San Francisco siguiendo las rutas trazadas por los pioneros, aunque fuera a costa de innumerables sacrificios y riesgos.

Pero una de las necesidades más perentorias era la de establecer una rápida comunicación postal entre ambas costas. Y así lo entendieron los californianos que no dejaron de reclamarla constantemente, deseosos como estaban de mantenerse al corriente de lo que se gestaba en el Este. En tanto el telégrafo no se extendiera, el servicio de correos era el único medio de mantener en comunicación a las entidades y a las personas.

Por otra parte, la incorporación de los nuevos territorios del Sudoeste (Texas, Arizona y Nuevo México) exigía enlazarlos también regularmente con el resto de la Unión. Además, aunque las carretas tuvieron mucho éxito para el transporte de cargas, no eran la respuesta idónea para otra imperiosa demanda del

La diligencia es quizá el vehículo asociado con el Viejo Oeste más instantáneamente reconocible, más incluso que la locomotora de vapor. Se podría decir que es el símbolo de la época.

creciente Oeste: un transporte de pasajeros más confortable y adecuado. Las fuertes migraciones al Territorio de Oregón durante la década de 1840 y el gran influjo de los buscadores de oro de California durante la de 1850 crearon la necesidad de un servicio terrestre de pasajeros más regular, cómodo y económico. En última instancia, todo eso sería cubierto con creces por el ferrocarril transcontinental, pero para su llegada quedaban aún unos años. De momento, la solución arbitrada, la mejor por entonces, fue la de poner en servicio distintas líneas de diligencias.

La diligencia como servicio de transporte de pasajeros había hecho su aparición en Norteamérica al oeste del Mississippi hacia 1820, cuando se inauguraron varias líneas de ida y vuelta con cabecera en Saint Louis, Missouri. En menos de veinte años, iniciativas similares surgieron en Iowa y, a mediados de siglo, un servicio mensual unió Independence, Missouri, con Santa Fe, Nuevo México. Por esas mismas fechas, varios servicios de diligencias similares estaban en funcionamiento en Oregón, California y Texas.

El siguiente objetivo era, pues, enlazar las dos costas con un servicio directo de transporte de pasajeros y correo en diligencias. Pero la empresa no era fácil. Los riesgos, altos; la rentabilidad, dudosa. Por fin, en 1857, el Congreso de los Estados Unidos abrió un concurso para otorgar la concesión de un servicio postal transcontinental que, según el pliego de condiciones, debía cumplir los siguientes requisitos: "Tener una frecuencia bisemanal y ser servido por carruajes tirados por cuatro caballos, con facilidades para acomodar pasajeros y garantías de seguridad para el transporte del correo".

Conocidas las ofertas, la concesión recayó en la Overland Mail Company, en realidad un consorcio de varias empresas de transporte, entre ellas la poderosa Wells Fargo & Company —que acabaría controlando

La diligencia como servicio de transporte de pasajeros hizo su aparición en Norteamérica al oeste del Misisipi hacia 1820, cuando se inauguraron varias líneas de ida y vuelta con cabecera en Saint Louis, Misuri. En las siguientes décadas se extendió por los nuevos territorios del Oeste.

la totalidad del negocio—, creada en la ciudad de Nueva York en 1852 por Henry Wells (1805-1878) y William G. Fargo (1818-1881), ambos con experiencia bancaria y de transportes expresos.

Wells había aprendido todo lo necesario sobre el negocio de las diligencias y el transporte de correo en el Este, donde se hizo cargo de la sociedad Pomeroy & Company, que hacía la ruta Albany-Buffalo, conduciendo muchas veces él mismo o echando una mano en otras faenas. Más tarde, la empresa pasó a llamarse Wells & Company's Western Express y operó desde la costa hasta el lejano Saint Louis. Fargo fue al principio empleado suyo, pero se mostró tan capaz que Wells lo convirtió en su socio. La Wells Fargo tenía, pues, gran experiencia en el transporte de viajeros y de correo en otras partes del país, utilizando los medios más rápidos de la época: diligencia, barco a vapor, ferrocarriles, correos a caballo y telégrafo.

Pero el hombre que iba a unir su nombre al primer transporte a través del continente vía diligencias

A medida que avanzaba la Conquista del Oeste, el negocio del transporte de mercancías llegó a adquirir una envergadura acorde con las dimensiones del país y con los requerimientos de la población.

fue John Warren Butterfield (1801-1869), un ejemplo más del tipo de pionero resuelto y emprendedor para el que no existían obstáculos que tanto abundarían en el Oeste. Nombrado presidente de la Overland, le correspondería a él crear, a cambio de un pago estatal de 600.000 dólares, el primer enlace transcontinental con diligencias entre Saint Louis y San Francisco, un recorrido de 4.500 kilómetros a realizar en un máximo de veinticinco días.

La línea se inauguró el mismo año en que recibió la concesión: 1858. Para conseguir tal logro, Butterfield escogió muy concienzudamente la mejor ruta, basándose en las militares ya existentes entre El Paso y Fort Yuma, en la frontera de California. Las diligencias partían de Tipton, Missouri, descendían prácticamente al llano hasta Fort Smith, Arkansas, atravesaban después Texas hasta El Paso y Arizona por Tucson, luego seguían la frontera mexicana hasta Fort Yuma, desde donde pasaban a California, para llegar a Los Ángeles y remontar hasta San Francisco. De esa forma, aunque se daba un gran rodeo (unos 600 kilómetros más que la ruta más corta posible), se evitaban las alturas y las nieves de las montañas Rocosas y la aridez y el sofocante calor de la Gran Cuenca. El trayecto completo duraba tres semanas y costaba 200 dólares.

A partir de ese momento, una fiebre por crear líneas de comunicación y transporte sacudió a los norteamericanos, ávidos de ir surcando aquella geografía de la que, a raíz del descubrimiento del oro, se esperaban riquezas sin límite. Las líneas de diligencias crecieron como hongos. La de San Antonio, Texas, a San Diego, California, desafiaba todos los peligros, especialmente los ataques de los apaches y la falta de agua. Otra línea famosa fue la establecida en 1859 por William Russell, uno de los futuros dirigentes del Pony Express, para la Central Overland and Pike's Peak Express Company, que partía de Fort Leavenworth,

Kansas, y llegaba a Denver, Colorado. El negocio del transporte llegó a adquirir una envergadura acorde con las dimensiones del país y los requerimientos de movilidad de la población.

Pero no eran tan solo las personas las deseosas de moverse. Estaba el enorme tráfico de mercaderías suscitado por la aparición o el crecimiento de las comunidades que estaban floreciendo en Colorado, Arizona, Arkansas o cualquiera de los nuevos territorios. Este trasiego, dado su peso y su volumen, tenía que hacerse en convoyes tirados por bueyes. Se transportaban todo tipo de mercancías en caravanas de carretas tiradas por 12 bóvidos a un promedio de algo más de 3 kilómetros por hora.

En ese negocio, un hombre llegó a ser llamado el "Rey de los Transportistas". Su nombre era Alexander Majors (1814-1900), quien, en un momento determinado, llegó a disponer de 2.500 carretas, 40.000 bueyes, 1.000 mulas y 4.000 empleados.

El negocio de las diligencias al oeste de Salt Lake City lo dominaba claramente la Wells Fargo, pero esa compañía pudo hacer pocos avances al este de ese punto, porque la zona estaba dominada por las actividades de un hombre llamado Ben Holladay (1819-1887), otra más de las figuras imperecederas del Oeste.

BEN HOLLADAY, EL REY DE LAS DILIGENCIAS

En los negocios, Holladay, que se hacía llamar el "Napoleón de las Llanuras" o el "Rey de las Diligencias", era implacable y voraz, y continuamente estaba expandiendo su negocio de diligencias atacando y absorbiendo o directamente echando del negocio a las compañías más pequeñas.

Holladay dominaba casi como nadie la picaresca. Lanzado a una competencia desleal contra otros trans-

El gran dominador del servicio de diligencias en la primera etapa de la Conquista del Oeste fue Ben Holladay (1819-1887), que se hacía llamar el "Napoleón de las Llanuras" y el "Rey de las Diligencias".

portistas, solía reventar los precios y los negocios de sus adversarios echando el resto al comienzo del servicio. Tras haberse hecho con la línea y haber llevado a la bancarrota a sus rivales, ya podía elevar libremente sus tarifas por encima de los demás, retirar sus mejores coches de la ruta y abaratar todos sus costes sin miedo a la competencia, previamente arruinada. Conseguido el dominio, seguía anunciando servicios casi de lujo, pero cuando el incauto viajero se personaba en el punto de partida con sus petates, se encontraba con una carroza desvencijada y unos esqueléticos jamelgos. Además, al menor riesgo de revuelta india, cierta o supuesta, Holladay aumentaba las tarifas pretextando el alto riesgo de la travesía. Eso lo hacía incluso en recorridos en los que no había ni rastro de indígenas desde hacía décadas.

Sus carromatos partían atestados con viajeros encaramados en la baca, el pescante e, incluso, montados en la trasera y sobre el equipaje. Muchos de sus rudimentarios coches de paredes de lona y techos y asientos corridos eran notoriamente más incómodos, y ya es decir, que los demás. La gran mayoría no disponía de sistema de suspensión alguno, así que conducirlos y viajar en ellos era un suplicio que rompía los huesos y la paciencia. Los pasajeros también tenían que hacer frente al mal tiempo, la mala comida, las averías mecánicas, los ataques de los indios y las eventuales veleidades etílicas de los conductores. Pero a Holladay no le preocupaba en absoluto la comodidad de los pasajeros. A ese respecto, sus órdenes a los conductores eran simples: "Empaquételos como sardinas".

Holladay aprendió el negocio ayudando a conducir carretas a su padre a través del desfiladero de Cumberland, en los Apalaches. Ya en solitario, comenzó su carrera abasteciendo de suministros al general Stephen Kearny en la Guerra contra México. Después emprendió con cierto éxito otros muchos negocios, antes de trasladarse a California y poner en marcha su primera compañía de diligencias, la Overland Stage Route. Años después, logró un monopolio virtual en la ruta entre Missouri y Salt Lake City, sin dejar por ello de operar también en otras a lo largo de toda la Senda de Oregón. Hombre rudo y bullicioso, al final logró levantar un imperio multimillonario de diligencias, barcos de vapor, plantas de embalaje, minas de oro, molinos de grano y tierras, que le permitía llevar una vida ostentosa y codearse con los funcionarios de más alto rango del Gobierno, a algunos de los cuales mantenía en nómina.

Pese a sus brutales métodos con los competidores y a sus modales zafios, Holladay era también un astuto e intuitivo hombre de negocios. Mucho antes de que se llevase a cabo el sueño de un ferrocarril transcontinental, él previó su impacto letal sobre el negocio de las diligencias. Con calma, fue revirtiendo su hasta entonces prolongada política expansionista e, inesperadamente, en 1866, sorprendió a los severos y sobrios ejecutivos de su principal rival, la Wells Fargo, ofreciéndoles venderles su negocio, cerrar, liquidar todo y desaparecer. La oferta le fue aceptada y Ben Holladay, el hasta entonces Rey de las Diligencias, se deshizo de sus negocios por 1,8 millones de dólares de la época.

Con ese dinero abrió un negocio de barcos a vapor con el nombre de Northern Pacific Transportation Company, que operó desde Alaska a México, y construyó el ferrocarril Oregón-California. Tras algunos otros escarceos en las minas de oro y plata, en destilerías, en mataderos y en otros negocios menores, pasó los últimos años de su vida en pleitos relativos a su complejo financiero y murió en Portland en 1887.

LA HEGEMONÍA DE LA WELLS FARGO

Gracias a unos y otros, hacia 1860, la diligencia se había convertido en el principal medio de transporte terrestre entre Missouri y la Costa Oeste. En principio, la Wells Fargo dejó el transporte de mercancías en manos de sus rivales Russell, Majors & Waddell, que competían a su vez con empresas menores, como la Jones & Cartwright. Pero, entre 1861 y 1862, todas estas empresas de transportes de mercancías se fueron a pique.

En 1865, coincidiendo con el fin de la Guerra de Secesión, la nación se preparó para la expansión definitiva hacia el Oeste. En 1866, Wells Fargo controlaba la mayor parte de las líneas del Oeste. Sus famosas diligencias rodaban ya por unos 5.000 kilómetros de California a Nebraska, así como de Colorado a Montana e Idaho. Pero, por entonces, los ferrocarriles ya eran una prioridad y, durante la construcción de la Union Pacific y el Central Pacific, Wells Fargo decidió expandir sus intereses, para salvaguardar su futuro.

Lo primero fue acometer la consolidación de todas las líneas importantes de diligencias y correos al oeste del río Missouri. Tras comprar los negocios de Ben Holladay, la Wells Fargo se hizo también con la totalidad de la Overland Mail Company, con la Pioneer Stage Company y con una serie de compañías menores más. Todas se fusionaron bajo el control de Wells Fargo, que enseguida procuró abrir líneas de negocios conjuntas con las compañías ferroviarias. Finalmente atendieron, además de otros muchos servicios en otras partes del Oeste, el transporte y las comunicaciones entre las dos compañías que construían el ferrocarril transcontinental, Central Pacific y Union Pacific, que necesitaban enlazar los diversos puntos del recorrido donde la presencia de talleres e instalaciones auxiliares agrupaba a gran número de trabajadores. Lo gigantesco de la obra y el progreso itinerante del tendido

En 1866, la compañía Wells Fargo controlaba la mayor parte de las líneas del Oeste. Sus famosas diligencias rodaban ya por unos 5.000 kilómetros de California a Nebraska, así como de Colorado a Montana e Idaho.

exigía un movimiento de dinero para el pago de los obreros y serían las diligencias de la Wells Fargo las destinadas a transportarlo hasta pie de obra.

Aquel era un buen negocio, pero entrañaba grandes riesgos. La tentación no tardó en hacerse patente. Obreros despedidos del ferrocarril, sabedores de la valiosa carga de las diligencias, se echaron al monte formando partidas con aquellos que, tentados por la ausencia de ley existente en las tierras recién incorporadas, decidieron dedicarse al robo como forma vocacional de vida. El elenco de los forajidos estaba formado, además de por obreros del ferrocarril hartos de trabajar mucho y ganar poco y de buscadores de oro fracasados o arruinados, por mexicanos de Texas, mestizos ahora sin patria y sin otras muchas salidas.

Los viajes de las diligencias se hicieron, pues, aun más peligrosos, y en muchos casos habían de llevar una escolta redoblada de hombres armados —los famosos escopeteros— que garantizasen la integridad del capital que acarreaban, y también de los empleados y los pasajeros. La iconografía del Oeste ha sido muy propicia en mostrarnos la acción de los forajidos a galope tendido, en combate a tiros con los defensores de la diligencia en cuyo equipaje iba la nómina de una compañía ferroviaria o minera. Los asaltos se hicieron más frecuentes en el área de las montañas Rocosas, en las Colinas Negras y en el litoral del Pacífico, regiones en que se localizaban las minas y en las que los pasajeros solían llevar consigo mayores sumas de dinero u oro.

EL VIAJE EN DILIGENCIA

Aunque se usaban distintos modelos de diligencia de varios fabricantes, el más común era el fabricado por Abbot-Downing & Company, conocido como "Concord", en honor a la ciudad de New Hampshire en que se fabricaban. Se trataba de una diligencia muy resistente, de enormes ruedas, capaces de vadear grandes caudales, y que iba suspendida de unos gruesos tirantes de cuero atados al chasis. Cuando estaba en movimiento, se balanceaba sobre ellos y, si iba deprisa o por un terreno desigual, era fácil marearse. Tenía capacidad para nueve pasajeros dentro y el mismo número, incluidos el conductor y el escopetero, apretujados en el pescante, el techo y la trasera.

La diligencia pesaba aproximadamente una tonelada y, aunque se ha solido representar tirada por seis caballos, la mayoría usaban, en realidad, mulas. Por lo común, solía viajar a una media de unos 8 km/h, combinando el galope moderado con el trote ligero en los tramos más difíciles. En casi todas las líneas, el tiro era relevado aproximadamente cada 320 kilómetros, en puestos instalados ex profeso. Además, en muchos de ellos, una cantina y un modesto alojamiento permitían a los pasajeros reponerse del terrible zarandeo al que

La figura de la diligencia se convirtió pronto en un componente esencial y muy habitual del paisaje del Oeste.

se veían sometidos durante el viaje, *acomodados* como podían en el habitáculo del carruaje.

Para la mayoría de ellos, el viaje era una experiencia de pesadilla. Cruzar el país duraba varias semanas, con frecuentes cambios de tiros, pocas paradas para comer y aun más escasas para dormir. La mayoría de los viajeros intentaba hacerlo en el coche, que solo en raras ocasiones, cuando la región hacía peligrosos los viajes nocturnos, se detenía unas cuantas horas.

Además, los ataques de los indios o los salteadores y la rotura ocasional de una rueda, así como el retraso causado por una inundación o una manada de búfalos, eran riesgos necesariamente aceptables.

Por todo ello, los pasajeros llegaban a su destino con evidente alivio. El periodista del *New York Herald*

LA GUÍA DEL VIAJERO DE DILIGENCIAS

El *Omaha Herald* del 3 de octubre de 1877 publicó una guía de consejos útiles para viajeros de diligencia. Entre otras cosas, se aconsejaba que, si se desbocaba el tiro, lo mejor era "mantenerse sentado y tentar la suerte. Si salta a tierra se hará daño nueve veces de cada diez". El licor consumido en tiempo frío significaba que uno "se helaría dos veces más deprisa". También estaban de más los comentarios desdeñosos sobre la comida de las estaciones de relevo; al fin y al cabo, lo hacían lo mejor que podían. Se recomendaba también no fumar dentro del coche y "escupir a sotavento". No se debía discutir de religión o política como tampoco disparar, pues eso asustaba a los animales. Y por fin: "No se entretengan en el lavabo. No se engrasen el pelo, hay mucho polvo. No se imaginen ni por un momento que van de paseo. Esperen aburrimiento, incomodidades y algunas dificultades".

Waterman Ormsby apuntó tras soportar los más de 4.500 kilómetros del viaje completo hasta San Francisco: "Sería perfectamente capaz de rehacer la ruta de vuelta, pero ahora sé cómo es el infierno. Lo he conocido durante veinticuatro días seguidos".

Al frente de esos incómodos carruajes estaban los conductores de diligencia, que formaban una raza especial de hombres preparados para arriesgar sus vidas en las tierras de los indios hostiles, para soportar estoicamente al descubierto todo tipo de climas y para afrontar y, si era posible, solucionar el peligro siempre presente de accidentes en el camino. Pero, antes de nada, debían de ser muy hábiles con las riendas y expertos en el trato de las caballerías. La habilidad que tenían para manejar tiros de cuatro o seis caballos o mulas medio salvajes era legendaria.

Su comportamiento y modo de vestirse podrían describirse como corrientes; solían ir embozados y envueltos en grandes capas o abrigos, con una gorra o un sombrero de alas anchas. En verano solían llevar también unas gafas tintadas de color verde oscuro para protegerse del sol. De entre la tipología creada por la colonización del Oeste, la figura del conductor de diligencias ha quedado asociada a los riesgos del ataque indio, a las galopadas desenfrenadas, a los espectaculares accidentes cuando el tropiezo con un peñasco hacia desprenderse a una rueda y su pericia evitaba la tragedia.

Por regla general, eran tipos de pelo en pecho, fuertes de brazos, duros de riñones y con un estómago a toda prueba. Los riesgos eran altísimos y la prevención de llevar un escopetero en el pescante no garantizaba, ni mucho menos, el ponerse a cubierto del asalto de indios o de bandidos que, lo menos que provocaban, era dejar la diligencia a merced de unos animales desbocados.

Digno de recordar entre ellos fue Robert Emery, por entonces un joven conductor que, en 1864, estaba en Atchison, Kansas, cuando le llegó la noticia de que a su hermano Charles y a su familia, que vivían en la estación de relevo de Liberty Farm, los habían matado los indios, que además habían quemado el puesto. Al saberlo, otros conductores más experimentados rehusaron seguir adelante con sus diligencias, pero Bob Emery decidió que él sí lo haría en recuerdo y homenaje a su familia y el 9 de agosto dejó Atchison con un pasaje de siete hombres y dos mujeres. Sorprendidos en una emboscada por unos 50 indios, Emery se las arregló para dejarlos atrás. Cuando llegaron a la siguiente parada, el coche estaba completamente cubierto de flechas. Al final de la línea, fue recibido como un héroe y después le regalaron un anillo en homenaje a su valentía. Por desgracia, el joven murió de unas fiebres un año más tarde.

Los pasajeros de aquellas diligencias formaban un microcosmos representativo de las gentes que pululaban por aquel Oeste semisalvaje, inhóspito y lleno de peligros. A las figuras de la esposa del militar destacado en cualquier fuerte de la Frontera que acudía a reunirse con su marido, del viajante comercial y del tahúr con chaleco ostentoso en busca de tapetes vírgenes y propicios, sin perder por ello una galante caballerosidad, se unía la de la prostituta de corazón de oro, proscrita por las damas más pías; el médico borrachín mal visto por las clases conservadoras de su ciudad y el banquero deshonesto, que disfrazaba su granujería con su altivez. Si a esta muestra añadimos el vaquero ingenuo y noble a carta cabal, aunque tuviera una cuenta pendiente con la justicia, el comisario comprensivo y el cochero protestón y ocurrente, tenemos el mosaico de personajes que nutrieron aquel arriesgado pasaje, tan proclive después a proporcionar material a la novela y el cine.

LOS VAPORES FLUVIALES

Desde que los por entonces jóvenes Estados Unidos fijaron su ambición en las inmensas tierras al Oeste del Mississippi, muchos albergaron la confianza en que otro gran río similar correría en trayectoria inversa a través de las Grandes Llanuras en dirección al océano Pacífico. Caso de existir —cosa de la que estaba convencido, por ejemplo, el presidente Jefferson— sería la gran vía de comunicación que permitiría la colonización y explotación de aquellos inmensos territorios. Pero todos los primeros exploradores fueron incapaces de encontrar ese *otro* gran río. Por supuesto, no lo encontraron porque no existía.

No obstante, en Norteamérica abundan los ríos navegables y, desde el principio, casi todos ellos se constituyeron en grandes vías para el transporte de personas y mercancías, sobre todo gracias a la revolución tecnológica que supuso la aparición de los vapores fluviales, debida a los ingenieros e inventores John Fitch (1743-1798) y Robert Fulton (1765-1815). Estos grandes y cansinos barcos comenzaron a surcar las peligrosas aguas del Mississippi y de sus mayores afluentes, el Ohio y el Missouri. La ciudad de Saint Louis, ribereña del Mississippi y a unos 27 kilómetros al sur de la confluencia del Missouri, se convirtió en un gran puerto fluvial y también en el punto de partida de muchos emigrantes, que recorrían el río por lo menos hasta Franklin, Missouri, uno de los puntos de partida de las caravanas que recorrían el Camino de Santa Fe.

Pero surcar las curvas sinuosas y las caprichosas corrientes del Missouri era un desafío incluso para los más capaces pilotos. Uno de los más famosos, William "Steamboat Bill" Heckman, lo describió irónicamente como "demasiado espeso para navegarlo, pero no lo suficientemente para ararlo". Poco a poco, la mejora técnica de los barcos fue permitiendo ampliar más y más el tramo navegable corriente arriba. A partir de 1831, ya se pudo alcanzar Fort Tecumseh y, poco después, remontando aun más, Fort Union, a casi 3.000 kilómetros de distancia de Saint Louis.

Pero la proliferación de los vapores fue algo mucho más general en toda Norteamérica. Los famosos *steamboats* traqueteaban y pitaban a lo largo de los más de 14.000 kilómetros de aguas navegables del corazón de la Norteamérica del siglo XIX. Bajaban por ejemplo desde Pittsburg, donde el Monongahela se une al Allegheny, hacia la ciudad de Cincinnati, en el Ohio, y luego seguían hacia el sur, por el Mississippi, que se surcaba desde Saint Paul, pasando por los enjambres de islas y las praderas de Illinois, atravesando las transparentes aguas del curso alto en dirección a las más embarradas del sur. Pero también se hacía por el ancho Missouri, hasta unos 3.200 kilómetros al oeste; por el Tennessee y el Cumberland, en el este, y por los ríos Blanco, Yazoo, Ouachita, Big Black y Atchafalaya, en las ricas tierras del sur. Y, al otro lado del mapa, el *Beaver,* propiedad de la Hudson's Bay Company, cargado con todo tipo de productos y de pioneros, comenzó a surcar el río Columbia, la gran arteria de transporte del comercio de pieles en el Territorio de Oregón.

Otros ríos tributarios del Mississippi, como el Rojo, empezaron asimismo a aprovecharse para transportar el ir y venir de pioneros. Durante la avalancha de buscadores de oro a California y el gran éxodo a Oregón, Saint Louis aumentó todavía más su importancia como puerta de entrada al Oeste.

En el propio Mississippi, a comienzos del siglo XIX, el vapor y el algodón se embarcaron juntos en un viaje que duró casi un siglo. Durante el siglo XVIII más y más colonos se trasladaron a las ricas tierras del curso bajo, mientras las desmotadoras de algodón se perfeccionaban y se traían a la zona grandes cantidades de esclavos. Esa conjunción produjo grandes oportunidades para los terratenientes, que amasaron grandes fortunas. Aparecieron mansiones en las riberas del gran río. Los primeros vapores mercantes trajeron muebles finos, caras viandas y libros y artistas para entretener y satisfacer la creciente sofisticación de pueblos como Natchez y Nueva Orleans.

Esta enriquecida población también empleó los vapores para el transporte y los barcos se hicieron cada vez más lujosos y rápidos. El viaje por vapor de Louisville a Nueva Orleans, que tardaba veinte días en 1820, llevaba ya solo seis en 1838. A la vez, también creció la demanda de barcos más pequeños, apropiados para moverse por los ríos tributarios del Mississippi. Los poblados indios o de tramperos, los modestos puestos comerciales y las pequeñas granjas, que habían servido a los aventureros que surcaban el río en busca de nuevas tierras a comienzos del siglo XIX, pronto se vieron sustituidos por florecientes centros comerciales como Saint Louis, Memphis, Helena, Greenville, Vicksburg, Natchez, Bayou Sara, Baton Rouge...

Aquellas embarcaciones, más o menos lujosas, de tres y a veces cuatro cubiertas, altas chimeneas y ruedas a babor y a estribor —al principio en popa—, proporcionaban un confort muy ventajoso respecto a las diligencias y las carretas, y ello a pesar del hacinamiento y de los no pocos riesgos, como los hielos invernales, los numerosos y cambiantes bancos de arena y la abundancia en la corriente de escollos y objetos flotantes, en los tres casos, continuas fuentes de embarrancamientos y naufragios.

Mecánicamente, comparados con los barcos modernos, los de vapor eran primitivos, pero para su tiempo resultaron muy eficientes. Sus altas chimeneas tenían unos tiros poderosos y, si el barco quemaba madera, ayudaban a mantener lejos de él las chispas.

De hecho, si transportaba algodón, por lo menos ocho hombres con cubos de agua a mano se ocupaban de vigilar que las chispas que salían a raudales, como en un espectáculo de fuegos artificiales, no incendiasen la carga. Pero existía también el peligro de explosión de las calderas. El combustible que se usaba era el carbón, más a menudo que la madera, pero cuando el barco quería acelerar su marcha por cualquier circunstancia se echaban en los fogones barriles de resma, aguarrás o, incluso, grasa de cerdo.

La época de los barcos de vapor fue una parte fascinante del crecimiento de Norteamérica. Representaron un papel importante en su avance económico y social y le proporcionaron un aire romántico y un colorido que no se repetirían jamás. Los mejores de ellos, una especie de "palacios flotantes", que incorporaban todos los lujos conocidos entonces, eran también el lugar predilecto de los tahúres, timadores y otros individuos ansiosos por desplumar a los pasajeros. Sin duda, la convivencia entre personas de tan distintos objetivos y calañas podía causar problemas, pero los capitanes, generalmente también propietarios del barco, sabían que, si los controlaban, su negocio seguiría siendo muy próspero.

Tanto capitanes como pilotos habían pasado años en el río y conocían, más o menos, cada banco de arena, cada tronco sumergido y cada escollo que en él hubiera. Uno de los más famosos de todos estos capitanes fue Samuel L. Clemens (1835-1910), más conocido en su faceta de escritor con el seudónimo "Mark Twain".

Sin embargo, el fenomenal crecimiento del tráfico de vapores en el Mississippi sufrió un brusco frenazo al comenzar la Guerra de Secesión. Los barcos sureños se escondieron en estuarios lejanos para escapar de la destrucción y, en algunos casos, se quedaron en esos pantanos ya para siempre, oxidados, desvencijados y sin reparación posible. No obstante, cuando terminó la

Grandes y cansinos barcos a vapor comenzaron a surcar las peligrosas aguas del Misisipi y de sus mayores afluentes, el Ohio y el Misuri.

LA RIVALIDAD ENTRE BARCOS

La rivalidad entre los capitanes de los barcos fluviales era muy conocida, pero quizá la más famosa fue la que existió entre John W. Cannon, del Robert E. Lee, y Thomas P. Leathers, del Natchez, los dos mejores barcos de la época. No se caían nada bien el uno al otro y protestaban enérgicamente ante cualquier comentario sobre la mayor rapidez del barco contrario. La gente se preguntaba cuál de los dos sería capaz de batir el record fijado en 1844 por el J. M. White en tres días, veintitrés horas y nueve minutos entre Nueva Orleans y Saint Louis. Así que llegó el día de comprobarlo.

Aunque los dos capitanes negaron que estuviera prevista una carrera, ambos barcos tenían programado salir de Nueva Orleans hacia Saint Louis el mismo día, el 30 de junio de 1870. Fuera o no una carrera, el caso es que la ganó el Robert E. Lee, que fue capaz de recorrer el trayecto en dieciocho horas y catorce minutos, un récord que todavía se mantiene.

guerra, los ribereños retomaron rápidamente el negocio donde lo habían dejado. Durante la década de 1870 y los primeros de la de 1880, se construyeron algunos de los mejores barcos nunca vistos en el Mississippi.

Pero, poco a poco, los ferrocarriles —más rápidos, más confortables y más económicos— demostraron ser una competencia demasiado poderosa para los vapores fluviales, que, además, se enfrentaron en los últimos años del siglo XIX a otros inconvenientes, como las inundaciones, que interrumpían la navegación al inundar la mayoría de los muelles de descarga; las sequías, que impedían la navegación de los barcos grandes; las constantes epidemias de fiebre amarilla de Nueva Orleans y otros puertos del bajo Mississippi,

En el gran Misisipi, el vapor y el algodón se embarcaron juntos en un viaje que duró casi un siglo y que configuró un estilo de vida muy característico alrededor de los grandes puertos fluviales.

que cercenaban la actividad, y la falta de dragado de las cada vez más encenagadas corrientes. Aquel fue el final de la época dorada de los vapores.

En resumen, la diligencia y los barcos ofrecieron una solución parcial y pasajera al problema de las comunicaciones y los transportes, pero el pleno desarrollo del país seguía exigiendo unas comunicaciones postales mucho más rápidas. En el verano de 1861 se intentó una vía, de poco éxito comercial, pero de gran repercusión y honda huella en la mitología del Oeste: el Pony Express.

EL PONY EXPRESS, CORREO A GALOPE TENDIDO

De todos los medios utilizados por los estadounidenses del siglo XIX en su frenética lucha por la conquista de espacio y por ganarle tiempo al tiempo, no hubo ningún otro que inflamase más la imaginación y diera a sus protagonistas más tintes heroicos que el Pony Express, el servicio de correos a base de postas a caballo.

En 1845, un mensaje del presidente James K. Polk tardaba unos seis meses en llegar a California y otro tanto en repartirse por todo el Oeste. En 1860, el medio de comunicación más rápido era la línea de diligencias Butterfield Overland Mail, pero tardaba unos veinticinco días. Si el correo se enviaba por alguna de las otras líneas existentes por el centro o por el norte del país se ahorraban centenares de kilómetros, pero esto solo era posible en temporada veraniega, pues en invierno las líneas se cortaban o se demoraban por la nieve y el mal tiempo. Estos plazos eran aceptables, más o menos, para una persona, pero para una noticia, una orden, un comunicado o una ley eran excesivos.

De momento, hasta que el telégrafo y el ferrocarril diesen otras soluciones, la única posibilidad era poner en funcionamiento un enlace postal a caballo. Esta solución obtuvo el apoyo federal y el proyecto de unir Missouri con California mediante correos a caballo empezó a tomar cuerpo. En el núcleo inicial de la idea participaron los tres socios principales de la empresa de diligencias y transporte de mercancías Russell, Majors & Wadell, y especialmente el primero de ellos, William Russell (1812-1872), el más entusiasta. La rivalidad por obtener los lucrativos contratos del Gobierno para despachar el correo les animó a poner en marcha este servicio de correos a caballo que acelerase las entregas.

Tres años antes, en octubre de 1857, la empresa acababa de superar a duras penas el peligro de la ruina financiera tras la destrucción de 54 vagones atestados de productos por parte de Lot Smith y su Legión Nauvoo de mormones, durante la Guerra de Utah. El ejército no les reembolsó las pérdidas y la compañía empezó a buscar otras fuentes de ingresos.

El 27 de enero de 1860, Russell informó a sus socios de que el senador Gwin apoyaría un contrato para el servicio postal a California por la ruta central si se demostraba que podría llevar el correo a destino en diez días y que estaría listo para funcionar el siguiente abril. Los dos socios de Russell accedieron a intentarlo con la esperanza de que, si lo lograban, el Congreso les reembolsaría los gastos y las anteriores pérdidas y les premiaría después con una franquicia para la ruta central, la más corta a través del continente y la que seguirían sus jinetes.

Inmediatamente, sin demora, dada la premura y el escaso plazo, se pusieron a la tarea. Era todo un reto. Disponían de sesenta y cinco días para diseñar, financiar e implementar un trazado de 3.165 kilómetros desde Missouri a California, a través de llanuras, montañas y desiertos. De antemano, parecía una tarea casi imposible en muchos aspectos. El proyecto implicaba una salida semanal, de tal modo que el correo tuviera garantizada esta frecuencia; y la duración del viaje no podría exceder de diez días. Como la marcha estaba prevista a galope tendido en todo el trayecto, no quedaba más remedio que cambiar de caballo como mínimo cada 15/24 kilómetros, aproximadamente la distancia máxima que, según las características del terreno, pueden recorrer a máxima velocidad. Eso significaba establecer, según sus cálculos precisos, 190 relevos, es decir, montar 190 instalaciones donde la posta fuera trasladada a un caballo fresco que aguardara listo la llegada de su congénere. La más elemental precaución obligaba a proteger con una partida de hombres armados cada uno de esos puestos de relevo.

La cuadra que se tuvo que adquirir para cubrir las necesidades del servicio fue de 500 caballos, que tenían que ser rápidos, resistentes, sólidos de patas y duros de pezuñas, aptos para la gigantesca carrera a través de medio continente. En febrero de 1860, la compañía puso un anuncio pidiendo 200 yeguas rucias "de cuatro a siete años de edad, que no pasen de 15 palmos de alzada, acostumbradas a la silla, con pezuñas negras y adecuadas para servir al "Overland Pony Express".

Luego, aparte, estaba el tema de los jinetes que, afortunadamente, en los Estados Unidos de mediados del siglo XIX no faltaban. Pero había que elegirlos y acertar. De ellos dependía casi todo. Y estaba por ver si había suficientes dispuestos a jugarse la vida en todas y cada una de sus jornadas de trabajo. Cuando la compañía puso un nuevo anuncio en marzo de 1860 solicitando jinetes para el Pony Express, la convocatoria era explícita en cuanto a los requisitos: "El Pony Express necesita jinetes jóvenes, delgados, resistentes, a ser posible no mayores de 18 años, dispuestos a asumir riesgos mortales casi a diario". Y terminaba indicando reveladoramente que "preferentemente huérfanos". Todo ello por 25 dólares a la semana, que, eso sí, era más de lo que muchos por entonces podían ganar. Al final, unos 500 jinetes trabajaron para la Pony Express en los escasos dieciocho meses que duró la audaz y fugaz experiencia.

El cuartel general del servicio en su extremo este se situó en la Patee House de la ciudad de Saint Joseph. El recorrido seguiría aproximadamente la ruta que compartían en buena parte las sendas de Oregón, California y de los mormones. Tras cruzar el río Missouri, continuaría hasta Marysville, Kansas, donde giraría al norte, siguiendo el río Little Blue hasta Fort Kearney, Nebraska. Tras atravesar dicho estado, seguiría el curso del río Platte, pasaría por Corthouse Rock, Chimney Rock y Scotts Bluff, bordeando Colorado por Julesberg, antes de llegar a Fort Laramie, Wyoming. Desde allí, seguiría el río Sweetwater, pasando por Independence Rock, Devil's Gate y Split Rock, hasta Fort Caspar y, a través del South Pass, Fort Bridger,

Cuando la compañía puso anuncios solicitando jinetes, la convocatoria era explícita en cuanto a los requisitos: "El Pony Express necesita jinetes jóvenes, delgados, resistentes, a ser posible no mayores de 18 años, dispuestos a asumir riesgos mortales casi a diario. Preferentemente huérfanos".

siguiendo entonces hacia Salt Lake City. Cruzaría después la Gran Cuenca, el desierto de Utah-Nevada y Sierra Nevada, cerca del lago Tahoe, antes de llegar a Sacramento, donde el correo se enviaría por medio de un vapor por el río del mismo nombre hasta San Francisco, o bien, si algo impedía esto último, a caballo hasta Oakland.

Las estaciones del Pony se distribuyeron por todo el recorrido a una distancia que oscilaba según el terreno entre 15 y 24 kilómetros. El jinete cambiaría en ellas de caballo y él sería sustituido cada cinco o seis postas. La mochila se llevaría en la grupa del caballo, sujeta por el propio peso del jinete, quien, por cierto, no podía sobrepasar los 56 kilos de peso, lo que dejaría un margen suficiente para el de la saca, pues el caballo no podía cargar más de 75. Envuelto en seda untada de aceite para protegerlo de las inclemencias del tiempo, el correo se metía en los bolsillos cerrados de la alforja de cuero que se colocaba sobre la silla del jinete.

Cumpliendo todos y cada uno de estos requisitos, a las siete y media de la tarde del 3 de abril de 1860 partieron simultáneamente de Saint Joseph y San Francisco los dos jinetes que inauguraban la línea en sus dos extremos. En Saint Joseph, donde hubo mucha más publicidad, el alcalde de la ciudad, Jeff Thompson, y, por parte de la empresa, William Russell y Alexander Majors pronunciaron sendos discursos antes de entregar la primera saca al jinete inaugural, llamado, al parecer, Johnson William Richardson. La mochila contenía 49 cartas, cinco telegramas privados y algunos documentos a entregar en San Francisco y en puntos intermedios. Como estaba prescrito, su peso no excedía de los 9 kilos previstos y el coste del servicio postal era de 5 dólares por cada 14 gramos, que posteriormente se rebajaría a un dólar.

Curiosamente, en aquel primer viaje inaugural se corrió el serio riesgo de que el jinete hubiera de salir sin saca de correo, pues los mensajeros que la portaban desde Nueva York y Washington fallaron en una conexión ferroviaria en Detroit y llegaron a Hannibal, Missouri, con dos horas de retraso sobre el horario previsto. Los operarios del ferrocarril de Detroit despejaron la vía y dispusieron una locomotora especial con un solo vagón que recorrió el trayecto de 332 kilómetros en un tiempo récord, 4 horas 51 minutos, a una media de 64 km/h. El tren llegó a la estación situada a pocas manzanas de distancia de los establos de la compañía con pocos minutos de margen.

En el otro extremo de la línea, se cree que el primer empleado que partió de la oficina de telégrafos de San Francisco y llevó la saca a bordo del vapor *Antelope* hasta Sacramento se llamaba James Randall. Allí, a las dos horas cuarenta y cinco minutos de la madrugada, William "Sam" Hamilton fue el primer jinete en emprender el trayecto desde Sacramento.

La publicidad dada a los preparativos y aquel viaje inaugural lo hicieron muy popular y toda la prensa de la época mantuvo en vilo a sus lectores, transmitiendo el cumplimiento de las sucesivas etapas. Cuando el primer servicio rindió viaje en Sacramento, el propósito se había cumplido. Habían ganado casi quince diez días a las diligencias.

Los *riders* del Pony

Los jinetes desarrollaron pronto un estilo propio de montar y desmontar. Cuando se veía llegar a uno a una estación de relevo, se sacaba fuera su nueva montura ya ensillada y sujeta por un mozo. Al llegar, el jinete saltaba de la silla, cogía su mochila y la colocaba a toda prisa en la silla del caballo fresco. Sin detenerse ni un segundo, montaba de nuevo, generalmente de un salto, y espoleaba al caballo. Todo, si era posible, en menos de treinta segundos.

Además de esta exigencia física máxima a caballos y jinetes, los peligros eran muchos: indios hostiles, salteadores de caminos, inclemencias atmosféricas en los desiertos y las montañas... Pero la necesidad de seguir adelante para cumplir los plazos exigía, que, fuesen cuales fuesen las condiciones, los jinetes no perdieran ni un solo instante. Al principio iban armados con uno o dos revólveres Colt Navy y, a veces, en los tramos más peligrosos, con una carabina también de la marca Colt; pero, pronto, la compañía comenzó a escatimar el peso *inútil* y redujo el armamento permitido a un solo revólver y, todo lo más, un cilindro cargado de repuesto, que los jinetes llevaban en el cinturón.

En su historia, el Pony Express vivió innumerables incidencias y solo algún ataque indio a las estaciones de relevo consiguió obligar a la suspensión temporal del servicio. Sin embargo, los episodios peligrosos fueron incontables. En cierta ocasión, el jinete Jim Moore cabalgaba en dirección oeste con su correo cuando, al llegar al punto de relevo, descubrió con horror que el jinete con el que debía cruzarse y que marchaba hacia el este había sido asesinado por los indios. Sin dudarlo, se hizo cargo del correo de su compañero y, sin perder tiempo, galopó de vuelta hacia el este a fin de entregar la posta en la estación más próxima. Hecho esto, rehizo su propio camino. En total, recorrió sin descanso alguno 500 kilómetros y se mantuvo sin desmontar catorce horas y cuarenta y cinco minutos.

Otro jinete, llamado Jack Keetley, cabalgó sin descanso, obligado por las circunstancias, durante treinta y una horas, en las que superó los 400 kilómetros. Un tercero, Robert Haslan, al que llamaban "Pony Bob", después de haber salido milagrosamente ileso de un ataque de los indios paiutes que masacraron a todo el personal de un puesto de relevos, batió los récords de velocidad y distancia de toda la historia del Pony Express: recorrió 140 kilómetros en ocho horas y diez minutos, a un promedio de 18 km/h.

Las proezas de los *riders* del Pony Express les hicieron muy populares. En los lugares del trayecto ya poblados, se seguían los horarios de llegada y partida y era corriente el ofrecimiento de primas a los que superaban las marcas previstas. La fama de los jinetes del Pony era tan grande que a los viajeros les encantaba encontrárselos por el camino. El grito "¡Ahí viene!" lanzado por el conductor de la diligencia al ver un reflejo distante hacía que las cabezas de los pasajeros salieran instantáneamente por las ventanillas y que los ojos se agudizaran para observarlo. Segundos después, envuelto en una nube de polvo, el jinete pasaba a galope tendido, acompañado por los aplausos y los gritos de ánimo de los pasajeros, saludaba brevemente con la mano en respuesta y desaparecía. "Todo es tan repentino y tan parecido a un destello irreal de la imaginación que, si no fuera por las huellas que habían quedado impresas en la arena después de que la visión hubiera desaparecido como un relámpago, podríamos haber dudado si habíamos visto de verdad un hombre y un caballo", cuenta Mark Twain en su obra *Roughing It,* en que relata sus viajes por el Oeste.

Pese a su popularidad, muchos jinetes tuvieron una corta trayectoria en el Pony Express. Algunos, pocos, murieron en acto de servicio. Otros, muchos, tras el cobro de lo estipulado por viaje, se retiraban al conocer la dureza real de aquel empleo. Sea como fuere, quedó como orgullo para el Pony Express el que fueron sus jinetes los portadores de algunas noticias que configuraron la historia de los Estados Unidos. Uno llevó al Oeste la noticia de la elección de Abraham Lincoln como nuevo presidente. Otro fue portador de la primera noticia sobre el proyecto del ferrocarril transcontinental.

Sin embargo, aunque el Pony Express demostró que la ruta central era viable, Russell, Majors y Waddell no consiguieron su ansiada franquicia para servir correo por ella. El contrato fue asignado, en cambio, al inefable Ben Holladay, que en marzo de 1861 había tomado control del Butterfield Stage. Desde entonces, el trayecto del Pony Express se vio reducido a la ruta Salt Lake City-Sacramento. Dos meses después, la Wells Fargo, que ya había usado "jinetes postales" y "mensajeros expresos" en otros territorios durante la década de los cincuenta, se hizo cargo del Pony Express. Finalmente, el servicio anunció su cierre el 24 de octubre de 1861, dos días después de que el primer telegrama transcontinental llegara a Salt Lake City. El último viaje se realizó el 21 de noviembre de 1861.

Una vez cerrada la línea, Holladay adquirió las estaciones y demás instalaciones del Pony y las reutilizó como puntos de abastecimiento de sus transportes. Sin embargo, en 1866, tras el fin de la Guerra de Secesión, las volvió a vender, junto con los restos del Butterfield Stage, a la Wells Fargo.

Después de dieciocho meses de servicios, la política y el progreso dejaron obsoleto al Pony Express. A partir de ese día, salvo cuando lo que los indios llamaban "el hilo que canta" estaba ocasionalmente cortado, los mensajes entre el Atlántico y el Pacífico pudieron ser transmitidos en un solo día gracias al telégrafo. Esto supuso el brusco final del exitoso y poco rentable Pony Express y el fin de la milenaria separación del Este y el Oeste americanos.

En lo financiero, el ambicioso Pony Express, pese a que entusiasmó a la gente y a que la compañía puso todas sus esperanzas en él, resultó un total fracaso. El balance final habla por sí solo: había ingresado 90.000 dólares y había gastado 200.000. Fue, sin duda, un desastre financiero pero, en términos de esfuerzo humano, valentía e inspiración, un éxito clamoroso. Demostró que un sistema unificado transcontinental podía construirse y funcionar continuamente todo el año, algo que hasta entonces se consideraba imposible. El cable telegráfico terminó con los jinetes del Pony —de igual forma que, pocos años después, otro alambre, esta vez el de espinos, sellaría el final del la época clásica del cowboy en campo abierto—, pero su bravura, sus denodados esfuerzos por salvaguardar y entregar a cualquier coste las cartas que les habían sido confiadas, proporcionaron a los americanos una rica fuente de hechos y, sobre todo, de leyendas con que engrosar la naciente mitología del Oeste. Su dependencia de la capacidad y resistencia de los jinetes y los caballos y no de la tecnología le dio una aureola de hazaña que logró que formara parte imborrable de la epopeya estadounidense.

Una epopeya que, por cierto, antes de remontar definitivamente su vuelo, estaba a punto de verse agitada por sangrientos vientos de guerra.

7

LA GUERRA DE SECESIÓN Y EL OESTE

¡Yo, John Brown, estoy ahora seguro de que los crímenes de esta tierra culpable nunca podrán ser expiados sino con sangre!

John Brown (1800-1859), violento activista abolicionista, antes de ser colgado por la milicia local tras su ataque al trasbordador de Harper dos años antes del comienzo de la Guerra de Secesión.

EL ANTAGONISMO NORTE-SUR

Los vastísimos territorios del Oeste entraron a formar parte de una unidad estatal ante la que se ofrecía un fascinante proceso de colonización en el que, paulatinamente, irían configurándose los nuevos estados: Arkansas (1836), Texas (1845), Iowa (1846), Wisconsin (1848), California (1850)... Al acabar el primer tercio del siglo XIX, la integración de los nuevos territorios en la estructura estatal, en coincidencia con la gran marcha hacia el Oeste, diseñaban en el mapa algo así como los brazos de una gigantesca tenaza. Uno de esos brazos, el septentrional, fue comprendiendo los estados de Ohio, Indiana, Illinois e Iowa. El meridional se extendía por Alabama, Mississippi, Louisiana, Arkansas y Texas. Los ciudadanos que, siguiendo el flujo migratorio, fueron habitando estas dos extensiones llevaron consigo una forma de vida, una organización económica, una mentalidad y unas costumbres propias, contrapuestas a las de la otra.

El caso es que, en la configuración inicial de los Estados Unidos como herederos de las colonias de Nueva Inglaterra, muy pronto se estableció una clara distinción entre el Norte y el Sur, entre aquellos dos brazos de la tenaza colonizadora. El Norte era puritano, granjero, pragmático y receptivo a las primeras manifestaciones del industrialismo. El Sur era latifundista, racista y señorial, y veía en la agricultura extensiva, en los grandes cultivos, el fundamento de toda su sociedad. Producía excelentes cosechas de algodón, tabaco y caña de azúcar que exportaba a los estados del norte o a Europa, pero dependía del exterior para obtener manufacturas y los servicios financieros y comerciales necesarios para su desarrollo comercial. Si los norteños eran los herederos de los peregrinos recios y piadosos de Penssilvania y Massachussets, los sureños seguían la tradición de los grandes señores de Virginia, Carolina o Georgia. En medio, como estados neutros, que no neutrales, quedaban Kentucky, Missouri y Tennessee.

Pero el factor capital que marcaba la diferencia entre las sociedades desarrolladas en los brazos norte y sur de la expansión hacia el Oeste norteamericano era la aceptación o no de la esclavitud. Al día siguiente de la independencia, en Estados Unidos había más de 700.000 esclavos negros de procedencia africana, llevados a trabajar forzosa y forzadamente a una tierra que no era la suya. Desde el siglo XVII, los estados sureños, con una agricultura en rápida expansión y carentes de mano de obra, vieron el cielo abierto gracias a la trata de negros. Y así, al transformarse las haciendas del Sur en gigantescas plantaciones, la esclavitud fue el principal sostén de una estructura económica que había descubierto en el algodón, la caña de azúcar y otros productos agrícolas de gran demanda mundial una inagotable fuente de riqueza.

La propaganda del Norte recurrió a todo tipo de efectos a favor de sus tesis abolicionistas. En esta tarjeta postal, una supuesta niña "esclava" reza para que la bandera yanqui acabe con la injusticia.

El simple paso del tiempo se encargaría de hacer crecer el número de prolíficos esclavos negros. Así, en 1820, de los 4.000.000 de habitantes que tenían los estados sudistas, 1.600.000 eran esclavos. Y en 1850, si la población blanca de aquellos mismos lugares había crecido hasta 5.500.000, la de color, siempre reducida a la esclavitud, ascendía a 3.700.000.

La situación se convirtió en un verdadero problema en una nación joven cuya carta magna proclamaba enfáticamente en su frontispicio la verdad incontestable: "Todos los hombres han sido creados iguales...". Pues bien, pese a tal declaración, en la ocupación de los nuevos territorios occidentales, los blancos que se instalaban en Alabama o Mississippi trasplantaban su sistema de vida y llevaban consigo a sus esclavos, dispuestos a mantener allí la estructura feudal sureña a la que debían su prosperidad.

En los estados septentrionales, en cambio, la esclavitud nunca fue un pilar de la organización económica y su inserción en la sociedad se producía principalmente en forma de servidumbre y como signo de distinción entre los muy ricos, orgullosos de contar con mayordomos y criados negros.

Compromiso tras compromiso, Norte y Sur fueron arreglando, o postergando, sus diferencias. Los líderes de uno y otro bando intentaban evitar el tema de la esclavitud pero, a medida que aumentaba la oposición del Norte a su extensión a nuevos territorios, ignorarlo se hizo cada vez más difícil. El Compromiso de Missouri de 1820 dejó temporalmente zanjado el asunto al establecer el paralelo 36º 30' como la línea divisoria del territorio esclavista.

Pero el conflicto, no obstante, volvió a encenderse cuando las fronteras de Estados Unidos se extendieron hacia el Oeste tras la Guerra con México. California fue admitida como estado libre, mientras que en otros nuevos territorios, como Utah y Nuevo México, se aplicaría el principio de soberanía popular, por el que las cámaras legislativas territoriales podían decidir de forma autónoma su posición con respecto a la esclavitud al integrarse como estados de la Unión.

El Sur quedó así en minoría y sus dirigentes veían cada vez con mayor preocupación las acciones del Congreso de Estados Unidos, sobre el que habían perdido el control. Los estados del Noreste exigían para su desarrollo industrial una tarifa proteccionista, subsidios federales al comercio y un sistema financiero seguro. Además, acudían al Congreso en busca de terrenos y viviendas gratuitas y de ayuda federal para la construcción de carreteras y canales. El Sur, sin embargo, consideraba tales medidas discriminatorias, creyendo que favorecían exclusivamente los intereses comerciales del Norte, a la vez que se quejaba de la creciente cuota de poder de los abolicionistas y de la "intolerable agitación antiesclavista" que se desarrollaba en varios estados, muchos de los cuales, por ejemplo, aprobaron leyes de libertad personal tratando de contrarrestar el reforzamiento de las leyes de esclavos fugitivos. Dada su relativamente baja importancia en su sistema económico, los estados del Norte fueron aboliendo la esclavitud por su cuenta, estimándola como una lacra del pasado, incompatible con los principios democráticos en que se basaba la nueva sociedad. El último estado norteño en abolirla fue Nueva Jersey, en 1804.

Por tanto, el gran dilema que se presentaba a la aún no asentada nación norteamericana en vísperas de lanzar todas sus energías a la conquista definitiva y total del Oeste era si los nuevos estados a surgir serían esclavistas o libres. La duda se volvía más perentoria y conflictiva cuanto más cerca de la intersección de ambos mundos se estuviese. En Kansas, en 1855, la confluencia de colonos procedentes del Norte con otros llegados del Sur dio lugar a violentos incidentes entre esclavistas y antiesclavistas. Era el primer chispazo de un enfrentamiento tan irreconciliable que precisaría de una guerra civil para resolverse y que, en última instancia, conformaría la personalidad propia del que pronto sería llamado "Salvaje Oeste".

LA "SANGRIENTA KANSAS"

Las tensiones entre el Norte y el Sur empeoraron más a medida que los territorios de Kansas y Nebraska se preparaban para solicitar su ingreso como estados de la Unión. Ambos territorios se encontraban al norte de la latitud 36º 30'. Según el Compromiso de Missouri de 1820, eso significaba que ambos deberían ser estados *libres,* no esclavistas. Pero el 30 de mayo de 1854, al aprobar la Ley Kansas-Nebraska, el Congreso cambió las reglas, al permitir que los habitantes de ambos territorios eligieran a representantes que redactaran la constitución de sus estados con total libertad, incluido en lo referente al espinoso tema de la esclavitud. Eso equivalía a echar una cerilla encendida sobre un hasta entonces latente polvorín de intolerancia y enconados recelos. A partir de ese momento, Kansas iba ser el escenario de gran parte de la violencia que se manifestaría en todos los estados fronterizos antes, durante y después de la inminente guerra civil.

Según la ley, los habitantes del nuevo territorio podrían decidir por sí mismos sobre su propio destino, y, en ese sentido, la cuestión de la esclavitud era un tema prioritario. Como California había sido admitida en la Unión en 1850 como estado libre, el pueblo de Missouri asumió que el nuevo territorio de Kansas entraría como esclavista. Sin embargo, muchos de los inmigrantes recién llegados pensaban de otra manera y, como la ley les daba derecho a votar sobre su futuro, la gente de Missouri partidaria de la esclavitud tenía miedo de que si Kansas se hacía *libre* se convertiría en un refugio de esclavos fugitivos. Los esclavistas de Missouri y los abolicionistas del Norte no tardaron mucho en empezar a infiltrarse en el territorio. Unos y otros se precipitaron a Kansas para poder votar en las elecciones e inclinar el resultado hacia sus tesis. Inevitablemente, comenzaron a surgir los roces entre ambos bandos. Y pronto el enfrentamiento no se limitó a las palabras. Enseguida se recurrió a las armas. Era la primera vez en la historia estadounidense que los ciudadanos se mataban entre sí a causa de la esclavitud. Pero no sería la última.

El día de las elecciones, los partidarios de la esclavitud ganaron por un margen amplio, pero los abolicionistas se negaron a aceptar los resultados. Insistieron en que muchos esclavistas habían cruzado irregularmente la frontera de Kansas desde Missouri y habían votado de forma ilegal. Sin hacer caso a los resultados, los abolicionistas crearon su propio gobierno en la ciudad de Topeka.

En represalia, una turba pro esclavista entró en la ciudad de Lawrence para arrestar a los líderes opositores. La multitud incendió un hotel y destruyó la ciudad. Este ataque hizo enfurecer a un abolicionista llamado John Brown (1800-1859). El 24 de mayo de 1856, armados de espadas, Brown y un pequeño grupo de seguidores atacaron y asesinaron a cinco colonos sudistas cerca del arroyo de Pottawatomie Creek.

El conflicto armado en Kansas continuó a lo largo del verano. Cuando por fin las tropas federales restauraron el orden, habían muerto no menos de 200 personas. Para amplios sectores de ambos bandos, aquello vino a demostrar que la época de los acuerdos y las negociaciones ya había acabado.

El debate general sobre la esclavitud continuó encendido hasta marzo de 1861, cuando el nuevo presidente de los Estados Unidos, Abraham Lincoln (1809-1865), un convencido abolicionista, tomó posesión de su cargo. En ese mismo momento, los estados de Carolina del Sur, Mississippi, Florida, Alabama, Georgia, Louisiana y Texas proclamaron su secesión de la Unión y se constituyeron en los Estados Confederados de América, con Jefferson Davis (1808-1889) como presidente, acto que Lincoln declaró ilegal en su discurso de toma de posesión.

En ese ambiente, el 12 de abril de 1861, mientras se procedía a reabastecer Fort Sumter, instalación federal sita en la confederada Carolina del Sur, la artillería sudista abrió fuego. Tres días después, Lincoln envió tropas para sofocar la rebelión. En respuesta, Virginia, Arkansas, Carolina del Norte y Tennessee se unieron también a la Confederación. El 15 de abril, Lincoln pidió a los estados leales unos 75.000 voluntarios para defender la Unión. Era el inicio de la Guerra de Secesión estadounidense.

LA GUERRA EN EL ESCENARIO DEL OESTE

En 1861, ni el Norte ni el Sur estaban aparentemente preparados para mantener una guerra. Con una población de 22 millones de personas, el Norte contaba con un mayor potencial militar. El Sur tenía nueve millones de habitantes, pero casi cuatro de ellos eran esclavos negros cuya lealtad a la Confederación era de lo más dudosa. Aunque al principio contaron solo con voluntarios, la necesidad obligó finalmente a ambos bandos a llevar a cabo un reclutamiento generalizado. Antes de que acabara la guerra, el Sur había alistado a unos 900.000 hombres blancos, mientras que la Unión había reclutado a 2.000.000 de hombres (entre los que se encontraban 186.000 negros), casi la mitad de ellos hacia el final de la confrontación.

Además, el Norte poseía claras ventajas materiales (en dinero y créditos, fábricas, producción de alimentos, recursos minerales y transporte) que resultaron decisivas. La capacidad combativa del Sur se vio obstaculizada por la constante escasez de alimentos, ropa, medicinas y artillería pesada. Sin embargo, gracias a su mayor tradición militar, tenía más expertos en el uso de armas y formó un eficaz cuerpo de oficiales, entre los que destacó Robert E. Lee. Lincoln, por su parte, solo pudo encontrar mandos militares del mismo calibre en la última fase de la guerra, en las personas de los generales Ulysses S. Grant y William T. Sherman.

La Confederación sudista disfrutó de cierta ventaja al desarrollar operaciones defensivas en terreno conocido. Por contra, la Unión necesitó atacar en frente abierto y soportar enormes gastos en comunicaciones y suministros. Ello presagiaba que su estrategia exigiría una marcha directa por tierra sobre Richmond, Virginia, capital de la Confederación, para poner un rápido final a la guerra. Sin embargo, los asesores militares de Lincoln le convencieron de que era preferible proceder a un bloqueo naval para impedir la importación de suministros de Europa, como paso previo a la invasión del valle del Mississippi que dividiera el territorio confederado.

Los sudistas también tenían sus diferencias en torno a qué estrategia aplicar. El primer y único presidente de la Confederación, Jefferson Davis, era partidario de una guerra defensiva prolongada que desgastara al norte, mientras que parte de sus asesores recomendaban una rápida ofensiva que impidiera al norte movilizar su superior contingente humano y sus mayores recursos materiales, conscientes de que cuanto más se prolongara la guerra, menos oportunidades tendría el Sur de ganarla.

Desde los primeros disparos de la guerra, la mayoría de las miradas se volvieron hacia Virginia,

Cuando Abraham Lincoln (1809-1865) *[izquierda]* , un convencido abolicionista, tomó posesión de su cargo como presidente, los estados del Sur proclamaron su sedición y nombraron a su propio presidente: Jefferson Davis (1808-1889) *[derecha]*.

que parecía de antemano el principal campo de batalla. Durante dos años, batalla tras batalla, el ejército de Virginia del Norte dirigido por Robert E. Lee venció repetidamente al de la Unión. La primera victoria de esta no se produjo hasta la batalla de Antietam en septiembre de 1862, pero fue un triunfo pasajero. No obstante, al final, también le llegó el turno a Lee de acumular derrotas a partir de la de Gettysburg, en julio de 1863. Aunque siguió luchando dos años más, el ejército sudista no volvió a ser el mismo. Simultáneamente, la guerra dio un giro gracias al escenario bélico del Oeste. Allí a la Unión, dirigida por el general Grant, le fue bien desde el principio.

Finalmente, la concatenación de victorias en ambos escenarios y la pinza del avance de ambos ejércitos victoriosos, llevó inexorablemente al desenlace final con el triunfo de la Unión, que se produjo en abril de 1865.

El conflicto civil se saldó con el resultado de 620.000 muertos. Grandes ciudades como Richmond, Charleston, Atlanta, Mobile y Vicksburg quedaron en ruinas. El campo por el que cruzaron los ejércitos contendientes acabó lleno de plantaciones asoladas, casas y graneros arrasados, puentes quemados y líneas de ferrocarril destrozadas, y gran parte del ganado desaparecido. Se perdieron más de 4.000 millones de dólares en propiedades a causa de la emancipación de los esclavos, el repudio de los bonos y las monedas confederadas, la confiscación de la producción de algodón y los destrozos de la guerra. A cambio, se zanjó la cuestión del mantenimiento de la Unión. Se desacreditó la doctrina de la secesión y, a partir de 1865, los estados encontraron otras formas de exponer sus diferencias. También reforzó la autoridad del gobierno federal, que ejercería una jurisdicción y unos poderes más amplios que en cualquier otro momento anterior en la historia del país. Finalmente, la victoria del Norte supuso también la libertad para casi cuatro millones de esclavos negros.

Sin embargo, por lo que aquí nos interesa más, en el Oeste, la guerra se alargó durante muchas más semanas antes de acabar del todo. Y dejó muchas secuelas. Al oeste del Mississippi, ambos bandos desarrollaron una guerra radicalmente diferente a la que mantuvieron en el Este. Las hostilidades cubrieron un vasto territorio; implicaron a blancos, negros e indios; a veces dirimieron cuestiones que se remontaban a rivalidades y rencores que databan de mucho antes de la guerra, y demasiado a menudo degeneraron en una especie de salvajada brutal. Fue, en realidad, una guerra dentro de la guerra y duró bastante más que la oficial.

En el Oeste y en la costa del Pacífico, todos se habían implicado, de una forma u otra, en la previa guerra fronteriza no declarada que buscaba decidir si Kansas entraría en la Unión como estado libre o esclavista. Así que, cuando estalló la guerra en 1861, las líneas de batalla ya estaban ya casi totalmente prefijadas. Cuando se produjo la secesión, Texas, Arkansas y Louisiana dejaron la Unión para unirse a la Confedera-

Gracias a su mayor tradición militar, el Sur formó un eficaz cuerpo de oficiales, entre los que destacó Robert E. Lee. Lincoln, por su parte, solo pudo encontrar mandos militares del mismo calibre en la última fase de la guerra, en las personas de los generales Ulysses S. Grant, William T. Sherman y Philip H. Sheridan.

ción, mientras que los simpatizantes del sur de Missouri intentaron con ardor pero inútilmente que su estado se adhiriese a la secesión. En agosto de 1861, los confederados invadieron Missouri e infligieron a sus oponentes una derrota en Wilson's Creek que les abrió gran parte del estado. Sin embargo, la siguiente primavera, los unionistas expulsaron a sus enemigos de gran parte de Arkansas. Durante los dos años siguientes, Missouri y Arkansas permanecieron predominantemente en manos de la Unión, pero sufrieron las sangrientas incursiones de guerrillas salvajes.

Cuando al comienzo de la guerra el Ejército de la Unión tomó el control de gran parte de Missouri, muchos de los jóvenes desgarrados entre la lealtad a su estado y sus propios sentimientos en favor del Sur se escabulleron para unirse al ejército confederado. Gran parte de los que se quedaron se unieron a las guerrillas de Kansas con la idea de hacer estragos en la retaguardia de sus odiados "panzudos azules". Casi inmediatamente, esta quinta columna sudista se vio contrarrestada por otras guerrillas irregulares de voluntarios unionistas.

El guerrillero medio, ya fuera del Sur o del Norte, se hizo un personaje habitual y fácilmente reconocible en aquellas tierras de frontera. Vestía ropa inclasificable, un sombrero flexible a veces con una pluma, botas altas estrechas, camisa de fantasía con chorreras —las conocidas por entonces como "camisas de guerrilla"— y un cinturón en el que a veces metía, cruzados o en pistoleras, hasta ocho revólveres. Era corriente que llevaran en las alforjas aun más pistolas o tambores cargados de repuesto. En acción, los guerrilleros demostraron la misma pericia militar, si no más, que las unidades regulares a las que combatían. Por ejemplo, eran excelentes jinetes, capaces de cabalgar con las riendas del caballo entre los dientes, dirigiéndolo con las rodillas, para así poder disparar dos pistolas a la vez.

Por si fuera poco, ambos bandos solicitaron o compraron el auxilio de las diferentes tribus indias y unas y otras lucharon a menudo junto a los soldados de uniformes grises o azules, añadiendo su propia forma de guerrear a la crueldad del conflicto. El cheroqui Stand Watie alcanzó el grado de general de brigada y dirigió el último cuerpo regular de rebeldes que se rindió en junio, más de diez semanas después de la capitulación de Lee.

Las guerrillas salvajes de uno y otro bando impusieron un régimen de terror y desconfianza. Nadie se podía fiar de nadie, a veces ni siquiera de los miembros de su propia familia. No era raro que a un individuo lo *visitaran* cualquier noche en su casa y a la mañana siguiente apareciera muerto de un disparo o ahorcado. Para añadir confusión, ambos bandos tenían tendencia a vestirse con los uniformes militares del enemigo. La crueldad y el salvajismo de estas guerrillas sobrepasó en muchas ocasiones los límites de la atrocidad. Ese fue especialmente el caso del guerrillero sudista William Quantrill.

WILLIAM QUANTRILL, LA ATROCIDAD DESBORDADA

Líder de la banda más sanguinaria que actuó en la Sangrienta Kansas, William Quantrill (1837-1865), un antiguo profesor de escuela reciclado en comandante de una banda de asesinos, se haría acreedor a la justa fama de ser el bandolero con menos escrúpulos de todos ellos. Entre sus compinches se incluían gente de la calaña de William Anderson (1839-1864), más conocido como "Bloody Bill" (Bill el sanguinario), famoso, entre otras cosas, por ir a la batalla con un collar hecho con cabelleras de yanquis.

Quantrill mostró sus tendencias sádicas desde bien temprano. Supuestamente, de niño se divertía disparando a los cerdos en las orejas solo para oírles chillar, clavando serpientes vivas en los árboles y anudando las colas de los gatos por la pura diversión de verlos matarse entre ellos. Pasada su infancia, la verdad es que no parece que cambiara mucho. Tras estudiar en Ohio e Illinois, en 1857 tuvo que huir a Kansas para eludir una acusación de ladrón de caballos. En esta ocasión, su estancia en Kansas fue corta, pues enseguida se enroló en una caravana hacia Utah. Durante el viaje se impregnó de las ideas pro esclavistas de muchos de sus compañeros de viaje. Una vez en Utah, comenzó a utilizar el alias de Charles Hart, mientras se ganaba la vida como jugador y era asociado a varias muertes y algunos robos en Fort Bridger y otras partes del territorio. Sabedor de que iba a ser arrestado, huyó de nuevo hacia Kansas.

En diciembre de 1860, reunió a un grupo de hombres partidarios de la abolición que intentaban liberar a los esclavos de un hombre de Missouri. Pero su colaboración era solo una estratagema. Qué mejor sitio para ocultarse que entre sus enemigos. Al final, Quantrill, con ayuda del hombre de Missouri contra el que supuestamente iban a actuar, preparó una emboscada al resto de su propio grupo en la que murieron tres de sus supuestos compañeros.

Al estallar la Guerra de Secesión en abril de 1861, Quantrill se adhirió con entusiasmo a la causa confederada. En agosto de 1861, luchó alistado en el ejército regular en la batalla de Wilson's Creek, Missouri. Pero su saña en el combate no era acorde con las maneras militarmente caballerescas de los generales sudistas. En desacuerdo con los mandos que se negaban a perseguir y masacrar al enemigo vencido, el joven decidió no reengancharse, formar su propia guerrilla y llevar adelante la guerra con sus propios métodos. Al frente de los autotitulados "Jinetes de Quantrill", una pequeña partida de no más de una docena de hombres, comenzó una serie de ataques a pequeña escala contra campamentos, patrullas y asentamientos unionistas. Su banda de matones fue creciendo hasta reunir en 1862 a más de 100 miembros, civiles pro-esclavistas y soldados confederados, y convertirse en la más poderosa de todas las que operaban en la zona. Justificando sus acciones con las "injusticias" cometidas sobre ellos por los abolicionistas y las autoridades federales, la banda se especializó en asaltar el correo federal, emboscar a patrullas federales y atracar barcos en el río Missouri.

En agosto de 1862, una fuerza confederada al mando del coronel J. T. Hughes, en la que se integró la banda de Quantrill, atacó al amanecer la ciudad de Independence, Missouri. La tropa galopó a través de la ciudad y llegó al campamento unionista, donde con toda saña, capturó, asesinó y dispersó a los yanquis. Durante el tumulto, el coronel Hughes resultó muerto, pero los confederados tomaron Independence, lo que aseguró su dominio de la zona de Kansas City durante un tiempo. El papel jugado por Quantrill en la toma de la ciudad hizo que fuera recompensado con el rango de capitán asimilado del ejército confederado.

En octubre de ese mismo año, Quantrill y su banda se dirigieron a la ciudad de Shawnee, Kansas, donde se hicieron con un tren de suministros de la Unión, atacaron la ciudad y, tras matar a dos hombres, la quemaron por completo. Se fueron llevándose como rehenes a los conductores y escoltas del tren, en total doce hombres que, días después, fueron hallados muertos, todos de un disparo en la cabeza.

Poco después, Quantrill viajó a Richmond, Virginia, capital confederada, en busca de un destino en la recién creada fuerza de Partisanos Rangers. Sin embargo, su brutal reputación le había precedido y su petición fue rechazada. A cambio, fue ascendido al rango de coronel asimilado. Por esas mismas fechas, el comandante militar del Departamento de Missouri ordenó que todos los miembros de las guerrillas fueran tratados como bandidos y asesinos, no como prisioneros de guerra comunes. Tras este decreto, las tácticas de Quantrill se hicieron aun más agresivas y pasó a no aceptar bajo ninguna condición la rendición del enemigo. Quantrill no tomaba prisioneros. Prefería matarlos.

En mayo de 1863, su banda se aproximó a la frontera entre Missouri y Kansas. El general de brigada Thomas Ewing, Jr., de Kansas, que comandaba el distrito fronterizo, no se mostró muy feliz con su presencia. Enseguida, dictó una orden por la cual cualquier persona (hombre, mujer o niño) que ayudara a una banda de guerrilleros sería encarcelada. Aunque la guerrilla se marchó, la orden sirvió para apresar a todos los sospechosos de colaborar con Quantrill, incluidas las familias de todos los miembros de su banda, que fueron encerrados en edificios separados según edades y sexo. El 13 de agosto de 1863, el edificio que alojaba a las mujeres presas se vino abajo, muriendo cinco y resultando heridas docenas de ellas. Entre las muertas estaban una hermana del lugarteniente de Quantrill, “Bill el Sanguinario”, dos primas de los posteriormente famosos hermanos Younger y la esposa de otro miembro de la banda. Al conocer la noticia del suceso, Quantrill declaró que el edificio había sido deliberadamente derruido. La madrugada del 21 de agosto de 1863, Quantrill y sus hombres, en un número cercano a los 400, cegados por la furia vengativa, cayeron sobre la ciudad de Lawrence, Kansas, mayoritariamente pro-unionista. En cuatro terribles horas, la convirtieron en un infierno de sangre y llamas. Cuando acabó su ataque, habían muerto no menos de 180 personas y la ciudad, por entonces de

El conflicto civil se saldó con el resultado final de 620.000 muertos. Una gran sangría que, sin embargo, el país pudo superar rápidamente gracias a la inmigración. Lo que no supero tan fácilmente fueron otras muchas secuelas.

unos 3.000 habitantes, había quedado reducida a cenizas y cascotes.

La masacre de Lawrence trajo muchas consecuencias. Otra orden militar del gobernador unionista obligó a que todos los residentes de los condados fronterizos de Cass, Jackson, Bates y parte de Vernon evacuaran sus hogares para convertir aquellas zonas en una virtual tierra de nadie. Una vez expulsados todos los residentes, las tropas unionistas, ayudadas por civiles abolicionistas, saquearon y quemaron todo lo que encontraron. Mientras tanto, Quantrill dirigió a sus hombres hacia Texas. En el camino se cruzaron con un convoy militar nordista formado por unos 100 soldados que escoltaban al general James G. Blunt. Lo atacaron y mataron a más de 80 personas.

Ya en Texas, se le ordenó que se encargara de capturar al creciente número de desertores y prófugos que vagaban por el norte del estado. La banda, excediendo las órdenes recibidas, capturó a unos pocos, pero mató a muchos más. Durante el invierno, el lugarteniente de Quantrill, Bill el Sanguinario Anderson, se escindió con sus adeptos y formó su propia guerrilla. Ambos grupos, faltos de otros objetivos, comenzaron a protagonizar numerosos actos de violencia contra civiles. Finalmente, los mandos militares, tras muchas dudas, se decidieron a librar al norte de Texas de la influencia de Quantrill y, el 28 de marzo, dictó su arresto bajo la acusación de haber ordenado la muerte de un mayor del ejército confederado. Sin embargo, Quantrill escapó perseguido por más de 300 soldados.

De nuevo al frente de su banda, cruzó el río Rojo y se internó en el Territorio Indio (hoy Oklahoma), donde se reaprovisionó y comenzó su larga marcha de vuelta a Missouri. Pero su banda pasaba por muchas tensiones internas y comenzó a fraccionarse, hasta que Quantrill perdió por completo toda autoridad, siendo sustituido en la jefatura por George

Al final de la guerra, Quantrill y los demás líderes de las sanguinarias guerrillas habían muerto, pero muchos de sus seguidores persistieron en su hábito de vida y se convirtieron en forajidos y proscritos. Tal fue el caso, por ejemplo, de Jesse James, a quien vemos aquí en una fotografía tomada en la época en que se enroló en la banda de Bill el Sanguinario.

Tood, otro de sus lugartenientes. Mientras, Bill el Sanguinario seguía aterrorizando a todo Missouri. En un intento de recuperar su prestigio, Quantrill concibió un plan para dirigir un pequeño grupo de hombres hasta Washington y asesinar al presidente Lincoln. Con ese objetivo, reunió a cuantos jinetes en el condado de Lafayette, Missouri, entre noviembre y diciembre de 1864. Sin embargo, al conocer la fuerte concentración de tropas unionistas al este del río Mississippi, se convenció de que su plan no podría tener éxito, por lo que se volvió atrás y reanudó su normal patrón de asaltos y ataques. Con un grupo de 33 hombres, entró en Kentucky a comienzos de 1865. En mayo, una fuerza unionista irregular les sorprendió cerca de Taylorsville. En la batalla, Quantrill recibió un disparo en la columna vertebral, de cuyas consecuencias moriría el 6 de junio de 1865, en la prisión militar de Louisville, Kentucky.

Al final de la guerra, Quantrill y los demás líderes de las sanguinarias guerrillas habían muerto, pero muchos de sus seguidores persistieron en su hábito de vida y se convirtieron en forajidos. Tal fue el caso, por ejemplo, de los hermanos Frank y Jesse James y de los hermanos Younger. Así, los odios enconados y el imperio de las pistolas sobrevivieron a la guerra, convirtiéndose —como se analiza en otro volumen de esta colección— en una de las bases culturales del Salvaje Oeste. De momento, para nuestro hilo argumental, lo importante es que, mientras la guerra civil se desarrollaba, la nación se hallaba plenamente inmersa en la realización de otro de sus grandes hitos: el Ferrocarril Transcontinental.

8

EL FERROCARRIL TRANSCONTINENTAL

Puedes colocar los raíles hasta el Jardín del Edén, pero ¿de qué servirá eso si los únicos que allí viven son Adán y Eva?

Henry Villard (1835-1900),
dueño del Northern Pacific Railway de Oregón.

En un país joven y, como tal, con receptividad para las novedades tecnológicas, la invención en Inglaterra del ferrocarril inflamó la imaginación de los empresarios de la Costa Este estadounidense. La primera compañía ferroviaria estadounidense fue la Baltimore & Ohio Railroad, mas para la puesta en servicio del primer tren hubo que esperar a la llegada de la primera locomotora importada de Inglaterra. Ello no fue óbice para que en el ínterin se produjera una verdadera fiebre por la reivindicación de futuras líneas férreas en las ciudades más pobladas de la costa atlántica e incluso por el tendido de las primeras vías que, en la mayoría de los casos, era hecho sin demasiado esmero, imaginando que las máquinas de vapor superarían todos los obstáculos.

La llegada de la primera locomotora causó asombro, pero la prueba inaugural estuvo a punto de acabar en catástrofe cuando el tren, un modesto convoy de dos vagones, se dispuso a atravesar un puente. Apenas la máquina entró en él, unos alarmantes crujidos dieron a entender que la estructura no estaba pensada para semejante peso. Entre un frenético girar de bielas, resoplidos de vapor y estruendo de hierros, el convoy logró retroceder y ponerse a salvo en tierra firme. Superados aquellos dubitativos comienzos, en 1830 se inauguró en Charleston, Carolina del Sur, el primer ferrocarril de vapor para pasajeros. A partir de entonces, la construcción de vías férreas avanzó hacia el Oeste desde todos los rincones de la Costa Este.

Sin embargo, los viajes en tren eran todavía por entonces una aventura. Los coches de pasajeros eran verdaderas carrozas puestas sobre raíles. El maquinista, además de atender a las poco fiables locomotoras, se tenía que ocupar de espantar animales y apartar curiosos para que la vía estuviera expedita para el paso del convoy. La carencia de topes en los vagones hacía que cualquier frenazo provocara una sacudida estrepitosa que lanzaba a los viajeros unos contra otros. Tampoco era buena la seguridad. Antes de que los atracadores hicieran de los trenes uno de sus campos de acción más habituales, ya existía la costumbre, generalmente infantil, aunque no solo, de convertir los convoyes en dianas improvisadas que, a su paso por zonas habitadas, servían para hacer prácticas de puntería.

Pero las piedras, las arrojadas o las interpuestas en las vías, no eran los únicos obstáculos. Hubo que dotar a la parte delantera de las locomotoras de una rejilla metálica en forma de punta de flecha que sirviera para apartar a los animales que, ignorantes del peligro que se les avecinaba, se instalaban en las vías poniendo en serio peligro al tren. Con esclarecedor tino, el artefacto recibió el nombre popular de *cowcatcher* (algo así como "pillavacas").

Además, en los primeros años de funcionamiento, lo único seguro con los horarios es que no se cumplirían. De hecho solo servían como dato orientativo. En las desangeladas estaciones y apeaderos desperdigados

Pocas veces una empresa humana ha afrontado más dificultades y más peligrosos obstáculos naturales que la asumida por los topógrafos, los ingenieros y las brigadas de trabajo del ferrocarril transcontinental estadounidense.

por las llanuras del interior del país, los jefes de estación no tenían inconveniente en retener la salida del tren hasta que aparecían los viajeros retrasados que habían anunciado su llegada. Ya en viaje, tampoco era raro que una mala previsión de las necesidades de leña dejara al "caballo de hierro" varado sin *alimento* en cualquier páramo o, si había suerte, al borde de una zona arbolada. En este último caso, maquinista, ayudante y voluntarios del pasaje *repostaban* combustible, hacha en mano. Tampoco faltaban las paradas en los oportunos depósitos de agua, en que calmar la *acalorada sed* de alguna locomotora.

Sin embargo, el servicio fue mejorando con notable rapidez. Los vagones perdieron sus antiestéticos perfiles y dejaron de ser diligencias sobre raíles. Las locomotoras aumentaron su potencia y su autonomía. Y, poco a poco, se fue comprobando que, como se había previsto, el servicio ferroviario no tenía rival, ni por vía terrestre ni fluvial.

Entre 1830 y 1850, se tendieron casi 50.000 kilómetros de raíles en el Este. Como era de esperar, enseguida llegó el asalto ferroviario de los nuevos territorios occidentales. El ferrocarril, más que cualquier otro medio de transporte, llevó la civilización al Oeste, porque con él llegaron, aunque con retraso, la ley y el orden, el gobierno y el comercio a gran escala. No obstante, en sus primeros tiempos encontró mucha resistencia, especialmente por parte de los indios, que creían que su aparición solo significaría la llegada de más blancos que les quitarían su tierra. Por supuesto, su temor estaba plenamente justificado. Pero ya por entonces, las inversiones especulativas contaban en Estados Unidos más que las reclamaciones de los indios. También la necesidad de conectar comunidades aisladas por miles de kilómetros de pradera o por cadenas montañosas, que solo así podrían entablar relaciones comerciales y humanas con el resto. El auge del comercio y del transporte traería más y más gente, es decir, más civilización... y más clientes para las líneas ferroviarias.

Poco a poco, a medida que la Frontera fue desplazándose hacia al Oeste —al encuentro, además, de la otra corriente colonizadora con origen en la Costa Oeste—, el ferrocarril fue siguiendo su marcha hasta lograr su objetivo final de unir ambas costas.

Hacia 1850, todos los que estaban interesados, que eran muchos, en que el país se convirtiera en un gran mercado continuo y en que mercancías, noticias y personas pudieran ser transportadas con rapidez de unos lugares a otros, empezaron a reclamar un ferrocarril transcontinental que superara las evidentes deficiencias de los caballos, las diligencias, las carretas y los escasos vapores fluviales, únicos medios hasta entonces de trasladar personas o cosas a largas distancias.

Fue Asa Whitney (1797-1872), un gran importador de té de Nueva York, quien, en enero de 1845, dio a conocer el primer propósito serio de financiar el ferrocarril de costa a costa. Whitney depositó en el Congreso una demanda de concesión de tierras, desde el lago Míchigan a California, de una anchura de 90 kilómetros a lo largo de todo el recorrido. El interés de Whitney estaba claro: como importador de té chino, la apertura de la vía continental le permitiría acortar enormemente el plazo de recepción de su mercancía, que de Extremo Oriente a Nueva York tenía que ser transportada por la larguísima ruta del cabo de Hornos. Pese a su empeño y a la publicidad con que lo rodeó, el Congreso no tuvo a bien acceder a su demanda, asustado, sin duda, por tamaña entrega de tierras. Pero, la propuesta no cayó en saco roto.

Desde el punto de vista técnico, la idea fue tomada como un reto por un joven ingeniero de treinta y cinco años, proveniente de Conneticut, llamado Theodore D. Judah (1826-1863), distinguido ya por sus audaces realizaciones en el campo ferroviario. En 1856, la idea se había convertido en una necesidad nacional y Judah obtuvo el apoyo de un grupo de presión del Congreso. En paralelo con él, otro ingeniero, también oriundo de Nueva Inglaterra, Grenville Dodge (1831-1916), se convirtió en otro de los grandes adalides de la idea. Ambos, por separado, se lanzaron a atraer capitales.

En enero de 1857, Judah remitió un plan detallado con diseños y planos para la construcción del Pacific Railroad. Desoyendo a los indecisos y pesimistas que gritaban que los raíles nunca podrían atravesar las terroríficas montañas del Oeste, Judah siguió adelante en solitario buscando una ruta practicable.

El encargo de construcción de una línea ferroviaria corta entre Sacramento y los campos mineros de las faldas de Sierra Nevada llevó a Judah a California. Una vez allí, pasó gran parte de su tiempo libre buscando la tan deseada ruta a través de las montañas. A finales de 1860, entró en contacto con Daniel Strong, un farmacéutico de la ciudad de Dutch Fiat, situada al pie mismo de las montañas, que había descubierto un paso gradualmente ascendente factible de ser recorrido por los trenes. Con creciente excitación, los dos hombres trazaron una ruta practicable y Judah corrió de vuelta a Sacramento, donde, en junio de 1861, fundó la Central Pacific Railroad Company e inmediatamente comenzó a buscar de nuevo financiación.

Tras una lenta lucha contra el escepticismo de los hombres de negocios californianos, finalmente reunió a un pequeño grupo de apoyo formado por un grupo de empresarios de Sacramento que pronto sería conocido como "los Cuatro Grandes" y que estaba formado por los dos socios de una firma mayorista de artículos de ferretería, Collis P. Huntington (1821-1900) y Mark Hopkins (1813-1878); un comerciante de ultramarinos al por mayor, Leland Stanford (1824-1893), y un almacenista de tejidos, Charles Crocker (1822-1888). En 1860, los cuatro se hicieron con el control del Central Pacific Railroad. Stanford fue nombrado presidente; Huntington, vicepresidente; Crocker, jefe de obras, y Hopkins, tesorero.

Por su parte, Grenville Dodge, igualmente dedicado e incasable, pasó casi cinco años viajando por las Llanuras del Oeste estudiando la mejor ruta entre Missouri y las Rocosas.

En aquel difícil momento político, a punto de iniciarse una guerra civil, el papel del gobierno federal no estaba bien definido. Cada vez que se solicitaban concesiones de terrenos para tender una línea férrea, eran múltiples las objeciones que se alzaban del Norte y del Sur por motivos contrapuestos. El Sur argüía que dos tercios de la totalidad de la red ferroviaria existente correspondían a estados situados en la mitad norte, hecho que, por cierto, tendría decisiva influencia en la guerra civil que pronto estallaría. Sea como fuere, el presidente Lincoln, tomó la decisión personal de promulgar la Ley del Ferrocarril del Pacífico en 1862, arrostrando la oposición de los estados sureños, quienes barruntaban claramente que California, unida por ferrocarril con el Este, entraría en la órbita del Norte.

En ese ambiente, Dodge tenía una ventaja sobre Judah: en el Este, nadie consideró su sueño una locura. Pronto trabó relación con el ejecutivo ferroviario Thomas C. Durant (1820-1885), quien también albergaba su propia intención y su propio sueño de construir un ferrocarril transcontinental y que se convertiría en la fuerza motriz del Union Pacific Railroad. Sin embargo, Dodge no firmaría su compromiso hasta tres años después; se había enrolado en el ejército de la Unión al comienzo de la Guerra de Secesión y, por ahora, estaba concentrado en ganar las estrellas de general, cosa que, por escalafón, le correspondería antes de dos años.

Con el país inmerso en un antagonismo que desembocaría en el enfrentamiento civil, la situación política, como sucede cuando un tema predomina y oscurece todo lo demás, se prestó a toda clase de corruptelas. Lo que estaba en juego era nada menos que la concesión de unos terrenos a lo largo de los miles de kilómetros de línea férrea que unirían ambas costas. Un negocio muy apetecible. Por eso, una de las cuestiones más urgentes era la de fijar definitivamente el recorrido.

Entre 1853 y 1854, el gobierno federal envió al terreno varios equipos encargados de determinar cuál era el trazado más apropiado. No tenían solo que definir el más rentable, sino también estudiar globalmente las regiones atravesadas y hacer un censo de sus habitantes, para poder evaluar su utilidad socioeconómica y su viabilidad empresarial. Además de ingenieros, estas expediciones contaban, pues, con geólogos, botánicos, zoólogos, meteorólogos, demógrafos, topógrafos, etcétera. Gracias a los informes de estos científicos, así como a los innumerables dibujos y esquemas de los artistas que les acompañaban, los norteamericanos recopilaron una multitud de datos sobre las regiones vírgenes del centro del país.

En concreto, la administración federal financió varios equipos de estudio separados, todos muy influidos por los políticos. A instancias del ministro de defensa, el sureño Jefferson Davis, de Mississippi, se exploraron distintas rutas por el Sur. Una de ellas (el estudio Pope-Parke) comenzaba en el río Rojo en la frontera nordeste de Texas e iba después en dirección Oeste hasta El Paso, casi en paralelo a la frontera con México, para llegar a San Diego, California. Otra ruta alternativa (el estudio Whipple) empezaba en Fort Smith en el río Arkansas y atravesaba las llanuras del Territorio Indio, por el norte de Texas y, a lo largo del territorio de Nuevo México, por Alburquerque hasta Los Ángeles. Mientras tanto, mucho más al Norte, el estudio Stevens proyectaba una línea que empezaba en Saint Paul, Minesota, y seguía hacia el Este por tierras no organizadas hasta el territorio de Oregón y de allí a Portland para abrirse en varios ramales al aproximarse al río Columbia. Por su parte, otras opciones estudiaban distintas rutas por el centro justo del país. Una de ellas, el estudio Gunnison-Beckwith, proponía empezar en Saint Louis, Missouri, cruzar los estados de Kansas y Colorado, para llegar hasta Salt Lake City, Utah, cruzar la futura Nevada y seguir hasta Fort Reading en el río Sacramento, California.

Con los años, distintas líneas férreas recorrerían más menos todas las rutas propuestas entonces, pero el estudio finalmente elegido en 1860 fue el que combinaba las dos propuestas de Theodore Judah y Grenville Dodge. Comenzaba en Omaha, Nebraska, en el río Missouri, seguiría el río Platte hacia el Oeste hasta Fort Kearney, cruzaría las montañas Rocosas por el norte de Denver y continuaría hacia el Gran Lago Salado y Sierra Nevada, para terminar en Sacramento. Esta fue la ruta escogida, pero la guerra civil retrasó el comienzo de las obras.

EL COMIENZO DE LAS OBRAS

El 1 de julio de 1862, los magnates del ferrocarril que estaban detrás del Central Pacific y el Union Pacific recibieron la concesión oficial para la construcción de la línea. El Central Pacific se adjudicó la línea a tender desde Sacramento hasta la frontera de Nevada con Utah; el Union Pacific, la de Omaha a Nevada. Las compañías recibieron parcelas que cubrirían un ancho de 16 kilómetros a un lado y otro de la vía, lo que suponía en total unos 22 millones de acres de tierra. El gobierno concedería a las dos compañías un crédito a la construcción estimable en 9.940 dólares por cada kilómetro que se tendiera por la Gran Cuenca, 19.880 dólares por kilómetro en el desierto y 29.830 dólares por los que tuvieran que desafiar las montañas Rocosas y Sierra Nevada. El valor total, en bonos gubernamentales, ascendería a unos 27 millones de dólares. El terreno, en su mayor parte confiscado a los indios, era concedido gratis a las compañías, aunque se les exigía garantizar la subvención estatal financiando y construyendo por cuenta propia las primeras 40 millas de su respectiva concesión, a la vez que se fijaba el plazo máximo de finalización de las obras en el 1 de julio de 1876. El incumplimiento de esta cláusula permitiría al gobierno confiscar la totalidad de los materiales invertidos hasta aquella fecha y recobrar los terrenos.

En enero de 1863, Leland Stanford, en nombre del Central Pacific, inauguró las obras en Sacramento. La puesta en marcha de las obras del Union Pacific se demoró hasta noviembre. Así empezó una apasionante carrera que habría de acabar, si todo salía bien, en algún lugar de las tierras de Utah, donde debería producirse el encuentro entre las dos líneas.

Poco después de que el Central Pacific iniciara sus trabajos, Judah se enfrentó con los Cuatro Grandes, quienes tenían prisa por cubrir, fuera como fuera, las 40 millas

Los trabajadores sudaron y murieron esculpiendo los salientes de roca para llevar los raíles hasta la cima de los escarpados desfiladeros y para abrirse camino a través de millas de dura roca, especialmente al atravesar Sierra Nevada y las Rocosas.

exigidas por la ley para poder cobrar así el primer plazo del dinero gubernamental. Al ingeniero Judah, por su parte, solo le interesaba construir con la máxima solidez posible, sin importarle cuánto tiempo o dinero llevase eso. Desilusionado por la codicia y la falta de escrúpulos de sus colegas, en octubre de 1863, partió hacia el Este en busca de otros inversores que apoyaran su proyecto. A diferencia de otras veces, esta vez Judah eligió viajar por Panamá, al creer que el viaje sería más rápido y cómodo, pues ahora el istmo se atravesaba vía ferrocarril. Sin embargo, quiso la fortuna que Judah contrajera la fiebre amarilla en Panamá y muriera a solo una semana de llegar a Nueva York, a la edad de treinta y siete años.

Una vez acallada la voz discrepante del ingeniero, los financieros del Central Pacific se vieron libres para efectuar todas las maniobras que Judah tanto había deplorado. Pese a todo, sus dudosas actuaciones no solo consiguieron henchir sus bolsillos sino también llevar adelante con éxito y a rajatabla el gigantesco trabajo de construir un ferrocarril a través de algunos de los más inhóspitos terrenos del mundo.

Pero no fue fácil. Ambas compañías tuvieron problemas casi de inmediato. Aunque el Gobierno las había autorizado, en vísperas del comienzo de las obras, a lanzar un empréstito público de 27 millones de dólares, a la hora de la verdad fueron pocos los inversores que tomaron el riesgo de colocar su capital en un proyecto tan arriesgado como el de un ferrocarril transcontinental, y menos aun cuando circunstancialmente había mucho más dinero fácil en la inversión en las industrias bélicas. Por otra parte, los suministros eran tan escasos como el dinero. Al estar el país en guerra, el hierro que se necesitaba para fabricar los raíles se empleaba en la fabricación de armas y municiones, y el ejército de la Unión tenía prioridad sobre las locomotoras, el material rodante y casi sobre cualquier otra cosa que precisase este aún dudoso proyecto de ferrocarril.

Además, aunque no hubiese faltado la financiación y el equipo hubiese sido abundante y barato, no hubiera habido nadie que lo construyera, pues casi todos los hombres útiles estaban empleados en la guerra.

En 1864, cuando la falta de dinero se hizo crítica, Collis Huntington y Thomas Durant fueron a Washington. De una forma u otra, se ganaron la voluntad para la causa ferroviaria de un amplio número de congresistas y senadores. El resultado fue una serie de enmiendas a la Ley del Ferrocarril del Pacífico que duplicaron las concesiones de tierra hasta los 32 kilómetros cuadrados por milla de vía, redujeron los requisitos de comienzo de obra no subvencionada hasta las 20 millas de firme nivelado y ampliaron la concesión de obra con 240 kilómetros de Nevada, que también correrían a cargo del Central Pacific. Sin embargo, a pesar de la generosidad del Congreso, la mano de obra y los suministros siguieron siendo escasos y la construcción avanzó muy lentamente.

El final de la guerra en abril de 1865 alivió ambos problemas al liberar de encargos bélicos las industrias pesadas que tenían que abastecer las obras del ferrocarril y al crear una reserva de veteranos de guerra ociosos en busca de trabajo. La mayoría de ellos se congregaba en el Este, donde había tenido lugar la mayor parte de la contienda, así que el problema de falta de mano de obra del Union Pacific se resolvió. Pero en el Oeste, la fuerza del Central Pacific era aún demasiado pequeña y, cuando algunos trabajadores irlandeses amenazaron con una huelga, el jefe de obras, Charlie Crocker, decidió contratar a 50 hombres chinos de entre los miles que habían inundado California durante la Fiebre del Oro. A modo de argumento para contrarrestar los prejuicios sobre la escasa laboriosidad achacada a los chinos, Crocker arguyó que "tenían en su historial el haber construido la Gran Muralla", lo que, a su parecer, era suficiente aval para considerarlos buenos trabajadores.

Después, sorprendido e impresionado por la sobriedad, la laboriosidad y la docilidad que mostraron en el trabajo, Crocker vació literalmente los barrios chinos de Sacramento y San Francisco de trabajadores capaces e incluso envió agentes a China para reclutar más. Miles de chinos fueron atraídos desde Cantón con el señuelo de una buena paga, lo que resultó un fiasco, pues sus jornales eran muy inferiores a los de los blancos. Puestos al trabajo, los trabajadores chinos eran resistentes y mostraban menos necesidades alimenticias que los blancos. Hubo algo, no obstante, a lo que Crocker hubo de acceder y era garantizarles que, en caso de muerte, sus restos serían repatriados a la tierra de sus mayores.

Los trabajadores chinos tenían que trabajar más horas y realizar las tareas más peligrosas. Casi siempre, eran ellos los encargados de excavar los túneles a través de la roca sólida; los que se descolgaban por los peñascos en canastas de mimbre sujetas por cuerdas; los que taladraban agujeros en las rocas y los que colocaban la pólvora y los detonadores en ellos. En ocasiones, se rompían las canastas o las cuerdas, arrojando a los trabajadores al fondo del precipicio, a una muerte segura. Otras veces, los explosivos detonaban antes de tiempo. En invierno, muchos trabajadores se congelaban. Finalmente, pese a todo, el 90% de los trabajadores del Central Pacific acabaron siendo chinos y, aun así, Crocker recomendó a un comité legislativo que les negara la ciudadanía.

Cuando en el otoño de 1865, Grenville Dodge dejó el ejército y se convirtió en ingeniero jefe del Union Pacific, la obra solo había avanzado desde la terminal de Omaha hasta el límite de la ciudad. Dodge contrató a más trabajadores y, para supervisarlos e imponer disciplina, a John Stephen Casement, un antiguo general del ejército de la Unión, quien entrenó a la variopinta colección de trabajadores (inmigrantes irlandeses, veteranos de guerra, esclavos libertos, granjeros arruinados y buscadores de oro desilusionados) hasta que fueron capaces de tender raíles con eficiencia militar, y también de defenderse con igual eficacia de los indios que a menudo les visitaban.

Aunque las tropas federales patrullaban la ruta del Union Pacific, los trabajadores frecuentemente tenían que dejar sus herramientas y coger sus rifles para enfrentarse a los ataques de cheyenes y siux, que acertadamente veían en el avance del ferrocarril la sentencia de muerte de su forma de vida.

A pesar de estos ataques, el Unión Pacific fue capaz de completar 65 kilómetros hacia el oeste ya dentro de Nebraska a finales de 1865. El ritmo de construcción se aceleró cuando, en 1866, la Ley del Ferrocarril del Pacífico se enmendó por tercera vez. Esta vez, el Congreso prefirió no especificar el punto de encuentro de ambos extremos de la línea; simplemente la compañía que más kilómetros de vía tendiese más negocio acapararía. Eso, como era de esperar, estimuló el ritmo de construcción.

La obra requería operaciones logísticas tan complejas como el almacenamiento de los materiales, el montaje de talleres o la habilitación de tiendas de campaña para el alojamiento de los trabajadores. Todo ello, de manera ambulante, pues había que ir desplazándose en seguimiento del curso de la obra. Junto a estos servicios básicos, se montaron lugares para el esparcimiento de los trabajadores: cantinas, estafetas de correos, hostales y, por supuesto, burdeles.

La convivencia entre aquellas dos multitudes de heterogéneos trabajadores a lo largo de los seis años que duró la epopeya no fue fácil. Las pendencias estaban a la orden del día. El alcohol y los naipes proporcionaban continuamente motivos para liarse a tiros. En el Central Pacific pronto se encontró un chivo expiatorio: los chinos, a quienes se hacía sistemáticamente responsables de cualquier error o deficiencia en el trabajo, cuando ellos, a cambio de trabajar como tales, se contentaban con un puñado de arroz y un mísero estipendio cuyo destino era el ahorro para poder volver cuanto antes a su país. Los brotes de xenofobia menudearon y, para ciertas cuadrillas, la persecución del chino se convirtió en el ocio más habitual.

UN EMPEÑO TITÁNICO

Pocas veces una empresa humana ha afrontado más dificultades y peligrosos obstáculos naturales que la asumida por los topógrafos, los ingenieros y las brigadas de trabajo del ferrocarril transcontinental estadounidense. La labor era durísima: de sol a sol, lo mismo cuando se trabajaba en desiertos abrasados por el calor como cuando tocaba, bajo un frío glacial, retirar toneladas de nieve antes de colocar los durmientes, las traviesas y los raíles sobre un suelo congelado. Como es obvio, hubo que construir puentes y viaductos sobre abismos lo bastante largos como para cruzar las vaguadas de grandes ríos y lo suficientemente altos como para que los vapores pudieran pasar por debajo. Se tuvieron que arriesgar vidas trabajando a 100 metros o más por encima de cañones para construir puentes de madera. Hubo que sortear desfiladeros y abrir caminos en la más intrincada foresta. Y los trabajadores sudaron y murieron esculpiendo los salientes de roca para llevar los raíles hasta la cima de los escarpados desfiladeros y para abrirse camino a través de millas de dura roca, especialmente para conseguir atravesar Sierra Nevada y las montañas Rocosas.

La enorme variedad de la geografía americana, con toda su diversidad de accidentes orográficos, puso a prueba constantemente los conocimientos y la inventiva de los ingenieros, esforzados en la rápida y eficaz resolución de los mil y un problemas que planteaba la naturaleza. En ese sentido, el reciente descubrimiento de la dinamita fue un apoyo decisivo para poder llevar a cabo las voladuras que horadaron los obstáculos montañosos.

En la primavera de 1865, las obras del Central Pacific llegaron hasta las estribaciones de Sierra Nevada. Los primeros intentos de perforar la montaña dinamitándola se saldaron con graves accidentes en los que un buen número de trabajadores —casi todos ellos chinos— perdieron la vida. Finalmente se consiguió reventar la roca y dar paso a las brigadas que, pico en mano, completaban la obra demoledora del explosivo. Un año entero llevó la construcción del principal túnel que atravesaba Sierra Nevada; doce meses trabajando sin descanso en las entrañas de las montañas a la luz del carburo y bajo el perenne riesgo de los desprendimientos. Desde luego, un trabajo inhumano, pero también un empeño de titanes.

La nación siguió con emoción el progreso de los trabajos de las dos líneas. Union Pacific tenía la ventaja de recibir directamente el material siderúrgico, la madera y todos los útiles y máquinas-herramienta de las factorías del Este. En cambio, Central Pacific, que también era tributario del Este, tenía que recibir materiales y suministros por mar a través del cabo de Hornos. Esto significaba que había que esperar a veces de tres a siete meses a ciertos materiales, componentes y equipos necesarios para continuar. En la espera, el personal desaparecía hacia las minas de oro o plata, por lo que la compañía optó, como ya vimos, por contratar una gran mayoría de trabajadores chinos.

Hacia 1868, el Central Pacific logró por fin dejar atrás Sierra Nevada y la construcción tomó un mayor ritmo al llegar a la Gran Cuenca. Por entonces, se alcanzó la región de los indios paiutes y shoshonis y la compañía, para rebajar conflictos, les propuso trabajar

Un año entero llevó la construcción del principal túnel que atravesaba Sierra Nevada; doce meses trabajando sin descanso en las entrañas de las montañas a la luz del carburo y bajo el perenne riesgo de los desprendimientos.

en las obras. Mientras tanto, el Union Pacific, dirigido ahora por los que se habían convertido en accionistas mayoritarios, los hermanos Oaks (1804-1873) y Oliver (1807-1877) Ames, tras el retraso inicial, avanzaba a buen ritmo por el terreno plano de Nebraska. Entre sus 8.000 trabajadores había numerosos irlandeses que habían servido como soldados durante la guerra civil, así como inmigrantes italianos y alemanes. Todos trabajaban en medio de manadas de búfalos de los que se servían para alimentarse. Tenían numerosos enfrentamientos con los encolerizados siux, cheyenes y arapajoes, que, en cuanto podían, arrancaban los raíles ya puestos. Las vías también sufrían deterioros a causa de las terribles tormentas de primavera de la región. Todo ello ralentizaba la construcción, pues a menudo era preciso volver atrás y reparar los desperfectos.

Como es fácil imaginar, dada la índole de la obra y siendo su grandioso escenario la joven Norteamérica tan imbuida desde su nacimiento en el afán competitivo, la pugna de las dos compañías, se convirtió en una carrera cuyo seguimiento era el *hobby* de los acaudalados consejeros del Central y del Union. La opinión pública, por su parte, seguía con similar apasionamiento el avance. Cada compañía divulgaba las incidencias de la marcha y proclamaba las *marcas* conseguidas en el frenético trabajo de las cuadrillas de obreros. En los tramos llanos, al comienzo de la obra, el destajo normal era un kilómetro y medio al día, pero pronto se superó hasta llegar a cinco. Las brigadas tenían verdadero empeño en ganar en las superficies lisas y sin accidentes lo que perdían cuando la orografía hacía la labor dificultosa o peligrosa. A medida que el ferrocarril se acercaba a algún hito señalado, ingenieros y capataces azuzaban al personal, tratando de mejorar las marcas de la compañía rival.

UNAS JORNADAS DE PROPAGANDA

Cuando el Union Pacific alcanzó el meridiano 100, casi 400 kilómetros más allá de Omaha, el 6 de octubre de 1866, el consejo de administración presidido por Thomas Durant, con la colaboración del director ejecutivo Grenville Dodge, preparó un acto conmemorativo por todo lo alto. Un tren tirado por una locomotora American, en cuya proa se había colocado como adorno una descomunal cornamenta de alce y formado por los novísimos y lujosos coches camas "Palace" diseñados por George Pullman, se encargó de transportar hasta el hito motivo de la celebración a una comitiva de dignatarios, comisionados, altos empleados con sus esposas y sus criados y, como no, periodistas y un fotógrafo. Para el acto se hizo acopio de provisiones de todo tipo, especialmente champán francés, leña para fuego de campo y tiendas de campaña con todas las comodidades.

El objetivo, además de la celebración, era que los invitados conocieran los atractivos de la pradera de Nebraska. La estancia duró tres días, en los que se hicieron *picnics,* se cazaron alces y búfalos y, para los caballeros, se organizó una escapada hasta el punto más adelantado de la obra, donde pudieron contemplar con satisfacción el ritmo con el que se emplazaban las traviesas, se tendían los raíles y se colocaban los tirafondos a golpes de mallo manejado con soltura impropia.

Para que no faltase de nada, cuando se estaba disfrutando en pleno campo de la piezas cobradas durante una divertida jornada de caza, la aparición de unos indios provocó un indisimulable movimiento de pánico en los dignatarios y sus esposas. La presencia de Grenville Dodge tranquilizó a todo el mundo: se trataba de paunis, gente amigable, hasta el punto de que alguno de ellos había servido a sus órdenes como guías. Los pieles rojas, muy amables y bien compensados, tuvieron la gentileza de interpretar unas danzas guerreras y hasta un simulacro de arrancamiento de cuero cabelludo. Todo perfectamente orquestado por Dodge.

Con tales festejos y sorpresas, la excursión fue un rotundo éxito. Los reporteros invitados se encargaron de narrar pormenorizadamente los atractivos del Salvaje Oeste y la generosidad de la compañía ferroviaria quien, necesitada de capitales, explotó propagandísticamente el viaje a Nebraska con gran provecho.

EL FINAL DE LAS OBRAS

A medida que se acercaba el momento del encuentro entre ambas líneas, la fiebre constructora fue creciendo más y más. En cierta ocasión, Charles Crocker, del Central Pacific, apostó 1.000 dólares con Thomas Durant, del Union Pacific, a ver cuál de los equipos escogidos por cada compañía era capaz de tender más raíl en una sola jornada. El 28 de abril de 1869, día elegido para la contienda, la brigada de Crocker batió en toda la línea a sus contrincantes, al lograr tender la friolera de 16 kilómetros de vía.

Al margen de apuestas, los dos equipos se enzarzaron en una durísima competición diaria para tender más y más raíles, captando la atención de la nación, cuya expectación hizo que ambas compañías se superasen a sí mismas. Unión Pacific tendió casi 684 kilómetros de raíles en 1868; Central Pacific, al verse frenado por la falta de suministros, solo pudo completar 580. Pero no bastaba.

La competición se hizo más y más encarnizada, llegando al terreno de lo absurdo. El índice de muertes por accidente se disparó a medida que los trabajadores detonaban cargas explosivas a destajo, casi sin prevenir. Cada compañía adoptó la cuestionable teoría de que podría reclamar una especie de derechos de ocupación para tender tantos raíles como firme hubiera preparado, sin tener en cuenta hacia dónde se encaminara la cabecera de la otra vía. Llegó un momento en que los equipos de niveladores de terreno iban tan por delante de sus compañeros tendedores de raíles, que ambas compañías trabajaron en paralelo durante muchos kilómetros, a menudo unos junto a los otros.

Finalmente, en enero de 1869, el gobierno federal se decidió a poner un punto final a tanta locura. Envió a Utah un comité de ingenieros civiles, que, tras analizar la situación, eligió un punto llamado Promontory Summit, a 85 kilómetros al este de Ogden, en las colinas del Gran Lago Salado, como lugar de encuentro entre ambas líneas férreas.

El 10 de mayo de 1869, con una ceremonia festiva y protocolaria en el lugar y con gran regocijo en todo el país, Leland Stanford, por el Central Pacific, y Thomas Durant, por el Unión Pacific, colocaron ceremonialmente los remaches del último raíl. En este caso, tres: uno de plata ofrecido por el estado de Nevada, otro de aleación oro-plata, por Arizona, y el tercero, en oro macizo, ofrenda de California. En este último, una inscripción proclamaba: "Quiera Dios continuar uniendo nuestro país como este camino de hierro une los dos grandes océanos del globo".

Acto seguido, sendas locomotoras de ambas compañías, cargadas de dignatarios, unieron sus quitapiedras, dando por completada la línea ferroviaria de 3.218 kilómetros de longitud que recorría el Oeste desde Omaha a Sacramento. El puente de acero estaba completo y, para conmemorarlo, en Nueva York se dispararon 100 cañonazos, en Filadelfia sonó la campana de la Libertad y en San Francisco y el resto de las principales ciudades beneficiarias se celebraron festejos, desfiles y fuegos de artificio.

La noticia de que los raíles se habían unido provocó una especie de fiebre de ávidos viajeros ferroviarios, aunque también se empezaron a extender algunas sombras de despilfarro y corrupción, posteriormente comprobadas, aunque sin consecuencias. En 1870, el primer año completo en que operó la línea, cerca de 150.000 pasajeros montaron en la línea transcontinental. Una docena de años después, la cifra había aumentado hasta el millón.

Muchos eran pobres inmigrantes que buscaban una nueva vida en el Oeste y que llenaban los incómodos bancos de madera de los vagones de tercera clase a cambio de un pasaje para el viaje completo que costaba 40 dólares. A menudo, los coches de tercera eran acoplados a vagones de carga y no se dudaba en apartarlos a vías de servicio para dejar paso a los trenes expresos. En un tren de emigrantes, el viaje desde Omaha a Sacramento podía durar de nueve a diez días.

Los pasajeros de segunda clase pagaban 80 dólares por dormir sentados, pero no se quejaban pues en su gran mayoría eran cowboys, granjeros, mineros e indios residentes permanentes en el Oeste, que se desplazaban de un punto a otro, en trayectos cortos.

Los viajeros de primera pagaban 100 dólares y hacían el viaje, para ellos de cuatro días, disfrutando de todas las comodidades diseñadas por el magnate del viaje de lujo, George Pullman: salones, cenadores y coches camas dotados de una litera alta bien mullida, plegada contra el techo en cada compartimento, y de varios asientos que se podían replegar para componer una segunda litera inferior. Por un pago extra de otros 4 dólares al día, los pasajeros de primera podían tomar el Pacific Hotel Express, que circulada una vez por semana y en el que se cenaba con la misma calidad que en los más selectos restaurantes del Este.

Muchos de los colonos del Oeste llegaban atraídos por los coloridos folletos que les prometían tierras fértiles situadas en los terrenos de paso concedidos a las compañías ferroviarias. Estas les cedían el uso gratuito,

El 10 de mayo de 1869, con una ceremonia festiva y protocolaria en el lugar y con gran regocijo en todo el país, Leland Stanford, por el Central Pacific, y Thomas Durant, por el Unión Pacific, colocaron ceremonialmente los remaches del último raíl.

que no la propiedad, con la esperanza de resarcirse con creces transportando sus cosechas hasta los mercados. La tierra ofrecida, sin embargo, era a menudo pantanosa o, de acuerdo a un visitante, "seca, descompuesta e incapaz de ser cultivada". Si un granjero la sacaba adelante, deslomándose, hasta convertirla en fértil y productiva, el ferrocarril podía recuperar su propiedad, y a menudo lo hacía, exigiendo un precio escandaloso por ella.

Hacia 1893, cinco grandes líneas ferroviarias cruzaban las Grandes Llanuras de Este a Oeste, amén de otras muchas transversales. Amoldándose en gran parte a esa creciente red ferroviaria, el Oeste creció. Excepto Utah, Oklahoma, Arizona y Nuevo México, cada territorio de la que fuera desoladora tierra situada entre el río Missouri y California se convirtió en un estado de la Unión durante las tres décadas en que se construyó el ferrocarril transcontinental y toda su red auxiliar. Para la mayoría de los norteamericanos, los ferrocarriles significaban la transformación del Oeste de un paraje inhumano a una tierra de oportunidades. El evocador e inquietante silbato del tren resonante en la pradera sin fin simbolizaba el comercio, la seguridad, la velocidad..., en una palabra: la civilización. Generó el sentimiento, en alguna medida relajante, de que el salvaje Oeste y el culto Este eran por fin, de verdad, los Estados Unidos.

De repente, el vasto Oeste pareció hacerse mucho más pequeño, ya que un viaje que antes duraba meses quedaba reducido a unos cuantos días. Los ferroviarios habían hecho algo más que conquistar montañas y cruzar ríos y gargantas impenetrables. Habían completado uno de los más grandes logros políticos, económicos y sociales de la historia. Los ferrocarriles convirtieron a la otrora olvidada inmensidad en un inmenso granero. Trágicamente, la llegada de los raíles puso el último clavo al ataúd del modelo de vida de los indios de las praderas. Fue, en definitiva, la última puerta que abrió el Oeste a la gran avalancha de colonos que ya había comenzado.

9

LA "GRAN MARCHA"

Un pionero es un hombre que pone boca abajo toda la hierba, extiende alambre de espinos por toda la tierra descubierta, envenena el agua, tala los árboles, mata a los indios que poseían la tierra y llama a todo eso progreso.

Charles M. Russell (1864-1926),
pintor estadounidense especializado en temas del Oeste.

LA AVALANCHA DE COLONOS

Una vez que la totalidad del Oeste estuvo bajo control estadounidense, el flujo emigratorio se convirtió en una verdadera avalancha. Pocos de esos pioneros eran suficientemente conscientes cuando salieron de cuán agotadores serían los 3.200 kilómetros de viaje que debían recorrer. Continuamente sufrirían escasez de agua y comida. El cólera, la difteria y otras enfermedades les pondrían a prueba a menudo. También los rigores del clima y la acechanza de los indígenas. "Los cobardes nunca saldrán —se dijo— y los débiles morirán en el camino".

Pero los costes de este masivo desplazamiento al Oeste nunca serían tan altos para los blancos como para los indios con que se encontraban por el camino. A pesar de lo que diga la leyenda, los indígenas raramente atacaron a los pioneros; de hecho, muchas tribus, por justificada y experimentada precaución, se quitaron de su camino. Su triste e irónica recompensa fue a menudo la muerte por enfermedad. Los cheyenes perdieron cerca de la mitad de su población en el mismo año de la Fiebre del Oro, 1849, al igual que los siux. Murieron a montones de cólera, tos ferina, gripe, tifus y otras epidemias que iban dejando a su paso las caravanas de carretas de los pioneros. Los blancos, entonces y ahora, parecieron casi ignorar este resultado de su desplazamiento hacia el Oeste. Quizás de modo comprensible, pusieron el énfasis en sus propias dificultades, que fueron, desde luego, bastante abundantes.

A medida que las mejores tierras de Oregón y, en menor medida, de California, Texas y el resto de territorios anexionados por los Estados Unidos como resultado de la guerra con México estuvieron colonizadas, el impulso hacia el Oeste situó su nuevo objetivo más cerca de casa, en las muy difamadas praderas de las Grandes Llanuras. Importante para este cambio fue la Ley Kansas-Nebraska de 1854, que convirtió a los dos futuros Estados en territorios organizados de los Estados Unidos y que los abrió oficialmente a los colonos. Y éstos acudieron en masa.

En los seis años anteriores a la Guerra Civil, la población no india creció de casi cero a 136.000 personas. Para cuando la Guerra de Secesión acabó, el comercio y la industria del Norte estaban preparados y ansiosos por volcarse en las llanuras. Paralelamente, un atento gobierno proveería rápidamente la legislación pertinente para apoyar y facilitar medios y compensaciones a los visionarios y tenaces constructores de ferrocarriles, que soñaban con tender un puente con el Oeste mediante los rutilantes raíles.

Los bonos coloniales federales, combinados con los incentivos y las abiertas mentiras disfrazadas de propaganda de la industria ferroviaria y de los especuladores irían llevando hacia el Oeste a más y más colonos y aspirantes de colonos.

Como ya hemos visto, en los mapas y guías que llevaban los participantes en las primeras caravanas de carretas que traquetearon camino del Territorio de Oregón o California, en el gran área que hoy es conocida como las Grandes Llanuras, se podía leer el simple y simplista letrero de "Gran Desierto Americano". La etiqueta, aunque exagerada, no era totalmente injusta. Los pioneros que emprendían camino desde el oeste de Missouri o Iowa en los años cuarenta y cincuenta recordarían de forma imborrable su travesía por la plana, árida, ventosa y pelada extensión de las Grandes Llanuras, una región que se extendía desde la zona media de Canadá hasta casi el pico inferior de Texas, y desde el río Missouri a las montañas Rocosas. Pocas pizcas de terreno aparentemente fértil sobre las que reclamar un derecho de propiedad.

Cuando la propaganda oficial —la positiva respecto al Lejano Oeste y la negativa respecto a las Grandes Llanuras— comenzó a contrastarse con la experiencia real de los colonos, y cuando el gobierno puso en marcha su extenso e intenso programa de colonización subvencionada, la oleada nacional hacia el Oeste no perdió fuerza, incluso la ganó, pero sí dio un paso atrás, a dirigir la mirada hacia áreas más accesibles. La Frontera se replegó: para los colonos ansiosos de tierra, solo las inexploradas llanuras, un mar interminable de ondulantes pastos de búfalos habitado por *salvajes,* seguía teniendo aún el suficiente atractivo. Gracias a ello, la "Fiebre de la Tierra" se extendió como un reguero de pólvora en los agitados tiempos posteriores a la Guerra de Secesión.

LA "FIEBRE DE LA TIERRA"

Los vapores, las diligencias e incluso los nuevos ferrocarriles habían llevado colonos y noticias a la Costa Oeste, pero, en realidad, habían hecho poco por impulsar la llegada masiva de nuevos colonos a las vastas tierras que se extendían entre las montañas Rocosas y el río Mississippi, esa inmensa área que se suele denominar Grandes Llanuras. Para atraer a los colonos a esa parte central de los Estados Unidos que coincide en gran parte con el escenario histórico que se ha dado en llamar "Oeste", el Congreso aprobó el 20 de mayo de 1862, en plena Guerra de Secesión, a iniciativa del presidente Lincoln, la Homestead Act, ley que se convertiría inmediatamente en el auténtico motor dinamizador de la definitiva colonización del Oeste.

La ley ofrecía concesiones de 160 acres (casi 65 hectáreas) de tierra virgen a todo lo largo y ancho del Oeste norteamericano a toda persona de raza blanca —hombre o mujer, sin distinciones— que fuera cabeza de familia o soltero mayor de veintiún años, libre y ciudadano de los Estados Unidos, o que hubiera "rellenado su declaración de intención de serlo", que se estableciera en el terreno, levantara una casa de al menos 3,6 x 4,3 metros de tamaño durante los seis primeros meses y mantuviera una explotación agrícola o ganadera durante cinco años. Transcurrido el plazo y cumplidos los requisitos, bastaba con que el colono se presentase ante las autoridades acompañado de dos vecinos dispuestos a dar fe de la veracidad de lo expuesto y con que firmase los documentos. Tras pagar las tasas —variables, pero que nunca excedieron de 18 dólares—, el colono recibía el título de propiedad de sus nuevas tierras, firmado por el presidente de los Estados Unidos en persona.

La búsqueda de agua se convirtió en un objetivo prioritario para todos los colonos. Lo más normal era construir un pozo que diera el suministro necesario para la granja. Pero sí eso no era posible, la única solución factible era acarrear agua desde el manantial más cercano.

La promesa de 65 hectáreas de tierra gratis atrajo a miles de entusiastas emigrantes hacia el Oeste y dio el verdadero pistoletazo de salida a la colonización de las Grandes Llanuras. Como el Congreso esperaba, después de la Guerra de Secesión, muchos ciudadanos del Este y del Sur, además de los muchos inmigrantes que seguían llegando procedentes de todo el mundo, estaban ansiosos por tener una oportunidad para comenzar de nuevo, una ocasión de poseer tierra propia. Coincidentemente, los ferrocarriles, que necesitaban clientes, se implicaron en activas campañas para atraer a colonos a los espacios abiertos del Oeste.

Con esos incentivos y su voluntad de salir adelante, los colonos llegaron a miles, y dispuestos a quedarse para siempre. Colonos de todas las procedencias (incluyendo inmigrantes recién llegados, granjeros sin tierra propia del Este, mujeres solteras y esclavos emancipados) eran candidatos a cumplir los requisitos. No solo buscaban una oportunidad para prosperar, sino

La primera granja de colonos

La primera petición de tierras acogida a la Homestead Act de 1862 fue hecha por Daniel Freeman en Cub Creek, condado de Gage, Nebraska, el 1 de enero de 1863, primer día que entraba en vigor la ley. Freeman llevaba años esperando ansioso a que el Gobierno aprobase de una vez aquella ley tantas veces debatida, pero se dio la circunstancia de que cuando por fin se promulgó él se había alistado al Ejército de la Unión. Aprovechando un permiso, tras localizar el terreno en que le gustaría construir su hogar, Freeman se desplazó al registro de tierras más cercano, situado en la localidad de Brownville, a donde llegó el 31 de diciembre de 1862, escasas horas antes de que la ley entrase en vigor. La ciudad estaba repleta de colonos en espera de hacer el mismo trámite. Sin embargo, al ser el día siguiente Año Nuevo, la oficina no abriría hasta el 2 de enero. Para Freeman eso era un verdadero problema, pues tenía que incorporarse a su regimiento. Desesperado, contó su historia a todo aquel que quiso escucharle y logró que muchos de ellos se solidarizaran y que, entre todos, lograran que al día siguiente la oficina abriese excepcionalmente unos minutos y él pudiese presentar su reclamación de tierras.

Tras conseguir su objetivo, Freeman sirvió a su país hasta el final de la guerra y luego se reunió con su familia que llevaba ya varios años residiendo en la granja construida en su concesión de Nebraska. Allí crecieron sus siete hijos y sus muchos nietos. Freeman vivió y trabajó en aquella tierra hasta su muerte en diciembre de 1908. Su viuda, Agnes, lo siguió haciendo hasta poco antes de 1931. Cinco años después, en 1936, el Congreso de los Estados Unidos reconoció la propiedad de los Freeman como el primer asentamiento de colonos de los Estados Unidos y la designó Monumento Nacional.

también un lugar donde hacerlo. Era tal el afán y determinación con que se aferraban a su primera propiedad que los cowboys, que habían dominado a su antojo esas inmensas extensiones, con la única competencia de los indios, dieron en llamarles "anidadores", en obvia ridiculización de su anhelo de *formar un nido*.

Durante los años de guerra civil se concedieron por lo menos 15.000 granjas en estas condiciones; al volver la paz, fueron miles y miles. En total, unos 1,6 millones de granjas y 270 de acres fueron privatizados entre 1862 y 1934. Tamaña cantidad de suelo equivalía al 10% del total de los Estados Unidos.

Sin embargo, no todo fueron ventajas y parabienes. La ley produjo muchos abusos y no poca corrupción. Muchas veces sirvió, más que nada, para que los más avispados, o los más desaprensivos, controlaran los recursos, especialmente el agua. Solía pasar que los grandes ganaderos acaparasen todas las parcelas de terreno circundantes a las fuentes de agua con la pretensión de que se utilizaban como granjas independientes. Una vez garantizado el propio abastecimiento, se negaba el uso del agua a los demás, impidiendo de facto el acceso del público. Este método también se utilizó para acaparar las tierras con recursos mineros, madereros y petrolíferos, en coincidencia con la política gubernamental de gravar con impuestos la extracción de estos recursos en tierras comunales. También hubo muchos abusos en los métodos de control de la real ocupación de las concesiones de terreno reclamadas.

A menudo, además, reclamar una granja no fue en la práctica la realización del sueño del colono sino el comienzo de una de sus peores pesadillas. Aunque pretendían promover y defender la agricultura, al optar por parcelas de 160 acres, a los congresistas, en su mayor parte personas solo familiarizadas con el suelo fértil y con el régimen de lluvias abundantes de las tierras de labranza del Este, no se les pasó siquiera por la cabeza que, en el árido Oeste, una concesión de tal tamaño no bastaría para dar el sustento suficiente a una familia. A menos que la ley se complementara con un eficaz e inmenso programa de regadíos, la escasez de agua se lo impediría, al igual que el severo clima de las Grandes Llanuras, con altísimas temperaturas veraniegas, sin atisbo de sombra en millas a la redonda, o muy por debajo de cero en el invierno, con cegadoras ventiscas, que podían dejar la granja aislada en el hielo.

La mayoría de los nuevos colonos que se desplazaron al Oeste se asentaron en territorios de orografía predominantemente llana, como Kansas, Nebraska, Colorado y Wyoming. Esperaban alcanzar la prosperidad, pero sabían que su deseo era, de momento, una simple apuesta, un juego de todo o nada, que tenía mucho de batalla contra la sequía, las riadas, las tormentas eléctricas, los tornados, los ciclones, los fuegos forestales, las ventiscas y tormentas de nieve, las granizadas, las plagas de saltamontes y la actividad predatoria de sus congéneres humanos, sin olvidar el viento, incesante e ininterrumpido al no tropezar con barrera natural alguna. El clima seco y extremo hacía a los colonos esclavos del destino. Aunque a largo plazo la media de lluvia anual en las praderas era de 30 centímetros cúbicos, este promedio era producto de extremos anuales muy dispares. En esas condiciones, la prosperidad de las cosechas era un simple juego de azar. Los colonos sabían también —y, si no, se daban cuenta enseguida— que sería muy duro desbrozar, roturar y arar la tierra por primera vez, mientras se vivía en un territorio desconocido y hostil, a menudo aislado de todos los demás durante largos periodos. Cualquiera de estas cosas era suficiente por sí sola para llevar a cualquier granjero solitario a la locura.

Pero de todas las muchas dificultades con las que los colonos se tenían que enfrentar, las dos más letales eran la aridez y las deudas. Muchos emigrantes habían pedido dinero prestado para sacar el billete de tren hacia el Oeste o para cubrir sus necesidades agrícolas más básicas: una yunta de bueyes, una carreta, un arado, semillas... Después tenían que sembrar, cultivar, cosechar y vender la cosecha sacando, al primer intento, un beneficio que, al permitirles pagar sus deudas y obtener un excedente, les dejara continuar. Pero, si algo salía mal (una catástrofe natural, la pérdida de un animal de tiro, una caída de los precios del grano en el lejano Este), echaría por tierra todo su esfuerzo y, con él, su sueño, para siempre.

No obstante, a pesar de tantos momentos difíciles, algunos granjeros tuvieron éxito y, con el tiempo, vieron prosperar y crecer sus propiedades. Con los ferrocarriles facilitando el acceso al Este, donde la demanda de alimentos, especialmente carne, no dejó de crecer, los agricultores, los granjeros y, sobre todo, los ganaderos prosperaron. Entre 1860 y 1880, el número de cabezas de ganado de las llanuras ascendió de 130.000 a 4,5 millones.

Pese a tantos inconvenientes, incluida la fuerte competencia de los grandes propietarios ganaderos, los colonos siguieron llegando durante el resto de siglo. Muchos no se rindieron a la primera tentativa. Cuando en 1889 se procediera a la apertura oficial del Territorio de Oklahoma, el último libre, se verían allí muchas carretas con inscripciones que aludían a sus anteriores intentos fallidos de sacar adelante un terreno. En última instancia, en algunos estados algo menos de la mitad de los colonos superó el desafío.

LA DURA VIDA DEL COLONO

Los que se establecían en el Oeste eran gente de naturaleza optimista y esperanzada. Pero también eran a menudo excesivamente ingenuos respecto a lo que les esperaba. Como pronto comprenderían, aquella Meca suponía un larguísimo, tedioso y peligroso esfuerzo que se cobraría un considerable peaje en vidas humanas.

Nada tipificaba tanto en aquellos tiempos pioneros el ideal básico que hacía de un hombre un estadounidense como la esperanza —en realidad, la demanda— de tierra libre. Había un continente listo para ocupar y cada estadounidense quería que un trozo, al menos, fuera suyo. A cada nuevo avance hacia el Oeste, los aspirantes a poseer tierras se movían en cabeza de la avanzadilla. Al final, el Congreso les dio lo que querían, pero les costó un precio muy alto. El colono se tuvo que enfrentar a un trabajo increíblemente duro, con esfuerzos interminables en contra de los elementos y de los nativos. Si ganaba, se convertía en propietario de una granja. Si perdía, había miles detrás de él esperando ocupar su puesto. Por cada novato que echaba un último vistazo al desolado y monótono paisaje y cogía un tren de vuelta al Este, había otro que caía atrapado en las redes de este inmenso cielo y de este inabarcable manto de flores silvestres. Por cada recién llegado derrotado por el cólera, el paludismo o las fiebres tifoideas, o abatido por la muerte de uno de su hijos pequeños, había un sustituto. Por cada familia que arrancaba su estaca tras ser arrasada su requemada cosecha por cualquier de los muchos posibles azotes naturales, había otra que aguardaba tiempos mejores para poder llegar.

Por supuesto, no eran pocos los casos en que los que apretaban los dientes y finalmente prosperaban habían perseverado solo porque no tenían ningún otro sitio donde, literalmente, caerse muertos. Si la vida del colono era dura y peligrosa, no lo era menos la de los lúgubres y míseros barrios pobres de las ciudades del Este. Aquí, al menos, el esfuerzo personal puede que fuese recompensado.

Pero no era fácil resistir. Una vez que había construido su casa y plantado sus semillas, el colono tenía que esperar a que la lluvia, el paso de las estaciones, la suerte y el ímprobo e indesmayable esfuerzo suyo y de toda su familia le permitieran obtener algún beneficio. Mientras tanto, luchaba contra los elementos, las alimañas y los bichos: pulgas, piojos, ciempiés y moscas —por no mencionar las chinches— eran sus compañeros constantes, incluso en la cama. Las culebras reptaban por sus casas. No eran pocas las ocasiones en que el valiosísimo ganado desaparecía, robado por los indios o muerto por la sequía, el agua contaminada, los depredadores o los rayos.

Hombres y mujeres que permanecían aislados días y días que parecían interminables se volvían a veces locos. Cuando se acercaban al pueblo más cercano encontraban demasiado altos los precios de todo. Incluso cuando esos precios bajaban, los que se pagaban por sus cosechas también lo hacían, y generalmente más, así que nunca conseguían estar al día.

En estas condiciones, sin luz ni agua, y sin seguridad, la vida se volvía frugal, casi ascética. Todo había que sacrificarlo a la apuesta de una siembra y a la esperanza de una cosecha. Eso sí, la tierra era generosa y cuando el pionero, a costa de innumerables privaciones, podía recoger por fin una cosecha, comprendía que sus esfuerzos no habían sido en vano.

Para la mayoría de las nuevas familias que llegaban, la gran prioridad era obtener cuanto antes una cosecha. El trabajo era lento, duro y azaroso. Solo roturar el suelo significaba un continuo combate de lucha libre con un arado arrastrado por mulas o bueyes. Una tierra contra la que el arado de hierro fundido poco tenía que hacer, pues aquel suelo exigía aperos de acero o hierro templado con diferente curvatura, herramientas escasas y caras, al alcance de pocos. Desbrozar, roturar, aventar, cosechar, trillar y una multitud de otras tareas mantenían ocupados a los granjeros desde el comienzo de la primavera hasta finales del otoño.

Pero llevar la granja era un asunto que atañía a toda la familia al completo. No solo a los padres, sino también a todos los hijos, casi de cualquier edad. Para la mujer de la casa, tener hijos era una bendición de doble filo. Por un lado, aseguraba el futuro, pero por otro, en lo inmediato, les daba mucho más trabajo y casi ningún privilegio. Estuvieran o no preparadas de antemano, las amas de casa se veían obligadas a trabajar tan duramente como el hombre, a parir por sus propios medios, a enseñar a sus hijos allá donde no hubiera escuelas, a preservar unos elementales valores culturales y a saber defender, a tiros si era preciso, el hogar y el predio tan arduamente conseguidos.

En el orden de prioridades, los animales eran lo más sagrado para los colonos, que ponían su máximo empeño en cuidarlos al máximo, aunque las inevitables ventiscas, los predadores y las enfermedades cobraban sus peajes. De todos ellos, los bueyes eran probablemente los más útiles, pero también los más olvidados. Costaban muchos menos que los caballos o las mulas, pero araban unos surcos muchos más rectos, eran más tranquilos y dóciles y se alimentaban prácticamente con cualquier cosa. En el debe, eran poco versátiles.

La mayoría de los colonos vivían en una tienda de campaña o en la propia carreta en que habían llegado hasta que se acababa la siembra y podían construirse una casa. Pero, ya puestos a ellos, en las desarboladas llanuras, en las que el aserradero más cercano estaba a muchas millas de distancia hacia el este —y, además, vendía sus productos a un precio imposible de pagar—, encontrar materiales para construirla era un reto. Excepto en las riberas de los ríos y arroyos, la madera era casi inexistente y pocas familias podían costearse el hacérsela traer desde lejos. Tampoco abundaban las rocas o piedras.

Casas de tierra y hierba

En aquellos páramos en los que a menudo había que desplazarse 100 kilómetros para ver un solo árbol, los colonos se volvieron hacia el suelo de debajo de sus pies para buscar ayuda. Muchos no encontraron otra opción que construirse casas de tierra hasta que los ferrocarriles trajeron madera y herramientas de albañilería. Así que los tepes de tierra amalgamada con la feraz y dura hierba de las praderas se convirtieron en el material de construcción más habitual y, en muchos casos, el único posible. La tierra, entretejida con una densa red de raíces herbáceas, era un material de construcción resistente y, sobre todo, muy disponible.

Los pioneros cortaban a golpes de hacha terrones de tierra, que utilizaban como pesados ladrillos terrenos. Con ellos, estos "destripaterrones" edificaban muros de tierra, que a veces revocaban y enlucían para tapar la humedad y la suciedad. Una casa hecha con bloques de suelo de hasta 30 centímetros de anchura y 60 de longitud, por unos 2,50 de espesor, era lo suficientemente robusta para resistir de seis a siete años a cualquier accidente climático, incluidos los tornados. Se completaba con un techo de tablones de madera cubierto con más césped, que podía durar décadas.

En el lado positivo, aquella era una vivienda esencialmente a prueba de fuego, que permanecía fresca en verano y caliente en invierno, y que podía levantarse desde cero en unas pocas semanas y prácticamente sin coste. Si acaso el lujo relativo de unas ventanas de vidrio y de una puerta de madera, que podían suponer entre 5 y 10 dólares en total.

Pero, en el lado negativo, tenía muchos inconvenientes: el techo, por lo común también de tepes de hierba, chorreaba profusamente en los días de lluvia y luego goteaba durante días. Cuando se secaba, soltaba una constante llovizna de arenisca, que añadía una textura arenosa a todos los alimentos y la ropa y que hacía de la limpieza un asunto de resultados relativos. El espacio interno era, en el mejor de los casos, ligeramente iluminado. Se contaban historias de familias que, tras vivir años en estas chozas de tierra, cuando podían afrontar el gasto de construirse una casa de madera, descubrían que tanta luminosidad hería sus ojos acostumbrados a la penumbra.

Los colonos amueblaban escasamente sus casas con lo que habían traído del Este o de su antiguo hogar, pero la mayoría vivían muy austeramente. Por lo común, una estufa central de hierro servía de cocina y calentaba toda la casa, compuesta de una o dos habitaciones repletas de excrementos de búfalo recogidos en la pradera para alimentar dicha estufa. Este combustible echaba mucho humo, era sucio y olía muy mal, pero daba el suficiente calor como para cocinar y caldear la casa.

Si el colono prosperaba o su familia crecía, agrandaba la casa. Al final, la mayoría de ellos pasaban a usarla como granero o corral, mientras la familia se trasladaba a un nuevo hogar al conseguir la suficiente madera para construirlo.

La tercera gran prioridad, tras la siembra y el refugio, era hacerse con un suministro de agua, especialmente si no había un estanque o río en las cercanías; encontrar una fuente de abastecimiento razonablemente accesible de agua para beber, lavar y cocinar. Los primeros en llegar podían escoger una concesión junto a un río o un arroyo, lo que no solo les proveía de agua sino que, por lo común, también incluía poder abastecerse de madera para construir o como combustible.

Los tepes de tierra amalgamada con la feraz y dura hierba de las praderas se convirtieron en el material de construcción más habitual y, en muchos casos, el único posible. La tierra, entretejida con una densa red de raíces herbáceas, era un material de construcción resistente y, sobre todo, muy disponible.

Los que llegaban más tarde tendrían que cavar un pozo. La mayoría de los que se asentaron en tierras aguas abajo de una corriente podían contar con encontrar agua relativamente cerca de la superficie del suelo, pero en las mesetas de mayor altitud los colonos solían tener que cavar varios centenares de metros antes de obtener resultados, e incluso en tal caso algunos agujeros podían seguir secos. Cavar a mano un pozo era una tarea difícil y ardua, que se hacía más dura si solo daba como fruto un agujero seco. Muchos destripaterrones contrataban los servicios de un zahorí, que, a la vieja usanza, buscaba aguas subterráneas con una horquilla que, supuestamente, vibraba y apuntaba hacia abajo cuando se encontraba sobre el agua. Pero una vez encontrada, podía resultar clara y fresca, pero también turbia y tibia.

Una vez que la siembra estaba plantada, la casa, construida, y el suministro de agua, asegurado, los colonos podían pensar en hacer algunas mejoras necesarias. Con la aparición del alambre de espinos a comienzos de la década de 1870, por ejemplo, el granjero ya pudo proteger sus campos labrados de las vacas y los búfalos salvajes que merodeaban libremente.

Con el tiempo, las condiciones se aliviaban. Los pozos, aunque costosos y arduos de abrir, terminaban por dar su ansiado fruto. No en balde, como ya hemos comentado, casi toda la inmensa superficie de las Grandes Llanuras se asienta sobre uno de los mayores acuíferos del mundo, el Ogallala. Además, cuando se las despojaba de su primera capa de manto herbáceo, las praderas resultaban ser muy fértiles. Si el colono podía sobrevivir al cólera y a los indios, a las ventiscas y los tornados que azotaban la tierra en verano y a las lluvias torrenciales que a veces producían en su casa goteras tan grandes que la familia tenía que dormir con los abrigos puestos, podría disfrutar de la posesión de unas tierras generosas.

Hacia 1870, la vida del colono comenzó a mejorar relativamente gracias también a los avances tecnológicos. Uno de los primeros fue el molino de viento prefabricado, un útil barato y, sobre todo, muy rentable. Aprovechándose de la inagotable fuente de energía eólica de la pradera, los molinos de viento prefabricados, o los caseros que se ajustaban al mismo modelo, aseguraban agua de sobra para el ganado y le ahorraban a las mujeres el duro trabajo de sacarla y transportarla para lavar y cocinar. Los molinos inundaron la pradera.

La tecnología llegó también al propio trabajo del agricultor. Al principio, comenzó a destripar los terrones con un arado de hierro fundido simple tirado por uno o dos animales. Si tenía éxito, podría llegar a comprarse uno mucho más eficaz de hierro templado o acero y utilizar varios agrupados tirados por grandes yuntas. A continuación vinieron las cosechadoras, las empacadoras y las trilladoras, impulsadas primero por un gran número de animales de tiro y luego por máquinas a vapor. Finalmente, los tractores a vapor completaron aquella primera fase de mecanización agrícola.

Ningún avance tecnológico, sin embargo, pudo ayudar definitivamente al colono en su enfrentamiento con la caprichosa naturaleza, que a menudo golpeaba con tal fuerza que destruía la cosecha y las esperanzas de una familia de un solo golpe. Los que sobrevivían a las plagas de saltamontes, como la terrible de 1874, aún tenían que enfrentarse con otros horrores veraniegos, unos de aparición súbita, como el granizo, y otros más lentos, como la sequía, que, a su vez, era la causa principal de los fuegos, prácticamente imparables en las praderas.

Pero había otra carencia aun más difícil de cubrir. Sobre todo en los primeros tiempos, el gran enemigo de todos era la soledad, el aislamiento, el vacío. El colono vivía en su trozo de tierra durante meses sin ir al pueblo, en el caso de que hubiera tal en las cercanías. En el mejor de los casos, la escasa vida social se desarrollaba alrededor de la iglesia o la escuela. Había poco tiempo para hacer visitas sociales y los vecinos solían vivir a muchos kilómetros de distancia unos de otros. En un ambiente así, se apreciaba incluso la compañía más miserable y solo los preparados mental y emocionalmente sobrevivieron.

Frente al miedo permanente al merodeo de los indios, frente al riesgo de las muchas enfermedades que medraban por la falta de higiene, frente al aislamiento y la soledad, las comunidades de pioneros forjaron un espíritu cohesionado y animoso que fue la clave para sobrevivir. La arriesgada vida en la tierra virgen, la agotadora lucha diaria contra la naturaleza, creó unos mecanismos de defensa capaces de resistir la prueba y reestablecer, más tarde, unos valores convencionales que la feroz lucha por la existencia había hecho olvidar.

Poco a poco, aquellos pioneros fueron diversificando sus medios de existencia y sus actividades económicas: unos se consagraron al cultivo de la tierra y se quedaron en agricultores; otros, en cuanto fue posible adquirir ganado lanar, se convirtieron en pastores, y otros, finalmente, en ganaderos de reses vacunas. Las relaciones entre estos tres tipos de explotaciones agropecuarias darían pronto lugar a bárbaras pugnas. Los grandes propietarios de ganado y los especuladores miraban con desdén a los granjeros y agricultores, cuyos arados abrían la tierra y la transformaban con las sucesivas plantaciones de cada temporada en grandes extensiones cultivadas, haciendo desaparecer y aislando los antiguos pastos abiertos donde pacían vastas manadas de animales libres o ya marcados. Llamaron "anidadores" y "destripaterrones" a los hombres y mujeres que se establecieron en las praderas y, con el tiempo, los mismos agricultores adoptaron con orgullo aquellos epítetos. Ellos habían ido al Oeste a quedarse, a echar raíces, a construir, a anidar, y no solo a explotar y buscar riquezas.

Al final, la llegada al campo de la mecanización acabó con muchas, si no con la mayoría, de los minifundios agrícolas. Su escasa mano de obra no les permitía competir. Vendieron sus propiedades a asociaciones de agricultores y se fueron más al Oeste en busca de mejores condiciones o se quedaron para emplearse como jornaleros. Pero muchos no pudieron aceptar el abandonar lo que les había costado tanto sacrificio. Demasiados sueños rotos, y demasiados niños muertos, llenaban, como cascotes de un derrumbe, como pecios de un naufragio, la a menudo ingrata tierra que rodeaba sus modestas casas de hierba.

DISTINTOS ORÍGENES Y DIFERENTES OBJETIVOS

Todo norteamericano del siglo XIX era, por definición, un inmigrante. Desde los primeros antepasados de los indios hasta el último llegado, todos ellos —o sus padres— habían llegado de algún otro sitio. Seguramente, ningún otro lugar del mundo ha reunido en toda la historia tal mezcla de culturas, etnias, pieles y nacionalidades, y en tan poco tiempo. Inmigrantes fueron los indios que cruzaron el estrecho de Bering, y los vikingos que, a través del Atlántico norte, pisaron, seguramente sin saberlo, aquel nuevo continente. Inmigrantes fueron también los españoles que siguieron a Colón y sus descendientes hispanos que llegaron desde otras partes de América y especialmente de México. La base demográfica estadounidense fue, por supuesto, la inmigración inglesa de los tiempos de la colonización que, siglo y medio después, atravesaría el Mississippi y se lanzaría hacia el Oeste. Ya en el siglo XIX, tras cruzar el Atlántico, llegaron también miles de inmigrantes europeos, expulsados de sus hogares ancestrales por la pobreza, la opresión política y la persecución religiosa. Muchos de ellos, nada más llegar, atraídos por los reclamos publicitarios, que prometían tierra disponible en lo que era pregonado como pródigo edén, continuaron camino hacia el Oeste. Así, de una forma u otra, inmigrantes oriundos de todos los continentes reclamaron su parte del Oeste norteamericano, una tierra de oportunidades aparentemente ilimitadas. Todos se repartieron por todas partes en tal número que algunas ciudades mineras del Oeste llegaron a tener un porcentaje de nacidos en el extranjero mayor que las metrópolis del Este.

La apertura de aquel vasto territorio nuevo tentó a inmigrantes provenientes literalmente de todo el mundo. Los pueblos de habla inglesa (escoceses, galeses, irlandeses e ingleses) se abalanzaron sobre la nueva tierra casi codo con codo con una oleada de alemanes, holandeses, suecos, suizos, polacos, húngaros y otros muchos que huían de las tormentas sociopolíticas y revolucionarias de la Europa de finales de la década de 1840. Al principio fueron a Missouri y Texas, aunque el oro de California los llevó enseguida a la costa del Pacífico.

Después de la Guerra de Secesión, los escandinavos llegaron a miles para colonizar el territorio de las llanuras altas. En California, en la década de los setenta, casi un tercio de la población no era nativa y solo los irlandeses eran un sexto de los habitantes de San Francisco. Una década después, mientras la tierra absorbía el flujo de colonizadores europeos, apareció una nueva oleada procedente de otros puntos del globo. Decenas de miles de chinos, y luego japoneses, llegaron como mineros, trabajadores del ferrocarril o braceros y pronto se extendieron por todo el Oeste. A través del Atlántico, llegaron miles de italianos y muchos no pararon hasta alcanzar California. Al mismo tiempo, los viajeros perpetuos del mundo, los judíos europeos, empezaron a establecerse aquí y allá en pequeños grupos.

En total, entre 1830 y 1852, la población casi se duplicó, pasando de 12,9 a más de 23 millones, a causa de dos factores relacionados: la constante llegada de jóvenes inmigrantes y la alta tasa de natalidad.

Por otra parte, los veteranos del ejército de la Unión, muchos de los cuales nunca habían salido fuera de su terruño antes de participar en el conflicto, ahora vieron su tierra demasiado estrecha y limitada para quedarse en ella y la vida que allí les esperaba como poco prometedora. La necesidad y la urgencia por buscar un nuevo horizonte y por comenzar desde cero fueron aun mayores entre los vencidos rebeldes sudistas que, al volver a casa tras la guerra, encontraron sus hogares destrozados, sus animales asilvestrados, sus campos y sus huertos reconvertidos en pastizales salvajes, su estilo de vida perdido y su país en manos de fuerzas de ocupación yanquis y de políticos oportunistas.

Desde el Viejo Sur, llegó también un nuevo tipo de ciudadanos norteamericanos que ardían en deseos de ser terratenientes y granjeros o, en definitiva, de ser dueños de su propio destino: los esclavos libertos. Agrupados en comunidades lideradas por personalidades tan fuertes y tan visionarias como la de Benjamin "Pap" Singleton —profeta sucesivamente de la emancipación, de la asimilación y del regreso a África—, miles de familias afroamericanas, los llamados *Exodusters,* se desplazaron hacia el Oeste para comenzar una nueva vida, fundaron un ramillete de pequeñas comunidades en las praderas de Kansas, Colorado y Oklahoma e intentaron adaptarse a la vida de agricultores independientes o de cowboys contratados. Sin embargo, con escasos conocimientos y muy poco capital, así como discriminados por el resto de colonos, obtuvieron muy poco. La mayoría se vio forzada a emigrar de nuevo, esta vez a las ciudades del Norte y el Oeste, o a California, donde adoptaron y se adaptaron a multitud de trabajos auxiliares; los que les dejaban.

Los sueños emancipadores de "Pap" Singleton

Líder del llamado "Gran Éxodo" que llevó a miles de ex esclavos negros del Sur hacia el Oeste, Benjamin "Pap" Singleton (1809-1892) se convirtió al final de su vida en un pionero del nacionalismo negro que impulsó uno de los primeros movimientos de vuelta a África de la historia de los Estados Unidos.

Singleton había nacido en 1809 en Nashville, Tennessee, donde varias veces fue vendido como esclavo, logrando siempre escapar. Finalmente, huyó a Canadá, para, a su vuelta, fijar su residencia en Detroit, Michigan, donde regentó una pensión que frecuentemente daba refugio a esclavos huidos. De vuelta a Tennessee tras la Guerra de Secesión, Singleton se convenció de que su misión era ayudar a su pueblo a mejorar su vida. A finales de la década de 1860 organizó un intento de compra de granjas para negros en Tennessee, pero su plan fracasó al chocar con la negativa de los terratenientes blancos a venderles sus tierras. A pesar de las dificultades, Singleton puso su mirada en Kansas, donde fundó, junto con su socio Columbus Johnson, un asentamiento negro en el territorio cheroqui (que fracasó) y un segundo en el condado de Morris, que dio a conocer por medio de carteles de gran circulación en todo el Sur. Enseguida formó una empresa que, legal e ilegalmente, ayudó a centenares de negros de Tennessee a trasladarse a Kansas entre 1877 y 1879.

Los que respondieron a su llamada, y los que se sumaron de forma independiente, comenzaron a ser conocidos popularmente como "exodusters" ("los del éxodo"), mientras él era conocido como "el Padre del Éxodo". Otro gran estímulo fue la retirada en 1877 de las tropas federales del Sur, que significó la vuelta de la opresión social por medio de una serie de leyes segregacionistas y de las actividades terroristas de diversas organizaciones racistas, especialmente del Ku-Klux-Klan. Hacia 1879, el año del "Gran Éxodo", unos 50.000 negros habían emigrado a Kansas, Missouri, Indiana e Illinois, mientras otros miles fueron interceptados por grupos de blancos que patrullaban los ríos y caminos.

En 1881, Singleton dio un giro a su campaña de ayuda a su pueblo al organizar una expedición a un barrio negro de Topeka, Kansas, llamada "Tennessee Town". Su intención final era ayudarlos a poner en marcha sus propios negocios. Desgraciadamente, descubrió enseguida que la comunidad negra no disponía aún de suficiente capital para lograr ese objetivo. Siguiendo con su radicalización, en 1883, lideró un movimiento que alentaba a los negros a emigrar a la isla de Chipre. Pocos atendieron su llamamiento, así que en 1885 formó una sociedad para ayudarlos a volver a su tierra ancestral africana. En 1887, este grupo tiró la toalla. Cinco años después, Singleton murió sin ver cumplidos buena parte de sus sueños.

En general, todos los inmigrantes buscaban lugares donde poder reiniciar su vida, donde poder hacerse ricos o, como los mormones, donde poder adorar a su Dios como ellos mismos eligiesen. La riqueza cultural que resultó de esa inusitada mezcla insufló una gran fuerza creativa y emprendedora, también tenaz y luchadora —a veces, temeraria y *dispuesta* a todo— a una nueva sociedad. El parloteo de diversas lenguas llenaba los mercados y los nombres de lugares de un centenar de naciones empezaron a nombrar a las nuevas comunidades. Las canciones de cada país, los cultivos, la gastronomía, los trajes nacionales y demás expresiones de la cultura de los pueblos crearon en el Oeste un calidoscopio que reflejaba cada faceta de la humanidad y sus hábitos.

Como era natural, al principio, los inmigrantes tendieron a reunirse con sus afines, a formar pequeñas comunidades étnicas por gusto y, en algunos casos, por seguridad, cobijo o interés. Pero, al fin, la mayoría se asimiló a la población general y aportó algo de su cultura a la mezcla que produjo el Oeste moderno.

Como ya vimos, la década de 1840 trajo consigo las primeras migraciones masivas. En aquel caso se trataba mayoritariamente de mineros y de colonos agrícolas. A medida que más colonos se adentraron en las tierras vírgenes, muchos se hicieron granjeros además de cazadores. La hasta entonces habitual cabaña de troncos fue sustituida por una casa de madera más o menos cómoda, a menudo con ventanas de vidrio, chimenea y habitaciones divididas, y pozo en vez de manantial. Esos industriosos colonos acababan muy pronto con los árboles del lugar, quemaban la madera para obtener potasa y dejaban que los tocones se pudrieran. Cultivaban sus propios cereales, legumbres y frutas; exploraban los bosques en busca de venados, pavos silvestres y miel; pescaban en los arroyos vecinos, y criaban vacas y cerdos. Los especuladores compraban grandes extensiones a bajo precio y, cuando el valor subía, vendían la propiedad y se marchaban más al Oeste, abriendo así el camino para otros. Médicos, abogados, comerciantes, editores, predicadores, mecánicos y políticos siguieron pronto los pasos de los colonos.

No obstante, éstos últimos fueron siempre la base más firme, pues trataban de permanecer en el lugar donde se establecían y aspiraban a que, después de ellos, sus hijos también vivieran allí. Construyeron grandes graneros y casas de ladrillo o madera, trajeron ganado mejorado, labraron la tierra con habilidad y sembraron productos comercializables. Algunos construyeron molinos de harina, aserraderos y destilerías, así como caminos, iglesias y escuelas. En unos pocos años, todos ellos juntos lograron transformaciones increíbles. La Fiebre del Oro y la Fiebre de la Tierra abrieron la puerta a través de la cual ya no dejarían de pasar, por lo menos hasta la finalización del siglo, inmigrantes cargados de sueños.

OKLAHOMA: LA ÚLTIMA AVALANCHA

Pero, al aproximarse este fin del siglo XIX, los estadounidenses pasaron por una crisis emocional. Durante casi trescientos años había existido siempre en el horizonte una reserva aparentemente inagotable de tierra virgen barata. Pero, ahora, el subcontinente estaba unido e interconectado por los ferrocarriles y dividido en decenas de Estados. Los nativos, reprimidos para siempre. Y las praderas, valladas con alambre de espino. La Frontera estaba a punto de ser algo del pasado, pero, con ella, también la tierra asequible, que había sido siempre la encarnación del sistema de oportunidades que dinamizó a los Estados Unidos y que, a su vez, había constituido la esencia del Oeste que venimos relatando, en forma de lucha por la propiedad, por el poder, por la tierra.

La parcelización del Territorio Indio, último reducto de tierra sin colonizar —y que pasaría a denominarse Territorio de Oklahoma—, marcó simbólicamente el último hito de la Conquista del Oeste, el último eslabón de una cadena de acontecimientos que había comenzado ochenta años antes y también el último acto de una epopeya más general que había comenzado hacía casi cuatro siglos, cuando los primeros europeos habían puesto el pie sobre el nuevo continente.

En 1870 se descubrieron importantes minas de carbón en aquella región que se concedió tiempo atrás como zona exclusiva a las Cinco Tribus Civilizadas indias porque se presumía que nadie más la querría. Una nueva oleada de emigrantes del Este marcharon hacia allá con la particularidad de que por vez primera no iban en demanda de una parcela de tierra como los pioneros, ni les empujaba la quimera del oro; esta vez iban en busca de un puesto de trabajo en las empresas mineras. Aquella invasión representó la violación final de los tratados que teóricamente protegían la vida aislada de las tribus indias y abrió la veda de la apertura de esta última extensión de terreno fértil y rico a la avidez y la ambición de los blancos.

El pistoletazo de salida lo dio en 1889 el presidente Benjamin Harrison (1833-1901) al autorizar la apropiación y el reparto de aquellas tierras: 100.000 personas se lanzaron sobre Oklahoma para optar a las aproximadamente 10.000 concesiones previstas de tierra feraz y rica en pastos. Eso bastó para consumar el postrer expolio.

En Washington, los grupos de interés presionaban para que se abriera al público no solo esa parte sino todo el Territorio Indio, incluso aunque técnicamente unos 3.200.000 kilómetros de él pertenecían todavía a los indios, a quienes se les había despojado oficialmente el resto en castigo por haber colaborado con la Confederación durante la Guerra de Secesión. El Congreso zanjó el asunto expropiando aquellas tierras y pagando a los indios 1,25 dólares por milla cuadrada. La tierra quedaba lista para ser repartida entre una nueva hornada de colonos. Y así se hizo, aunque de una forma muy peculiar y novedosa.

El reparto de tierras se llevó a cabo en cinco fases. Primero se procedió al de las llamadas "Tierras No Asignadas" de Oklahoma. A partir del mediodía del 22 de abril de 1889, unos 50.000 colonos participaron en una carrera por *plantar su estaca,* por llegar antes que nadie a una de las parcelas delimitadas de aquellos 8.000 km² liberados de tierras consideradas como las mejores de las que quedaban. El método de asignación se basaba en la Homestead Act de 1862: concesiones provisionales de 160 acres que pasarían a ser propiedad definitiva de los colonos que pudiesen demostrar haber vivido y mejorado la parcela durante cinco años y que pagasen una tasa de 5 dólares por inscribirla a su nombre.

Más de dos años después, el 22 de septiembre de 1891, se repartieron, por el mismo método, las tierras expropiadas a las tribus iowa, sac, fox, pottawatomie y shawni. En abril de 1892, se asignaron las tierras expropiadas a los cheyenes y arapajoes. El 16 de septiembre de 1893, se abrió a los colonos la llamada Franja Cheroqui, comprada a esta tribu por 7.000.000

de dólares. Participaron en este reparto casi 100.000 aspirantes a colonos, que optaron a otras 42.000 parcelas. Por último, el 23 de mayo de 1895, se repartieron las tierras de la tribu kickapú.

En todos los casos, cada parcela se ponía a disposición de los colonos que la solicitara sobre la base de que se quedaría con ella el primero que llegara y clavara su banderín identificativo. Los aspirantes debían reunirse en el punto de salida y, cuando un cañonazo señalase el comienzo oficial de la carrera, salir lo más rápido que les fuera posible —a pie, en carruajes, a caballo e, incluso, en bicicletas— y clavar su estaca en la parcela que deseasen y que aún estuviese libre.

Muchos decidieron no dejar nada al azar y, pese a la prohibición, entraron antes de tiempo en el territorio para localizar la parcela que deseaban. Clavaron ilegalmente su estaca y, el 22 de abril, corrieron hacia allí y consiguieron su objetivo antes que los demás. Desde entonces, se conocería a la gente de Oklahoma y, específicamente a aquellos que se colaron, como "tempraneros".

Justo antes de abrirse la veda, surgieron casi de la noche a la mañana nuevos asentamientos, poblados por los tempraneros y los inevitables comerciantes, empresarios, ventajistas y estafadores que buscaban provecho en la venta de mercancías a los nuevos granjeros. Dos de esos asentamientos dieron lugar enseguida a Oklahoma City y Guthrie, que pasaron en un solo día de no existir a tener 10.000 habitantes. Como se leyó en aquellos días en el *Harper's Weekley:* "A diferencia de Roma, la ciudad de Guthrie se construyó en un día. Para ser estrictos, se debería decir que fue construida en medio día. A las doce en punto del lunes 24 de abril, la población residente en Guthrie era 0. Antes de la puesta del sol, contaba con, como mínimo, 10.000 habitantes. En ese tiempo, se habían preparado calles, se habían asignado los solares de la ciudad y la comunidad ya había dado sus primeros pasos". Dos semanas después, ya se habían abierto varias escuelas, atendidas por maestros asalariados voluntarios. Tras el primer mes, Guthrie contaba ya con cinco bancos y seis periódicos. En mayo de 1890, al crearse oficialmente el Territorio de Oklahoma, Guthrie pasó a ser su capital.

Hacia 1895, las avalanchas de colonos se habían acabado y la mayoría de los terrenos propiedad del gobierno tenía sus estacas. Con una justicia casi poética, la última parte de la Frontera no había sido conquistada, sino más bien tratada como un juego de casino, ganándola al fin los que fueron un poco más rápidos, un poco más astutos o un poco más faltos de escrúpulos. Algo que, de una forma u otra, había pasado siempre en el Oeste. Era, pues, el final de la Conquista del Oeste.

10

EL FINAL DE LA CONQUISTA DEL OESTE

He actuado sin miedo y de forma independiente y nunca me he arrepentido de mi trayectoria. Preferiría ser políticamente enterrado que hipócritamente inmortalizado.

Davy Crockett (1786-1836), cazador, explorador y héroe popular estadounidense.

EL CIERRE DEFINITIVO DE LA FRONTERA

Cuando en 1806 Meriwether Lewis y William Clark regresaron de su exploración de tres años por el Oeste norteamericano, el presidente Jefferson estimó que le llevaría al pueblo estadounidense "un centenar de generaciones" colonizar todos los territorios al Oeste del Mississippi. Parecía, pues, que los Estados Unidos tendrían *siempre* una frontera, un territorio sin colonizar justo en los límites de la civilización. Durante casi todo el siglo XIX, los estadounidenses convivieron con esa idea de que el continente ofrecía posibilidades ilimitadas de extensión, aprovechables gracias al empuje, la audacia y el comercio de pioneros y colonos.

Después de desalojar a las antiguas potencias coloniales (Francia, Holanda, España, Gran Bretaña), el único grave inconveniente para la toma de posesión de esa inmensa despensa de tierras que quedaba era el de los

Cuando en 1806 Lewis y Clark regresaron de su exploración de tres años por el Oeste norteamericano, el presidente Jefferson estimó que le llevaría al pueblo estadounidense "un centenar de generaciones" colonizar todos los territorios al Oeste del Misisipi. Después, el proceso se aceleraría.

indios. Con la excepción de las regiones habitadas de California y de algunos puestos avanzados desperdigados, las vastas tierras del interior estaban pobladas por los nativos que, pese a inquietar con sus incursiones a los colonos, ya se habían mostrado totalmente incapaces de contener a medio plazo el flujo ininterrumpido de inmigrantes en dirección oeste; absolutamente incapaces de asimilar el cataclismo que para ellos representó la aparición de unos hombres blancos dotados de armas de fuego y portadores de unas enfermedades invencibles, entre ellas, la ambición de poseer tierras y riquezas, para ellos algo absurdo.

Desde la presidencia de James Monroe (1817-1825), la política federal había consistido en relegarlos cuantas veces fuera necesario más allá de la línea de avance colonizador de los blancos, arrebatándoles, trozo a trozo, todas las tierras que el expansionismo y la ambición de los colonos iban necesitando. Con los búfalos, los estadounidenses fueron menos hipócritas: los exterminaron sin más consideraciones. Pero, en el caso de los indígenas, aunque pocas, algunas voces se elevaron para protestar contra el trato que se les daba y eso, tal vez, moderó el procedimiento.

Las características de la ocupación se habían ido adaptando a los requerimientos naturales: se habían talado los bosques; se había destripado el suelo de las llanuras; se habían horadado las montañas para extraer de ellas su riqueza mineral; se había exterminado la fauna que estorbaba y que alimentaba inconvenientemente al enemigo, sustituyéndola por un ganado comercialmente más productivo y rentable; se había permitido la anárquica desorganización de aquellos vastos territorios sin ley a modo de coartada para cometer, por acción y por omisión, las barbaries y los atropellos que conducirían al fin último de conquistar y *civilizar* Norteamérica. Y, luego, cuando esa desorganización dejó de ser útil, rápidamente se había domesticado el Salvaje Oeste, que tan alto rendimiento había dado. Para ello se aceleraron hasta sus últimas consecuencias las guerras indias; reforzando el papel de los agentes de la ley; se desactivó la acción de los "vigilantes" y del resto de los comités ciudadanos, así como los enfrentamientos civiles entre los distintos intereses económicos... La acción gubernamental, desarrollada a través de los gobernadores estatales, armó rápidamente el edificio de la justicia, acabó con los nombramientos improvisados e impuso el cumplimiento de las leyes estatales y federales, que las respectivas asambleas iban promulgando. Hecho esto, entre 1889 y 1890, los territorios del Oeste aún no estatalizados (Montana, Wyoming y las dos Dakotas) alcanzaron el estatus de estado. Y se fue completando definitivamente el mapa.

A estos efectos, poco quedaba por hacer, así que, en 1890, se llevó a cabo el primer censo oficial estadounidense, que llegó a la conclusión de que la superficie total de los Estados Unidos estaba registrada y clasificada en territorios, estados, distritos, condados, ciudades y villas. Al publicar los resultados, el superintendente federal anunció oficialmente el cierre final de la Frontera: “Hasta 1880 incluido, el país tuvo una frontera de colonización pero, en el presente, el área no colonizada se ha fraccionado tanto en trozos aislados que cuesta ya mucho seguir hablando de línea fronteriza”. Por tanto, la separación entre lo civilizado y lo salvaje había desaparecido. Para entonces, la civilización había conquistado hasta la más recóndita de estas regiones.

Si hasta 1850 las Grandes Llanuras situadas entre el Missouri y las Rocosas constituían aún los misteriosos dominios indios, éstos fueron definitivamente constreñidos a las reservas y los bisontes fueron exterminados, mientras prácticamente todo el país era civilizado y cultivado. Los trenes y el telégrafo conectaron las dos costas, diseminando entre medias una serie continua de estados. El Oeste ya no sería más lejano ni salvaje. La Frontera, como tal, había dejado de existir y la Conquista del Oeste se había consumado. Un capítulo de la historia estadounidense había llegado a su irrevocable final.

Tal anuncio supuso un *shock* psicológico, al implicar que, una vez finalizada la colonización del continente, los estadounidenses debían reorientar sus energías hacia otros horizontes y éstos no podían estar en otra parte que allende los mares. El destino manifiesto pasó a ser el de convertirse o, mejor dicho, el de hacer ver a todos los demás que Estados Unidos era ya una potencia mundial. En lo interno, quedaba solo hacer balance y asimilar el legado.

Al iniciarse el siglo XX, solo quedaban por integrarse en el sistema estatal estadounidense los territorios de Oklahoma —recientemente expoliado—, que lo haría en 1907, Nuevo México y Arizona, que se incorporarían simultáneamente en 1912. Por entonces, la nación americana se acercaba a los 100 millones de habitantes. De ellos, la mitad, aproximadamente, había participado de una forma u otra en la Gran Marcha hacia el Oeste, el mayor éxodo voluntario de los tiempos modernos.

En 1890 se llevó a cabo el primer censo oficial estadounidense, que llegó a la conclusión de que la superficie total de los Estados Unidos estaba registrada y clasificada en territorios, estados, distritos, condados, ciudades y villas. Había acabado, pues, la Conquista del Oeste.

Antes que nada, los pioneros habían querido apropiarse de tierra y, partiendo de ella, crear comunidades de ciudadanos iguales y libres que se sometiesen al gobierno de la mayoría cuando fuera necesario, pero que, en lo que fuera posible, vivieran sin intervención del gobierno. Consiguieron, de una forma u otra, ambos objetivos, pero el progreso y los avances técnicos les hicieron perder inevitablemente la libertad económica.

Los primeros pobladores del Oeste, excepto tramperos y cazadores, apenas comerciaban. Producían solo lo que requerían sus necesidades: cereales para el pan, algo de caza o pesca, pieles para cubrirse y leña para las chozas y para dar calor al hogar.

El gran cambio se produjo cuando la Frontera pasó del bosque a la planicie, lugar donde escaseaban algunas materias primas esenciales, como el agua y la madera, que había que importar. Ello implicaba abrirse al comercio, entrar en el mercado y conseguir ingresos con que cubrir esos gastos. Por tanto, se hizo necesario rentabilizar esas tierras con cultivos comerciales o explotaciones ganaderas cuyos excedentes se pudieran llevar a los mercados locales y foráneos. A tal fin, entre 1870 y 1900, la agricultura se especializó: 140 millones de hectáreas de terreno cultivable facilitaron una explotación que, al compás de la industrialización agropecuaria, requirió unas inversiones solo asequibles para terratenientes, en una irremediable tendencia a la concentración de los cultivos extensivos e intensivos, especialmente los cerealísticos.

Esos grandes terratenientes, junto a los grandes propietarios de ganado, los grandes rancheros, los conocidos como "barones ganaderos", fueron los dominadores de la pradera entre 1860 y 1880. Pero —como analizamos en otro volumen de esta misma colección— el invento del alambre de espino y la extensión del ferrocarril trajeron la decadencia del cowboy clásico, privado ya de la libertad de sus cabalgadas como conductor de ganado. La implantación de las leyes, la consolidación de la presencia del Estado en territorios fronterizos donde hasta entonces solo imperaba el poder del más fuerte, acabó después con aquellos barones ganaderos y su ominosa hegemonía, así como con la preeminencia de los pistoleros y los proscritos.

A lo largo de todo el proceso de colonización, tras la inquietud por las cosechas del pionero, tras el riesgo de las sequías para el ganadero, tras el azaroso esfuerzo de los pequeños propietarios, en las ciudades fronterizas aparecieron los más aventajados de todos los conquistadores. Eran hombres respetables, generalmente del Este, que delegaban sus intereses en unos empleados, nada intrépidos, provistos, no ya de pistolas, sino de libros de contabilidad; que ya no extorsionaban, solo cobraban intereses; que ya no expoliaban, solo embargaban; que ya no mataban, solo arruinaban. Con sus nuevos métodos, los banqueros conquistaron derechos por los cuales otros habían trabajado de sol a sol, durante toda su vida. De alguna forma, una vez desbrozado y sembrado el terreno, ellos llegaron prestos a recoger la cosecha.

Al llegar el siglo XX, la historia de la colonización del Oeste era la historia del triunfo de los grandes intereses industriales y, sobre todo, financieros sobre los de los agricultores y los pequeños propietarios. El triunfo, pues, del espíritu capitalista sobre la ética de la Frontera. Y en ese nuevo espíritu ya no cabía la desorganización ni el desenfreno. Así que los mundos del trampero, del pionero, del colono, del pistolero y el forajido, del indio y del cowboy quedaron arrumbados y relegados al terreno de la memoria y la leyenda. Solo quedaba administrar su importante legado cultural.

EL LEGADO DEL OESTE

La desaparición de la Frontera y el final de la Conquista del Oeste no significaron, sin embargo, el agotamiento de su influencia sobre los americanos y sobre sus instituciones. El constante volver a empezar en consecutivos *oestes,* que se repitió en miles de comunidades de pioneros durante un periodo que cubría más de tres siglos, había modificado gradualmente la naturaleza de las personas y de la sociedad. En cada una de las nuevas comunidades, el característico impacto del medio ambiente, la evolución y la contribución aportada por las personas de diferentes orígenes que se mezclaron unas con otras para crear un nuevo orden social, todos esos factores fueron ingredientes de la creación de una civilización que, aunque basada sobre los valores más tradicionales, había sido sutilmente alterada. Había tenido lugar un proceso de *norteamericanización* de los hombres y de las instituciones. Muchas de las características de la vida y de la cultura que hoy se consideran típicamente estadounidenses enraízan su origen, en parte, en la influencia de la Frontera, en el legado del Oeste.

Este grabado alegórico —titulado *Aparición del trampero a los colonos*— alude a la deuda contraída por éstos con los tramperos y hombres de las montañas que abrieron y despejaron los caminos hacia el Oeste.

En términos generales, los estadounidenses son un pueblo móvil, con pocos vínculos con el lugar en que se encuentren. Sus antepasados pioneros rompieron todas sus fidelidades al viajar con el menor equipaje posible hacia el Oeste en busca de nuevas oportunidades. Forman también un pueblo inventivo, dispuesto a experimentar constantemente y a aceptar las innovaciones como algo totalmente normal. Los hombres de la Frontera se vieron forzados a improvisar para enfrentarse a los cambiantes problemas de la vida en el Oeste, para lo cual no había precedente alguno que pudiera servir de ejemplo. Asimismo, los estadounidenses son un pueblo proclive al derroche, con la idea bien arraigada de la existencia de unos recursos naturales cuya abundancia les hizo creer que no tendrían fin. Son, por otra parte, materialistas que otorgan preferencia a los valores prácticos y suelen menospreciar todo lo que afecte al ámbito de lo especulativo o intelectual. Igualmente, los pioneros se interesaban lógicamente muy poco en los modelos estéticos o el

A finales del siglo XIX, en el Oeste confluyeron dos mundos: el espíritu moderno y el espíritu de la modernidad y eso significó el fin del Oeste como periodo histórico característico.

pensamiento abstracto, en un mundo en el que las tareas materiales eran un imperativo para la supervivencia. Finalmente, los estadounidenses actuales, al igual que sus antepasados, siempre han mirado con recelo la interferencia gubernativa en sus actividades personales, sobre todo en las de índole económica, pues opinan que la iniciativa individual no debería ser coartada en un país de abundancia. Todos estos rasgos de carácter que se identifican como típicamente norteamericanos (movilidad, capacidad de inventiva, derroche, materialismo e individualismo) son herencias directas de la experiencia de la Frontera.

Lo mismo ocurre con las posturas sociales básicas para organizar la convivencia. Existe una carencia de divisiones de clase, con la movilidad que ello comporta, lo que permite, al menos teóricamente, que en los Estados Unidos cualquier persona pueda alcanzar cualquier nivel social. Esto, que tiene su origen, en parte, en las oportunidades derivadas de la industrialización, es también una herencia de los tiempos de los pioneros, en los que las tierras fronterizas, baratas o gratuitas, permitían a todos alcanzar un puesto en la sociedad gracias a su talento e inteligencia más que a la posición social de partida. Esta insistencia en la igualdad natural del hombre —del hombre blanco, claro—, acompañada del rechazo a aceptar cualquier servidumbre, incluso para los menos favorecidos, han persistido hasta el presente.

Como es natural, estos valores y características, caso de ser ciertos, no solo fueron causados por la vida en la Frontera. La civilización estadounidense es producto de una gran variedad de factores del pasado y del presente: la herencia europea, el impacto sucesivo de otras sociedades de todo el mundo, las corrientes migratorias procedentes del extranjero, la rapidez de la industrialización y la urbanización y una gran variedad de elementos complementarios. Entre todos, sin embargo, ninguno ha sido tan relevante como la Frontera del Oeste. Pero ¿qué Oeste?

A lo largo del siglo XIX, tanto geográfica como metafóricamente, el Oeste se fue modificando a sí mismo. Los primeros años, era una frontera de tramperos y aventureros; después llegaron los pioneros, que enseguida se transformaron en colonos; luego, al abrirse las llanuras, se impuso una frontera de ganaderos, que convivió con las de mineros en busca de oro, plata o cobre en California, el Sudoeste, Colorado, Nevada o Montana. A despecho de estos enormes vaivenes, era siempre el Oeste, la tierra de la leyenda, el punto cardinal del mito.

Aunque el norteamericano se simbolizara al comienzo por estereotipos, como el yanqui vendedor o el sudista plantador, pronto se prefirieron los iconos aportados por el Salvaje Oeste: el solitario trampero en lucha individual contra la naturaleza; el pionero y sus carretas; el indio pintado de guerra; el minero con su cedazo; el forajido villano y héroe a la vez; el pistolero impenetrable e irreductible, y, como figura predomi-

A partir del final oficial de la Conquista del Oeste, el sueño de ir siempre más allá, de buscar nuevos espacios, había terminado. Quedaba, eso sí, un empuje que daría al carácter norteamericano una movilidad y un dinamismo que ya no perdería jamás.

nante, el indómito cowboy. Todas estas figuras simbólicas exaltaron la historia y la leyenda del Oeste, forjado con un feroz individualismo y que, a la vista de las dificultades que se tuvieron que superar, propendía a ser indulgente con la violencia y la ausencia de ley. Las guerras privadas entre ganaderos y agricultores, el tomarse la justicia por la propia mano, los linchamientos de cuatreros, los asaltos y atracos, las disputas a punta de pistola..., fueron hechos que, junto con el coraje, la abnegación y el esfuerzo personal, entraron en la configuración del carácter norteamericano. En aquella Norteamérica de la última década del siglo XIX, con sus ciudades en pleno desarrollo, su próspera agricultura, su pletórica ganadería y su industria en marcha hacia la primacía mundial, la palabra "frontera" empezó a ser mencionada con nostalgia. El sueño de ir siempre más allá, de buscar nuevos espacios, había terminado. Quedaba, eso sí, un empuje que daría al carácter norteamericano una movilidad y un dinamismo que ya no perdería jamás.

BIBLIOGRAFÍA

ABELLA, Rafael. *La conquista del Oeste.* Barcelona: Planeta, 1990.

ANÓNIMO. *Buffalo Bill Museum.* Buffalo Bill Historical Center. Cody, Wyoming, 1995.

---. *Lawmen & Outlaws.* Denver Public Library Western Collection. Salt Lake City, Utah: Mountain West Supply, 1997.

ASIMOV, Isaac.*Los Estados Unidos desde 1816 hasta la Guerra Civil.* Madrid: Alianza Editorial, 2003.

---. *El nacimiento de los Estados Unidos. 1763-1816.* Madrid: Alianza Editorial, 2006.

---. *Los Estados Unidos desde la Guerra Civil hasta la Primera Guerra Mundial.* Madrid: Alianza Editorial, 2006.

---. *La formación de América del Norte.* Madrid: Alianza Editorial, 2007.

BROWN, Dee: *The Wild West.* Warner Books.

DAVIS, William C. y ROSA, Joseph G. (coords.). *El Oeste.* Libsa, 1995 .

ENSS, Chris. *Tales behind the Tombstones. The Deaths and Burials of the Old West's Most Nefarious Outlaws, Notorious Women, and Celebrated Lawmen.* Guilford, Conneticut: Twodot Book, 2007.

FOOTE, Stella. *Letters from "Buffalo Bill".* Billings, Montana: Pub., 1954.

JENKINS, Philip. *Breve historia de los Estados Unidos.* Madrid: Alianza Editorial, 2002.

RUTTER, Michael. *Myths and Mysteries of the Old West.* Guilford, Conneticut: Book, 2005.

SMITH, Robert Barr. *Tough Towns. True Tales from the Gritty Streets of the Old West.* Guilford, Conneticut: Twodot Book, 2007.

TRACHTMAN, Paul. *The Gunfighters.* Alexandria, Virginia: Time-Life Books, 1974.

TRUE WEST MAGAZINE. True Tales and Amazing Legends of the Old West. Nueva York: Clarkson Potter Publishers, 2005.

WILSON, R. Michael. *Great Train Robberies of the Old West.* Guilford, Conneticut: Twodot Book, 2007.